Les juridictions au cœur des interactions sociales

Approche franco-russe

Droit privé et sciences criminelles

Le renouveau du droit des obligations (dir. G. Chantepie, M. Latina, A. Ohsawa), sept. 2020, 208 pp.
Le droit et la science politique à l'épreuve des crises du XXe siècle (dir. N. Monnerie et C. Ponzo), juill. 2020, 192 pp.
Nouvelles procédures civiles, nouvelles pratiques professionnelles ? (dir. Natalie Fricero et Marie-Cécile Lasserre), juin 2020, 176 pp.
Les difficultés des petites entreprises, Regards croisés Droit et Gestion (dir. G. Yildirim et A. Rivet), mai 2020, 184 pp.
Equilibre(s) et déséquilibre(s) en droit (dir. A.-S. Siew-Guillemin, A. Baile, C. Chapelle, C. Fabre), mai 2020, 260 pp.
Les sanctions de l'inexécution après la réforme du droit des contrats, Louise Bottin, mai 2020, 152 pp.
Presse et procès pénal (dir. Ch. Courtin, F. Ghelfi et C. Porteron), févr. 2020, 280 pp.
Université et prétoire, Mél. Claude Lienhard (dir. I. Corpart, C. Lacroix et M.-F. Steinlé-Feuerbach), janv. 2020, 424 pp.
Défiance, doute, incertitude : quelle place pour la notion de confiance dans les sociétés modernes ? (dir. Julie Tribolo), 2019, 90 pp.
L'enfant à l'épreuve de la séparation parentale (dir. Laetitia Antonini-Cochin et Marie-Cécile Lasserre), avril 2019, 126 pp.
Les grands principes des répartitions dans les procédures collectives, Maxence Guastella, mars 2019, 300 pp.
La cession de dette, Jean-Baptiste Bottin, mars 2019, 148 pp.
Déclaration des droits de l'homme et du citoyen. Postérité et actualité (dir. Jimmy Meersman et Rémi Puigventos), février 2019, 238 pp.
Médiation et entreprises. Regards croisés Droit et Gestion, (dir. Gulsen Yildirim, Isabelle Sauviat et Romain Dumas), janvier 2019, 142 pp.
La procédure (dir. Joanna Genovese et Giovanna Debernardi), octobre 2018, 138 pages
Techniques de critique d'une décision « définitive ». Imprécision sémantique et pérennité des décisions de justice en procédure civile, Tennessee Caen, juin 2018, 160 pages
Réforme de la prescription pénale (dir Christine Courtin et Jean-Raphaël Demarchi), juin 2018, 154 pages
Droit des sociétés et procédures collectives (dir. Laurence Caroline Henry), janvier 2018, 207 pp.
Le concept d'arbitrage. Regards croisés entre droit et sport (dir. Camille Leroy et Loïc Yboud), décembre 2017, 221 pp.

Responsables scientifiques
Xavier Latour et Anne-Sophie Siew-Guillemin

Textes réunis par Xavier Latour et Anne-Sophie Siew-Guillemin

Les juridictions au cœur des interactions sociales

Approche franco-russe

L'Harmattan

5-7, rue de l'École-Polytechnique, 75005 Paris
http://www.editions-harmattan.fr
ISBN : 978-2-343-22828-0
EAN : 9782343228280

Responsables scientifiques

Xavier LATOUR
Anne-Sophie SIEW-GUILLEMIN

Auteurs (ordre alphabétique) :

Igor BARTITS, Professeur, Directeur de l'Institut d'administration publique et de gestion (IAPG) de l'Académie Russe d'économie nationale et d'administration publique auprès du Président de la Fédération de Russie (ARENAP)

Jean-Sylvestre BERGÉ, Professeur de droit privé, Université Côte d'Azur, CNRS GREDEG, délégué auprès de l'Institut Universitaire de France

Lêmy GODEFROY, Maître de conférences de droit privé, Université Côte d'Azur, CNRS GREDEG (UMR 7321 CNRS/UCA)

Alexandre EREMENKO, Professeur de droit, Directeur du centre de droit comparé, Académie Russe d'économie nationale et d'administration publique auprès du Président de la Fédération de Russie (ARENAP)

Giulio Cesare GIORGINI, Maître de conférences de droit privé, Directeur du M2 Droit et Pratique du Commerce International, Université Côte d'Azur, GREDEG (UMR 7321 CNRS/UCA)

Alexandre KRAVCHENKO, Maître de conférences, Académie Russe d'économie nationale et d'administration publique auprès du Président de la Fédération de Russie (ARENAP)

Xavier LATOUR, Professeur de droit public, Doyen de la Faculté de droit et science politique/EUR LexSociété, Université Côte d'Azur, CERDACFF

Anne Sophie SIEW-GUILLEMIN, Maître de conférences de droit privé, Université Côte d'Azur, CERDP

Oleg ZAYTSEV, Professeur de droit, Doyen de l'Ecole supérieure de droit de l'Institut d'administration publique et de gestion (IAPG) de l'Académie Russe d'économie nationale et d'administration publique auprès du Président de la Fédération de Russie (ARENAP)

Natalia ZAYTSEVA, Maître de conférences, Académie Russe d'économie nationale et d'administration publique auprès du Président de la Fédération de Russie (ARENAP)

Sommaire

AVANT-PROPOS

Xavier LATOUR
Professeur de droit public
Doyen de la Faculté de droit et science politique/EUR LexSociété
Université Côte d'Azur, CERDACFF

Anne-Sophie SIEW-GUILLEMIN
Maître de conférences de droit privé
Université Côte d'Azur, CERDP

Des liens amicaux pérennes ont été tissés entre la Faculté de droit et science politique de Nice et l'Académie présidentielle russe d'économie et d'administration publique (ARENAP). Travailler ensemble sur le thème des « *juridictions au cœur des interactions sociales, approche franco-russe* » est une nouvelle étape de cette collaboration. Ce colloque, qui n'a malheureusement pas pu avoir lieu à cause de la pandémie de Covid 19, était en France encouragé et soutenu conjointement par la Faculté de droit et science politique de l'Université Côte d'Azur, plus particulièrement son Institut Fédératif de recherche, et par la Ville de Nice.
Nos éminents collègues russes ont, naturellement, beaucoup œuvré avec les Niçois. Leur grand professionnalisme a largement contribué à la qualité des échanges. Leurs collègues français leur en sont reconnaissants.

Même si le colloque ne s'est pas tenu physiquement, les travaux sont regroupés dans cet ouvrage. En plus de marquer la continuité du service public pendant la pandémie, il concrétise notre intérêt réciproque et durable pour une recherche de qualité.

En l'espèce, elle relève d'une démarche de droit comparé ou de comparaison des systèmes juridiques, dont les précédents universitaires sont aussi illustres que féconds[1]. Depuis la fin de la Seconde guerre

---

[1] De façon non exhaustive, voir notamment : Dir. G.A ESAKOV, N. MASEK, F. MELIN-SOUCRAMANIEN, *Principes fondateurs des droits français et russe*, Dalloz, 2011 et plus spécifiquement R. LEGEAIS, « Introduction à une comparaison du droit russe et du droit français », *op. cit.*, p. 1 et s. ; Dir. P. LEGRAND, *Comparer*

mondiale, cette discipline, qui consiste à mettre en parallèle les systèmes juridiques, tend à améliorer la connaissance et la compréhension réciproques des États, par l'étude des droits étrangers.

La comparaison des systèmes juridiques, au-delà de son intérêt intellectuel, est devenue essentielle pour qui veut réfléchir à ce qu'est le droit aujourd'hui. Évidemment, la simple traduction des mots ne permet pas de faire du droit comparé, le vocabulaire juridique étant, à la fois, polysémique et complexe. Les traducteurs russes qui ont permis la parution de cet ouvrage sont d'ailleurs ici chaleureusement remerciés, rien n'étant plus difficile que de traduire la pensée d'un auteur.

Si la querelle des slavophiles et des occidentalistes, évoquée par l'écrivain russe Feodor Dostoïevski dans son discours sur Pouchkine le 8 juin 1880 devant la Société des Amis de la littérature russe, est depuis longtemps dépassée, elle illustre le fait que nos deux peuples n'ont pas attendu le Conseil de l'Europe pour interagir. La Russie a, d'abord, été incarnée en France par la présence de l'Empereur de toutes les Russies, Pierre le Grand. L'académicien Henri Troyat a, quant à lui, laissé la trace de l'engouement de l'Impératrice Catherine II pour l'*Esprit des lois* de Montesquieu, également évoqué par Denis Diderot et le jeune Léon Tolstoï. Alors que les relations politiques s'obscurcissent à l'époque du Tsar Alexandre Ier et de l'Empereur Napoléon, le Code civil français attire l'attention des juristes russes[2]. De même, le développement du droit russe au XIXe siècle suscite l'intérêt des juristes français[3]. Il ne faiblira pas pendant la période dite de droit socialiste, entre 1917 et 1993. Les années postérieures à 1993 ont aussi offert aux juristes français l'exemple d'une législation en pleine expansion. Au regard des statistiques, un intérêt mutuel pour nos systèmes juridiques est plus que justifié, puisque nos deux ensembles culturels recouvrent pas moins de 211 millions d'âmes, et presque autant de justiciables, soit plus du quart des ressortissants du Conseil de l'Europe.

---

les droits résolument, PUF, 2009 ; la *Revue d'études comparatives Est-Ouest* ou la *Revue internationale de droit comparé* émanant de la Société de législations comparée.

[2] Notamment G. SPYRIDION ZEZAS, E*tudes historiques sur la législation russe ancienne et moderne*, Paris, A. Durand, 1862.

[3] Par exemple E. LEHR, *Eléments de droit civil russe*, Plon, t. 1, 1877, t. 2, 1890.

Aujourd'hui, sur un plan juridique, les intégrations régionales expliquent tout particulièrement une multiplication de travaux comparatifs.

Au sein du Conseil de l'Europe, la Russie et la France sont liées par la Convention européenne des droits de l'homme et la jurisprudence de la Cour de Strasbourg. Des notions propres à cet ensemble régional émergent et façonnent le droit au gré des litiges qui lui sont soumis. Il est connu pour être créateur de droit, de techniques de raisonnement juridiques, et de concepts originaux.

L'Union européenne utilise des voies similaires. Si la Russie n'est pas membre de l'Union européenne, elle partage néanmoins plusieurs frontières avec cet ensemble normatif auquel la France appartient. L'étude des textes qui y sont édictés est ainsi devenue incontournable.

La comparaison des juridictions russes et françaises et de leurs incidences sur les interactions sociales est capitale. Ces juridictions sont marquées par deux mouvements contraires, mais néanmoins juxtaposés, leur spécificité nationale et leur fonctionnement « en réseau » à l'échelle mondiale.

Le programme est ainsi jalonné d'analyses croisées, en échos, traduisant l'effort de rencontre de nos intervenants auxquels les coordonnateurs de cette étude renouvellent leurs sincères remerciements. Forte de cette capacité chère à la communauté universitaire, ces recherches seront sans nul doute les bases d'une coopération ultérieure à la fois inventive, abondante et intrinsèquement utile.

AVANT-PROPOS

Igor BARTSITS
Professeur de droit
Directeur de l'Institut d'administration publique et de gestion (IAPG)
de l'Académie Russe d'économie nationale et d'administration publique auprès du Président de la Fédération de Russie (ARENAP)

L'Académie russe d'économie nationale et d'administration publique auprès du président de la Fédération de Russie chérit la tradition de tenir des conférences à Nice avec un partenaire pour nous prioritaire dans la coopération éducative et scientifique, l'Université de la Côte d'Azur et la Faculté de droit et des sciences politiques. C'était avec un immense intérêt que nous attendions avec impatience une réunion amicale et une discussion intéressante pour une conférence dédiée à la coopération et à la concurrence des juridictions nationales, qui était d'abord prévue début mai 2020, puis a été reportée à la fin octobre. À notre grand regret, la conférence n'a jamais eu lieu en raison de la pandémie de COVID-19.

Nous remercions sincèrement le doyen de la Faculté de droit et de sciences politiques de l'Université de la Côte d'Azur, M. Xavier Latour, pour l'idée de publier des articles préparés par les participants français et russes à l'occasion de cette conférence, dans deux publications distinctes : une édition russe avec la traduction des articles des collègues français, à Moscou, et une autre en français avec la traduction des contributions des participants russes, à Nice. Bien que les articles soient consacrés à des sujets différents, ils sont regroupés autour du thème fédérateur des questions sur le dialogue entre la justice nationale et internationale, garantissant l'attractivité des juridictions nationales dans le monde contemporain.

La publication met en évidence les facteurs qui transforment le droit international et national. La mondialisation est l'un d'entre eux, tout comme la création de groupes d'intégration, et la standardisation des attitudes, mécanismes et régulateurs juridiques. Sont également révélées les principales caractéristiques qui déterminent la concurrence et la coopération des juridictions dans le monde contemporain (demande d'une "justice procédurale", uniformité des pratiques d'application du droit, etc.). Une attention particulière est accordée au phénomène de "l'ordre vertical", aux tentatives de pénétrer dans les systèmes juridiques nationaux : **a)** par le biais de décisions d'institutions judiciaires internationales fondées sur des instruments juridiques internationaux ; **b)** à travers la politique de promotion de la juridiction nationale au-delà du territoire de l'État, en établissant un "ordre fondé sur des règles".

Chacun de nous a sa propre vision d'auteur sur diverses questions juridiques. Nous avons essayé de présenter ces visions dans les contributions du présent recueil. Côté russe, avec les textes d'Igor Bartsits, directeur de l'Institut d'administration publique et de gestion de la RANEPA, d'Oleg Zaitsev, doyen de l'École supérieure de droit, d'Alexandre Eremenko, directeur du Centre de droit comparé, et de Natalia Zaitseva et d'Alexander Kravchenko, maîtres de conférences de l'École supérieure de droit.

Nous espérons que les documents de ce recueil intéresseront les juristes tant français que russes et serviront de base pour des discussions collégiales, des recherches conjointes et des publications ultérieures.

PREMIÈRE PARTIE – INTERACTIONS SOCIALES ET FONCTIONNEMENT DES JURIDICTIONS

COMPÉTITION ET COOPÉRATION DES JURIDICTIONS NATIONALES : LA JURIDICTION SUIT-ELLE LE DRAPEAU ?

Igor BARTSITS
Professeur de droit
Directeur de l'Institut d'administration publique et de gestion (IAPG) de l'Académie Russe d'économie nationale et d'administration publique auprès du Président de la Fédération de Russie (ARENAP)

« *Je ne vais pas utiliser le droit étranger pour interpréter la Constitution* » (“ *I will not use foreign law to interpret the Constitution* ” [4]), – ainsi Sonia Sotomayor, première femme d'origine latino-américaine élue juge de la Cour Suprême des États-Unis dut-elle déclarer en 2009 lorsque sa candidature était examinée au Comité judiciaire du Sénat américain[5]. Et il ne s'agissait même pas de se protéger de la juridiction étrangère ou de l'intervention étrangère dans le procès, la possibilité même d'avoir recours aux acquis de la pensée juridique internationale fut exclue. « *La position politique sûre représente un accord avec ce qu'on peut caractériser comme la jurisprudence de l'isolement...* »,[6] – conclut Gary Jeffrey Jacobson. On serait bien d'accord avec

[4] Plus de détails dans : Jacobson Gary Jeffrey. Constitutional Identity. Harvard University Press Cambridge, Massachusetts, London, England 2010. Preface. xii.

[5] Résumé : Cet article est consacré à l'explication du contenu et du rôle de la juridiction nationale en tant qu'un phénomène du droit constitutionnel dans l'espace du droit global et dans le droit international. L'auteur met en lumière les facteurs principaux qui jouent un rôle déterminant dans la compétition et la coopération des juridictions nationales dans le monde contemporain, y compris les spécificités de la jurisprudence nationale, demande de la "justice procédurale", uniformité de la jurisprudence. Il analyse également les grands principes de l'interaction des tribunaux européens et nationaux, notamment ceux de subsidiarité, proportionnalité, "coopération sincère", ainsi que la méthode du "dialogue entre les juges". Les moyens de l'autodéfense constitutionnelle sont examinés sur l'exemple du Royaume-Uni, Italie, Allemagne et Russie. L'auteur explique le terme "extraterritorialité des valeurs" et son usage dans le droit international. L'étude de la compétition globale des juridictions nationales qui représente un milieu d'interaction de plusieurs facteurs comprend non seulement l'évaluation des spécificités de sa formation et dissémination dans un espace défini, limité par des frontières nationales ou celles du groupement d'intégration, mais aussi l'analyse détaillée des caractéristiques qualitatives telles que l'efficacité de la gestion publique et de la réglementation juridique, état de l'infrastructure juridique de la société, de l'accompagnement juridique et de l'enseignement dans le domaine du droit. Il est à noter que le facteur de l'attractivité de la juridiction nationale devient déterminant quand il s'agit de faire avancer les intérêts nationaux dans le domaine politique et économique. Mots-clés : juridiction nationale, principe de l'extraterritorialité, espace global du droit, compétition des juridictions.

[6] *Ibid.* «The safe political position was acquiescence in what could be characterized as a jurisprudence of insularity…».

cette affirmation si cet isolement n'était pas unilatéral : les États-Unis représentent un bon exemple de l'extraterritorialité démonstrative de leur juridiction nationale bien au-delà des frontières nationales, en la faisant avancer partout où ils peuvent dresser leur drapeau national.

I. Les facteurs déterminants de la compétition et la coopération des juridictions dans le monde contemporain

Pour répondre à la question si la juridiction suit le drapeau, il faut d'abord identifier les principaux facteurs déterminant la compétition et la coopération des juridictions dans le monde contemporain.

Facteur 1. La juridiction représente un aspect le plus national, on peut même dire "nationaliste" (bien sûr, sans se limiter au sens primitif de ce terme) de chaque système juridique.

Imaginez-vous un investisseur étranger ou bien un simple citoyen qui va bientôt travailler dans un autre système juridique. Vous en prenez connaissance d'abord par l'étude du droit matériel (la législation) du pays qui passe par l'évaluation des institutions juridiques, de leur contenu, des mécanismes réglementaires et des sanctions appliquées. Malgré les éventuelles différences des systèmes juridiques, il est évident que sous condition de bien faire travailler son cerveau un investisseur, un juriste ou citoyen étranger y trouvera des choses plus ou moins habituelles et compréhensibles. L'étape suivante consiste à prendre connaissance avec le droit procédural. Sans doute, il y a des différences qui concernent des détails de la procédure, la compétence judiciaire de telle ou telle catégorie des cas, mais au bout du compte ces différences, même dans les pays qui appartiennent aux différents types des systèmes juridiques, se prêtent très bien à l'étude et la réflexion. Le plus difficile à comprendre, c'est l'application pratique des règles fixées dans les lois dans le cadre des procédures définies par le système national des organes exécutifs, ceux du maintien de l'ordre et de la justice. C'est l'essence même de la juridiction nationale.

Donc, l'attractivité d'une juridiction n'est pas liée (a) à la qualité du droit positif et la hausse de cette qualité ne se réduit pas à la correction de la législation (la Russie manifeste une dynamique assez positive dans le classement de la Banque Mondiale, publié dans son *Doing Business Report*, - 28e place en 2020) et (b) à l'amélioration des normes procédurales élaborées déjà par des Romains et juste un peu détaillées par les générations suivantes des juristes. L'essence de la juridiction nationale, c'est la jurisprudence et les mécanismes d'administration de la justice.

Un acteur étranger qui fait face à des spécificités négatives de la jurisprudence nationale (qui pour la plupart ne sont pas codifiées) doit faire un choix : soit il reconnaît des règles non codifiées, mais applicables dans cette juridiction, s'adapte en fonction de ces règles et apprend même à en tirer profit, soit il quitte cet espace juridique.

Facteur 2. Compétition globale des systèmes juridiques

La mondialisation a détruit le monopôle de la juridiction nationale sur l'infrastructure, au moins pour les acteurs majeurs de la vie économique[7]. Compétition et confrontation des juridictions deviennent de plus en plus fréquentes. Il existe maints exemples d'examen des litiges entre les citoyens et les sociétés d'un même pays concernant les facilités installées sur le territoire de ce pays dans des tribunaux étrangers. Les sociétés s'adressent de plus en plus souvent aux instances judiciaires d'autres pays pour faire examiner leurs litiges, en comptant sur une approche neutre et objective. Pour les pays de domicile de ces instances, attirer ces sociétés dans leurs juridictions revient non seulement à une affaire d'honneur, mais aussi au profit. Plusieurs pays essaient de réformer leurs systèmes judiciaires afin de les rendre attractives pour l'examen des litiges.

L'architecte du système de l'arbitrage en Russie moderne V.F. Yakovlev a souligné deux problèmes qui avaient provoqué la réforme du système judiciaire du pays. Ce sont les problèmes de la compétence judiciaire et de l'uniformité de la jurisprudence. C'est en les surmontant, à son avis, que l'on pourrait créer une infrastructure judiciaire réellement robuste[8].

Qu'est-ce qui est alors une "infrastructure judiciaire robuste", ou bien, plus précisément, une "infrastructure judiciaire attrayante" ? Il faut bien expliquer ce déplacement de l'emphase. La vie dans la société humaine comprend une envie de plaire : pour avoir du succès, un homme, une société, un pays doivent plaire. Cet impératif de plaire peut être tout aussi applicable à l'analyse de la juridiction nationale. La juridiction nationale doit être attrayante : pour des multinationales et des PME, pour les investisseurs étrangers et un citoyen concret, mais avant tout pour ses entreprises nationales et pour les citoyens de son pays.

L'évaluation objective du système judiciaire russe fait état des facteurs positifs suivants qui peuvent contribuer au développement ultérieur de la juridiction russe dans le contexte de la concurrence assez rude de la part des

---

[7] Voir, par ex.: « Deux oligarques russes souhaitent que le juge de la Haute Cour de justice règle leur différend concernant une manufacture à Moscou. Il s'agit de la manufacture "Triokhgornaya" au centre de Moscou où Oleg Deripaska et Vladimir Chernukhin, peu connu actuellement en Russie, ont investi leur argent en 2001. L'existence d'un tiers, notamment de l'ancienne maîtresse de Chernukhin "rend la situation d'autant plus dramatique", note l'auteur de cet article dans le journal britannique « The Times » Sean O'Neil// The Times. « Russians bring battles to London », 2018, 27 novembre.

[8] Voir Revue des travaux du IIIè Congrès international du droit comparatif « Constitution de la Russie dans l'espace constitutionnel mondial ». *Magazine du droit étranger et du droit comparatif.* 2013. № 6. p. 937.

systèmes judiciaires mondiales : (a) infrastructure sociale développée du système judiciaire russe et (b) technologies d'information progressistes. Ces facteurs positifs évidents dans son ensemble sont appelés à formuler les critères suivants de l'activité du système judiciaire : (a) ouverture, (b) bon climat psychologique et (c) coopération étroite et productive au sein de la communauté professionnelle de juristes.

Mais la plupart des experts et des usagers des services judiciaires refusent de reconnaître la conformité du système judiciaire contemporain aux critères annoncés. Le retard de la qualité de l'activité judiciaire par rapport au développement du droit dans le pays est évident. En effet, depuis les 25 dernières années le droit russe a connu un développement assez dynamique qui aurait pu sans aucune ambiguïté être reconnu comme un acquis, si l'on ne comprenait pas que le développement des institutions judiciaires, la qualité de leur travail sont en retard par rapport à cette dynamique. Qui plus est, la qualité de la justice est devenue un facteur qui ralentit la croissance de l'attractivité de la juridiction russe.

Le ralentissement de l'amélioration de la qualité du système judiciaire russe pourrait augmenter considérablement son écart intérieur par rapport aux institutions sociales et économiques au niveau national qui se développent bien et créer des conditions favorables à la perte de ce potentiel de croissance par rapport aux systèmes judiciaires non seulement des pays qui sont parmi les leaders mondiaux (États-Unis, EU), mais aussi par rapport aux partenaires de la Russie au sein des groupements internationaux comme Union économique euroasiatique (OEEA), Organisation de coopération de Shanghaï (OCS) et le bloc des BRICS (Brésil, Russie, Inde, Chine et Afrique du Sud). C'est pourquoi le développement du système judiciaire russe doit revêtir un caractère exclusivement intensif et suivre une trajectoire institutionnelle progressiste.

Il faut avouer que le lien entre l'attractivité d'une juridiction et la dynamique du développement de la législation n'est point linéaire[9]. Bien au contraire, au sein de la société russe on observe la demande croissante de la stabilité du système juridique.

À cet égard, la situation en Crimée est exemplaire. En 1991 les systèmes juridiques russe et ukrainien étaient identiques. Mais quand 23 ans après la Crimée est passée d'un système juridique à un autre, la différence de l'évolution du droit dans ces deux pays voisins après la chute de l'URSS est devenue bien visible. Plusieurs facteurs tant objectifs que subjectifs rendent le degré de la réglementation juridique en Ukraine beaucoup plus faible, et le

[9] Le Conseil Suprême de l'URSS a adopté en 50 ans quelque 90 lois appliquées sur tout le territoire soviétique, sans compter les lois qui promulguaient les décrets du Bureau. En trois ans et demi, du printemps 1990 à l'automne 1993 le Parlement de la Russie a adopté plus de 300 lois. Depuis 25 ans de son existence la Douma d'Etat de l'Assemblée Fédérale de la Fédération de Russie (du décembre 1993 au décembre 2018) a adopté 8000 lois tout juste, dont 7963 étaient en vigueur vers décembre 2018.

système juridique et le modèle des relations entre l'État et d'autres acteurs des rapports juridiques en Ukraine moderne ont beaucoup de caractéristiques en commun avec des phénomènes similaires en Russie au milieu des années 1990.

Quand les habitants de la Crimée évaluent les "pour" et les "contre" de la réunification avec la Russie, ils énumèrent plusieurs acquis : outre le sentiment patriotique et l'appartenance à l'État russe ils citent parmi les "pour" la qualité de la vie, les standards sociaux, les changements dans l'infrastructure, etc. Et quand on leur demande ce qui provoque le plus de malentendus et de mécontentement ils citent unanimement la multitude des normes réglementaires, le nombre excessif de normes bureaucratiques et, ce qui est le plus important, "il est devenu plus difficile de négocier". En Ukraine, ils avaient une vision très claire du coût de traitement des questions administratives et judiciaires. En Russie, ce n'est pas seulement plus difficile de "négocier", mais souvent on n'a personne avec qui négocier.

Les problèmes du système juridique russe sont liés à la réglementation juridique trop détaillée, souvent excessive. Les facteurs qui diminuent l'attractivité de la juridiction russe du point de vue de la jurisprudence sont le caractère fermé du fonctionnement du système judiciaire et les possibilités de pression sur lui.

Facteur 3. Demande de "justice procédurale"

On discute souvent un détail linguistique intéressant : dans la plupart des langues européennes, les termes de l'équité et de la justice sont désignés par le même mot, tandis que la langue russe emploie deux mots différents. Un des principes directeurs de la société russe serait la demande de l'équité[10]. Qui plus est, dans la perception de beaucoup des Russes l'équité prime sur le droit. Parmi les changements significatifs de ces dernières années, on peut citer le déplacement des préférences populaires de l'équité distributive (la distribution plus équitable des revenus et avoirs) vers l'équité procédurale (l'égalité de tous devant le droit) [11].

Pour être juste, il faut avouer que les tendances négatives sont en train de se développer aussi bien au sein des systèmes juridiques des États qui sont considérés comme leaders mondiaux. Ces tendances peuvent accélérer un

---

[10] "De quoi les Russes rêvent-ils ? (Réflexion sociologique) : rapport analytique (préparé en coopération avec la représentation de la Fondation Friedrich Ebert dans la Fédération de Russie)". Institut de la sociologie de l'Académie des sciences de la Russie, Moscou, 2012, p. 30-41.

[11] Voir, par ex., les résultats des sondages de l'Institut de la sociologie de l'Académie des sciences de la Russie (2013-2018, rapport d'un groupe d'experts présidé par Mikhaïl Dmitriev "Rupture automnale dans la conscience des Russes" (décembre 2018). http://liberal.ru/articles/7298 ; https://www.vedomosti.ru/opinion/articles/2019/01/16/791629-lovushka-neravenstva

affaiblissement considérable ou même la perte des positions des juridictions prépondérantes qui jouissent actuellement d'une bonne réputation juridique et sont attractives du point de vue financier et économique pour des acteurs de leur droit national ainsi que pour des acteurs étrangers.

À cet égard, de plus en plus d'experts notent que la juridiction britannique, par exemple, a actuellement atteint le seuil de satisfaction de son résultat judiciaire auprès des acteurs du droit étranger. Cela peut stimuler l'intérêt économique à chercher une alternative qui jouit de la confiance et possède un potentiel juridique aussi fort que la juridiction britannique.

Facteur 4. L'objectif principal d'une telle juridiction est d'assurer l'uniformité de la jurisprudence.

Cette question d'uniformité de la jurisprudence, y compris et avant tout lors de la prise des décisions judiciaires, reste essentielle lors de l'analyse de la jurisprudence russe dans toutes les périodes du développement de l'État russe. En fait, les usagers du droit doivent pouvoir compter sur le règlement uniforme de leurs litiges indépendamment du fait qu'ils s'adressent à un tribunal de Moscou ou de Vladivostok. La garantie de l'unité du système juridique du pays - c'est un des objectifs qu'on a presque réussi à atteindre grâce aux réformes des années 2000.

Dans le monde contemporain cette règle devient obligatoire dans un format plus large, voire global, comme l'a dit le Président de la Cour de cassation de la République Française (1999-2007) Guy Canivet : «*Les citoyens et les juges des pays avec des cultures plus ou moins similaires et le même niveau du développement économique sont de moins en moins enclins à accepter des situations qui soulèvent les mêmes problèmes, mais sont jugées différemment à cause des normes juridiques différentes. Ceci est le cas pour la bioéthique, le droit économique et la responsabilité. Dans tous ces cas, on observe la tendance à la prise des décisions similaires, malgré la différence des normes juridiques applicables* ».[12]

Ainsi, la jurisprudence et les mécanismes de l'application de la loi forment une caractéristique importante d'un État de droit. L'État de droit contemporain, ce n'est pas un pays qui a beaucoup de lois, mais un pays où (a) le système de gestion publique suit les normes législatives fixées; (b) les procédures d'adoption et d'application des actes législatifs sont claires et raisonnables; (c) ces normes visent à défendre les droits et les intérêts légitimes des entreprises et des citoyens et, ce qui est très important (d) ces normes sont appliquées par des communautés professionnelles - celles de gestionnaires, juges et autres responsables de l'application des lois.

---

[12] *W.E. Batler.* Place du droit russe dans l'espace juridique mondial. *Magazine du droit russe.* 2011. № 4. p. 103.

II. Principes de coopération des tribunaux européens et nationaux. "Le dialogue des juges"

Les organes de la justice constitutionnelle des pays membres de l'Union européenne suivent, à quelques rares exceptions, la tactique de l'évitement des conflits avec la Cour de justice et la Cour européenne des droits de l'homme. De plus, la discussion sur l'ingérence de la Cour de justice dans le domaine de compétence des organes judiciaires des pays membres de l'UE se réduit à un nombre d'exemples séparés que l'on répète d'un article à l'autre. Les relations entre les cours constitutionnelles des pays membres de l'UE et la CEDH sont moins idylliques, mais les conflits, là aussi, sont rares. Pour le moment on ne peut pas dire quand cette omerta sera rompue.

Je crois qu'on peut bien affirmer que le lissage et la prévention des différends, la propagande de l'entente qui va jusqu'au passage sous silence de certaines contradictions entre les organes judiciaires européens et nationaux font partie d'une politique consciencieuse qui utilise tout un éventail de mesures pour atteindre ses objectifs. On peut citer, par exemple, des constructions théoriques qui réglementent la pratique de l'interaction des organes européens et nationaux :

a) principe de subsidiarité selon lequel dans les domaines qui ne relèvent pas de sa compétence exclusive, l'Union intervient seulement si, et dans la mesure où, les objectifs de l'action envisagée ne peuvent pas être atteints de manière suffisante par les États membres (article 5 du Traité sur l'Union européenne);

b) principe de proportionnalité selon lequel le contenu et la forme de l'action de l'Union n'excèdent pas ce qui est nécessaire pour atteindre les objectifs des traités ;

c) principe de la "coopération loyale" en vertu duquel l'Union et les États membres prennent toute mesure générale ou particulière propre à assurer l'exécution des obligations découlant des traités ou résultant des actes des institutions de l'Union ;

d) méthode du "dialogue des juges".

Selon les juristes européens contemporains, la réponse à la question sur la balance entre le droit communautaire et l'ordre constitutionnel national ne consiste pas à trouver lequel des deux est prédominant, mais plutôt à créer les relations de coopération viables et efficaces. Pour aboutir à cela, les institutions judiciaires européennes et les cours constitutionnelles nationales doivent remplacer la confrontation et la lutte pour le dernier mot par un dialogue permanent basé sur la confiance mutuelle.

Sans aucun doute, il serait difficile d'opposer quelque chose à un dialogue basé sur la confiance mutuelle, mais qu'est-ce qu'on doit faire si lors de ce dialogue les parties n'arrivent pas à une solution de compromis ? C'est pourquoi il est prématuré de renoncer à la doctrine des contre-limites. De plus, les contre-limites ont été fixées dans les documents européens majeurs, surtout et avant tout dans la Charte des droits fondamentaux de l'Union européenne.

III. Mesures de l'autodéfense constitutionnelle

Les décisions ouvertement antirusses et dictées par des intérêts politiques d'un nombre des instances judiciaires internationales[13] ont forcé le système juridique russe à adopter des mesures de l'autodéfense. Pour comprendre ces mesures d'autodéfense il faut étudier les arguments de base que contient l'arrêt de la Cour constitutionnelle de la Russie № 21-П du 14 juillet 2015 et qui sont souvent cités dans d'autres décisions : l'interaction entre l'ordre européen et l'ordre constitutionnel n'est pas possible sur la base de la subordination, mais seulement sur la base du dialogue entre différents systèmes juridiques. L'arrêt utilise le terme "souveraineté constitutionnelle de l'État" qui est immuable et énumère "les éléments de base de l'identité constitutionnelle" - "les normes intérieures qui déterminent les droits fondamentaux et les normes sur les bases de l'ordre constitutionnel qui garantissent ces droits".

La Cour constitutionnelle de la Russie a formulé sa position sur la base de l'expérience de tout un nombre de ses collègues de l'Europe de l'Ouest (Italie, Allemagne, France, Royaume-Uni, Autriche) et avant tout de la doctrine italienne des contre-limites (controlimiti). À une différence près : la doctrine des contre-limites, tout en étant bien élaborée et citée plusieurs fois dans les décisions de la Cour constitutionnelle de l'Italie, n'a jamais été utilisée pour reconnaître qu'une décision des organes européens ou un arrêt des institutions judiciaires européennes contredisent à l'ordre constitutionnel ou portent atteinte aux droits constitutionnels inaliénables des citoyens. Peut-être, c'est justement ce constat qui a permis à Diana-Urania Galetta de comparer la doctrine des contre-limites à "un chien qui aboie, mais ne mord pas"[14].

À la différence des juges italiens, les tribunaux de plusieurs autres États utilisent leur "droit d'objection". Il serait intéressant d'examiner les parallèles entre les objections aux décisions de la Cour européenne des droits de l'homme de la part des deux systèmes juridiques bien différents : ceux de la Russie et du Royaume-Uni. Parmi les premiers exemples d'utilisation par la

---

[13] La décision la plus significative de par son équivalent monétaire (plus de 50 md de dollars) est celle de la Cour d'appel de La Haye sur l'affaire ex-actionnaires de la société YUKOS vs Fédération de Russie.

[14] *Galetta Diana-Urania*. European Union Law in the Jurisprudence of Italian High Courts: Is the Conter-Limits Doctrine a Dog That Barks but Does Not Bite. (2015) 21. *European Public Law. Issue* 4, pp. 747-763.

Russie de ce droit d'objection on peut citer la position juridique exprimée dans la décision de la Cour constitutionnelle sur le cas "Antchougov et Gladkov vs Fédération de Russie" (2016), à la suite de l'examen duquel la CEDH a reconnu l'interdiction de voter aux élections pour les détenus contraire aux engagements internationaux de la Russie, et le cas "YUKOS vs Fédération de Russie" (2017), où la Russie a été condamnée à payer aux anciens actionnaires d'YUKOS des compensations à la hauteur de 1,9 mds d'euros.

Dès la première année de son existence en tant que Haute Cour de justice du Royaume-Uni (2009)[15] cet organe a confirmé la possibilité de ne pas exécuter les décisions de la CEDH en cas de doutes sur la garantie de respect complet des normes du droit et de la procédure judiciaire du Royaume-Uni dans ces décisions. La Haute Cour de justice du Royaume-Uni n'a pas pardonné à la Cour européenne des droits de l'homme le cas "Hirst vs United Kingdom" et dans sa décision du 16 octobre 2013 ne s'est pas limité au constat de son désaccord avec le résultat de son examen, mais a adopté une position juridique selon laquelle "les décisions de la Cour européenne des droits de l'homme en principe ne sont pas considérées comme devant être appliquées inconditionnellement - la règle générale est de les "prendre en compte"; il ne serait possible de suivre ces décisions que si elles ne contredisent pas aux normes matérielles et procédurales fondamentales du droit national"[16].

Il faut aussi noter que parmi les fondements du "droit d'objection" à la Cour européenne des droits de l'homme la Haute Cour de justice du Royaume-Uni cite les situations quand la "Cour européenne se trompe" (la position de la Cour n'est pas conforme aux aspects fondamentaux du droit matériel ou procédural (*Manchester City Council v Pinnock* [2010] UKSC 45)[17].
La même approche était suivie, par exemple, dans le désaccord avec le droit des détenus à voter. Ce n'est pas innovant de dire que l'organe judiciaire suprême peut "tout simplement se tromper", mais pour faciliter la procédure judiciaire et maintenir l'ordre dans la société humaine un compromis existe, selon lequel la décision prise par l'instance judiciaire suprême ne peut pas être erronée.

Ce compromis est reflété dans l'aphorisme concernant les décisions de la Cour suprême des Etats-Unis : *«nous sommes définitifs non parce que nous sommes infaillibles, mais nous sommes infaillibles parce que nous sommes définitifs» (We are not final because we are infallible, but we are infallible only because we are final)*[18] qui est attribué au procureur en chef pour les

[15] Les fonctions de l'instance judiciaire suprême du Royaume-Uni ont appartenu, depuis 1399 et jusqu'à 2009, à la Chambre des lords, et plus précisément à son Comité d'appel.

[16] Arrêt de la Cour constitutionnelle de la Fédération de Russie N 21-П du 14 juillet 2015.

[17] Voir détails dans : *D.Gololobov.* "Ses propres règles - comment la Haute Cour de justice du Royaume-Uni aidera la Cour constitutionnelle de la Russie à "vaincre" la CEDH" https://pravo.ru/review/face/view/126068

[18] United States Supreme Court - Brown v. Allen (1953) No. 32. Ce serait vraisemblablement Robert Jackson qui a inscrit, un an avant sa mort, ces phrases dans la décision rendue par la

États-Unis lors du procès de Nuremberg Robert Houghwout Jackson, à l'époque quand il servait la Cour suprême des États-Unis.
En faisant quelques simples opérations logiques, on arrive à la conclusion que la Cour "super-suprême" est celle dont les décisions ne peuvent être reconnues "tout simplement erronées" par personne. Et la cour dont les décisions peuvent être jugées erronées n'a pas ce statut de la Cour "super-suprême". Dans la même logique, la superpuissance contemporaine est celle où la décision définitive est prise par la cour nationale, et non pas internationale. Cette logique suppose aussi l'existence d'une lutte pour le statut d'une telle cour "super-suprême".

Lors de la conférence "Espace constitutionnel uni de l'Europe et la pratique de la justice constitutionnelle" qui s'est tenue en novembre 2006, le Président de la Cour constitutionnelle de la Fédération de Russie V.D. Zorkin a fait quelques réflexions sur l'héritage culturel et historique commun comme socle de l'espace juridique européen, l'évolution similaire des approches aux valeurs fondamentales, la consolidation de l'unité de l'espace juridique européen au XXI siècle. L'espace qui "fait face actuellement à la nécessité de trouver une solution pratique pour réussir l'intégration de l'espace constitutionnel européen". La constitutionnalisation des droits et libertés serait à son avis "un facteur unificateur de l'ordre européen contemporain", une "démonstration typique du constitutionnalisme moderne". Et à la question si un Etat, la Russie, doit être un État-forteresse, qu'il a posé, il a répondu lui-même :

« Du point de vue de la défense des frontières nationales, la garantie de la sécurité nationale dans un monde si instable, la réponse est sans doute "oui !"

Mais en général un Etat ne peut pas exister comme un État-forteresse dans le contexte moderne de l'internationalisation des droits et libertés de l'homme, de l'économie contemporaine des flux financiers, dans le système des relations internationales actuelles.

Un État qui se sépare du monde extérieur par des fossés, des herses, d'un nouveau "rideau de fer" choisit une voie de stagnation et de décrépitude. Il s'agit de la marginalisation de l'État ».[19]

Si l'on suit cette logique, il faut choisir entre le mauvais et le très mauvais : soit la marginalisation, soit la perte de l'identité. On n'y tient pas autant, c'est pourquoi je vous propose de réfléchir sur des tentatives de passer entre Charibde et Scylla. Il faut juste comprendre qui dans ce cas-là joue le rôle de Charibde et qui joue celui de Scylla.

Cour suprême des Etats-Unis du 9 décembre 1953 sur le cas Brown vs. Allen. (№ 32): «Il n'y a aucun doute que s'il existait une cour super-suprême, la plupart de nos (de la Cour suprême des Etats-Unis - note de l'auteur) décisions sur l'annulation des arrêts des cours des Etats seraient à leur tour annulées. Nous sommes définitifs non parce que nous sommes infaillibles, mais nous sommes infaillibles parce que nous sommes définitifs".

[19] *V.D. Zorkin* Intégration de l'espace européen : défis. *Magazine du droit russe.* 2006. № 12. p. 14-23.

On dit souvent qu'il s'agit des contradictions entre le droit constitutionnel national, d'une part, et le droit international, d'autre part. Je ne suis catégoriquement pas d'accord avec cette thèse : malgré toutes les difficultés auxquelles le droit international est-il confronté actuellement, du point de vue de la défense des droits de l'homme le droit international et le droit constitutionnel national sont des alliés. Alors qu'est-ce qui les oppose ? La réponse est le droit "global" qu'on fait avancer sous le slogan de "l'extraterritorialité des valeurs".

IV. « L'extraterritorialité des valeurs »

Pour être juste, il faut avouer qu'on peut trouver les fondements de "l'extraterritorialité des valeurs" dans la majorité des constitutions des pays du monde quand il s'agit de la défense des droits de leurs citoyens, y compris ceux qui se trouvent en dehors de leur pays. En étudiant la genèse des différentes approches au problème de l'extraterritorialité de la Constitution des États-Unis et du droit américain, Kal Raustiala se pose la question suivante : "Est-ce que la Constitution suit le drapeau ?" Ce qui nous rappelle la phrase d'un homme politique américain du début du XX siècle, prix Nobel de la paix 1912 Elihu Root[20]: *« La Constitution suit effectivement le drapeau, mais elle n'arrive pas à le rattraper » (« the Constitution follows the flag – but doesn't quite catch up with it ».*

Le vocabulaire politique international est enrichi par de nouveaux concepts voués à justifier le remplacement d'un système des relations basées sur les normes et principes du droit international par d'autres règles. Parmi ces concepts, on peut citer celui de la "vraie souveraineté" ou de "l'ordre basé sur des règles" (the rules-based international order), d'un ordre international libéral (liberal international order), du droit "global" ou "mondial" (World Law).

"L'ordre basé sur des règles" est de plus en plus souvent cité par des hommes politiques dans des contextes très variés :

- « *Aujourd'hui l'Union européenne sert de phare à tous ceux qui investit dans la paix, le multilatéralisme, le commerce libre et équitable, le développement durable, la lutte contre le changement climatique, les droits*

[20] *Raustiala Kal.* Does the Constitution Follow the Flag ? : The Evolution of Territoriality in American Law. Oxford University Press. 2011. 328 p. Note de l'auteur : ce livre a été accueilli aux Etats-Unis avec beaucoup d'enthousiasme dont témoigne cette critique dans le magazine «*Foreign Affairs*»: *«Raustiala a fait un compte-rendu brillant de la lutte juridique et politique des Etats-Unis pour l'extraterritorialité qui compte des siècles. Il faut particulièrement saluer la conclusion principale de ce livre : « L'époque territoriale a non seulement cédé la place à l'époque extraterritoriale ; au contraire, c'est l'extraterritorialité qui se transformait, s'élargissait et se reconstruisait tout au long de son histoire pour résoudre les problèmes d'une nouvelle grande puissance dans le nouvel ordre mondial ». (p.242).*

de l'homme et la démocratie, l'économie sociale - dans l'ordre mondial basé sur des règles », – Federica Mogherini affirmait-elle dans son rapport sur l'état de l'Union européenne, en argumentant le rôle de l'UE dans la politique mondiale ;

- en septembre 2019, le Secrétaire à la défense des États-Unis Mark Thomas Esper affirme que « notre objectif consiste à défendre l'ordre mondial basé sur des règles » en expliquant l'envoi des troupes et des équipements militaires supplémentaires en Arabie Saoudite et Émirats arabes unis, sans cacher pour autant que le vrai objectif consistait à garantir le "libre-échange" après les frappes des drones sur les entreprises pétrolières de l'Arabie Saoudite[21] ;

- « *Défendre l'Europe unie et soutenir l'ordre multilatéral fondé sur des règles* » – c'est le dernier des dix engagements qu'ont pris les chefs des pays membres de l'UE le 9 mai 2019 dans la déclaration adoptée lors d'une réunion informelle à Sibiu (Roumanie). La Déclaration de Sibiu contient la stratégie des pays membres de l'UE pour les cinq années à venir et dans ce point 10 l'Union européenne est représentée comme un leader global et responsable.

Si on suit cette logique, un leader mondial peut négliger les normes du droit international si elles contredisent aux intérêts qui servent à justifier "l'ordre basé sur des règles". L'Anglais Mayne Reid qui écrivait : « *Les accords entre les forts et les faibles ont toujours quelque chose de conditionnel et sont rompus à loisir des premiers* », et le Tchèque Karel Čapek avec son aphorisme « *Les accords existent pour que le plus faible les respecte*» ont décrit plus ouvertement la philosophie de "l'ordre basé sur des règles.

Si la justification du droit des grandes puissances à interpréter la notion de "l'ordre basé sur des règles" pour faire avancer leurs propres intérêts politiques et économiques est devenue une généralité dans le journalisme politique (surtout en anglais), les spécialistes du droit international n'ont jusqu'à présent presque pas donné de commentaires pour expliquer si ce concept était conforme aux principes fondamentaux du droit international, au moins ceux qui ont été encrés dans la Charte de l'ONU et d'autres instruments du droit international les plus importants.

Ce silence s'explique aussi par le besoin du temps pour réfléchir comment les changements de l'équilibre des pouvoirs dans la politique internationale influencent-ils le développement des concepts juridiques et, avant tout, par la difficulté d'avouer que le droit international soutenu par la parité des superpuissances à l'époque de la guerre froide s'est trouvé incapable de résister à l'ordre mondial américain. Effectivement, il est extrêmement difficile de reconnaître que :

« *Quand l'Occident parle du soutien à l'ordre basé sur des règles, il entend fixer lui-même ses règles et jouer le rôle du policier, en laissant à ses ennemis*

---

[21] https://ru.euronews.com/2019/09/21/us-to-send-troops-to-saudi-arabia

le rôle des criminels. Et comme J. McMahan[22] *l'a fait remarquer, les policiers peuvent tirer sur des criminels, mais pas le contraire* ». Cette révélation appartient à Paul Robinson, Professeur de la gestion publique et des relations internationales de la faculté des sciences sociales, Université d'Ottawa.[23]

Anthea Roberts, professeur de l'Université nationale d'Australie, montre ouvertement et sur des exemples concrets comment de grandes puissances interprètent les normes du droit international en faveur de leurs intérêts dans son livre "Le droit international est-il vraiment international ?"[24]) qui est devenu un événement important dans la pensée politique du XXI siècle. En effet, la politique contemporaine nous offre plusieurs exemples marquants qui montrent des États puissants (du point de vue militaire, politique, économique) citant des normes qui, selon le degré de leur intérêt, sont élevées à la hauteur d'universelles, mondiales, reconnues par tous, fondamentales. Et même si les notions de base sont les mêmes, les caractéristiques de ses normes et les conclusions qu'en tirent ces États peuvent être contradictoires.

C'est la Russie qui a pris la défense du droit international. Lors de son allocution à la 72e session de l'Assemblée générale de l'ONU (septembre 2019) et dans la déclaration sur ses résultats, le ministre des Affaires étrangères de la Fédération de Russie Sergueï Lavrov a dit : « *Cet "ordre basé sur des règles" avancé par les États-Unis ne correspond pas aux normes du droit international universelles, reconnues par tous et concertées entre les pays ... Nous allons œuvrer pour que tous les pays respectent de nouveau la Charte de l'ONU et d'autres normes et principes du droit international universel* »[25].

Il est évident que les règles sur lesquelles peut et doit se baser l'ordre mondial sont les normes du droit international qui ont été élaborées par les États dans le cadre des processus internationaux de concertation et qui ont suivi toutes les procédures internationales et domestiques pour entrer en vigueur. Même les contradictions évidentes entre les normes et principes du droit international ne peuvent justifier leur remplacement par un "ordre basé sur des règles".

Les tentatives d'autres grandes puissances d'utiliser le concept de "l'ordre basé sur des règles" pour affirmer leurs intérêts provoquent une vive réaction d'étonnement de la part des pays occidentaux. Parmi les exemples les plus marquants on peut citer l'opposition des États-Unis aux tentatives de la Chine d'établir son influence dans la mer de Chine méridionale par l'affirmation de sa souveraineté sur l'archipel Spratley qui fait objet d'un conflit territorial, ou bien un rejet actif de la réunification de la Crimée avec la Fédération de Russie

---

[22] Jeff McMahan, philosophe américain, auteur de *Killing in War, 2009, The Ethics of Killing: Self-Defense, War, and Punishment,* 2019.

[23] https://globalaffairs.ru/global-processes/Odni-ponyatiya-raznyi-smysl-19643

[24] Roberts Anthea. Is International Law International. Oxford New York Oxford University Press. 2017.

[25]http://www.mid.ru/ru/foreign_policy/news/-/asset_publisher/cKNonkJE02Bw/content/id/3822554

après le référendum du 16 mars 2014 qui va même jusqu'à l'adoption des sanctions et une pression politique sans précédent.

En faisant jouer son « droit du plus fort », la Chine a établi son contrôle sur cette partie de l'Océan Pacifique qui joue un rôle clé dans le commerce international. Qui plus est, elle a prononcé le caractère obligatoire de ses règles de navigation et de commerce. Ces exigences qu'on peut qualifier au moins de controversées rentrent bien dans la catégorie de "l'ordre basé sur des règles", dans ce cas concret les règles étant chinoises. Il est intéressant de noter que dans ce cas-là les experts proposent souvent d'accepter les règles chinoises et de transformer la discussion sur le respect des principes universels du droit international en des négociations très concrètes sur les conditions qui pourraient justifier les exceptions de la Convention des Nations Unies sur le droit de la mer (UNCLOS) dans cette région.

Si les États-Unis, l'Union européenne, la Chine adoptent cette approche, il serait étonnant de supposer que la Russie comprendrait leurs objections si elle utilise ce concept de "l'ordre basé sur des règles pour fixer ses propres règles pour des zones arctiques adjacentes à son territoire.

Dans le contexte moderne, la promotion de la juridiction nationale ne s'explique plus par le "fardeau de l'homme blanc"[26], ne se couvre pas par des résultats obtenus grâce au "soft power". Il s'agit d'imposition de sa juridiction par la force[27]. Ainsi, le professeur des relations internationales de l'Université de Georgestown Abraham Newman affirme que malgré les critiques virulentes de la part de la Russie[28], le droit américain s'étend loin au-delà des frontières des États-Unis dans plusieurs domaines, par exemple, ceux de la lutte contre la corruption, les monopoles et l'activité terroriste :

- *"le principe de l'extraterritorialité est justifié par le fait que les "conséquences" de tels ou tels actes à l'étranger peuvent s'avérer négatives pour les États-Unis. Par exemple, la fusion des sociétés Nokia et Alcatel est en mesure de limiter la concurrence sur le marché américain des télécommunications";*

- *«la juridiction légale basée sur le principe de la "présence" selon laquelle les autorités américaines auraient le droit de procéder à des poursuites pénales en se basant sur le fait de présence ou d'absence de telle*

---

26 « Le fardeau de l'homme blanc » (*The White Man's Burden*) – poème de Rudyard Kipling (1899) qui justifie la mission civilisatrice de la politique du colonialisme.

27 En janvier 2019 le Sénat et la Chambre des représentants des Etats-Unis ont adopté une loi antidopage nommée loi Rodtchenkov d'après l'ancien directeur du laboratoire antidopage russe et informateur de l'AMA. Cette loi a été critiquée par le Comité international olympique car tous les athlètes qui participent aux compétitions internationales pourraient faire objet des poursuites pénales selon la législation américaine.

28 D'après la position exprimée par le ministre des affaires étrangères de la Fédération de Russie Sergueï Lavrov, il s'agit *« d'encore un exemple de l'application extraterritoriale et arbitraire des lois américaines »* ; le ministre a appelé les Etats-Unis à *« cesser les tentatives d'intenter des procès au-delà de leurs frontières selon leur normes juridiques et suivre les normes internationales reconnues par tous ».*

ou telle société sur les marchés américains ou sur des liens avec ces marchés... Dans les deux cas, les fonctionnaires américains utilisent les bourses et les institutions financières pour élargir l'application des lois américaines à l'échelle mondiale » ;

- *« l'efficacité de la justice américaine au-delà des frontières des États-Unis a une importance politique réelle » ;*

- *« l'extraterritorialité, c'est l'élargissement de la juridiction à l'égard des personnes physiques ou morales au-delà des frontières physiques de tel ou tel pays » ;*

- *« Pour beaucoup, y compris pour M. Lavrov tout cela ressemble à une hégémonie américaine. Si on abuse du principe de l'extraterritorialité, cela mettra en cause sa légitimité. Mais, compte tenu de la taille et du rôle des États-Unis et de l'UE, l'extraterritorialité peut devenir leur privilège » ;*

- *« Alors la question qui se pose est de savoir dans quels cas les États doivent utiliser ces compétences extraterritoriales ? Dans plusieurs cas, aucune société américaine, aucun citoyen américain ne figurent dans les litiges. Compte tenu de leurs taille et rôle, les États-Unis et l'Europe ont le droit d'appliquer leurs lois partout où ils voient la menace à leurs valeurs fondamentales »*[29].

Tony Putnam fait écho à A. Newman en défendant la position selon laquelle les tribunaux américains peuvent utiliser le principe de l'extraterritorialité *« quand ils voient la menace aux valeurs fondamentales »*[30].

Mais quelles valeurs sont-elles reconnues comme fondamentales ? En règle générale, derrière la notion des "valeurs fondamentales" se cachent des intérêts politiques et/ou économiques très concrets. C'est une sorte de ruse que d'expliquer l'extraterritorialité par la mondialisation. Ce sont les intérêts nationaux qui poussent les grandes puissances à élargir les dispositions de leur droit national au-delà des frontières du pays[31]. En anticipant ainsi l'apparition

[29] *Newman Abraham.* U.S. law plays offense overseas. *Washington Post.* 2015. May, 31.

[30] *Putnam, T.* Courts Without Borders: Domestic Sources of U.S. Extraterritoriality in the Regulatory Sphere. *International Organization,* 2009. 63(3). Pp. 459-490; *Putnam, T.* Courts without Borders: Law, Politics, and U.S. Extraterritoriality. New York, Cambridge University Press, 2016. 330 pp.

[31] Voir, par ex.: *Abbott, Kenneth W. and Snidal, D.* Values and Interests: International Legalization in the Fight Against Corruption. *Journal of Legal Studies.* 2002. 31 (1). Pp. 141–178 ; *Borchers, Patrick J.* The Problem with General Jurisdiction. *University of Chicago Legal Forum* 2001: 119–36; *Emmenegger P., Eggenberger K.* State sovereignty, economic interdependence and US extraterritoriality: the demise of Swiss banking secrecy and the re-embedding of international finance. *Journal of International Relations and Development.* 2018; *Raustiala, Kal.* The Evolution of Territoriality: International Relations and American Law. In Territoriality and Conflict in an Era of Globalization, edited by Kahler, Miles and Walter, Barbara F., New York: Cambridge University Press. 2006. 219–250. *Slaughter, Anne-Marie.* A Global Community of Courts. *Harvard International Law Journal.* 2003. 44. Pp. 191–219.

des phénomènes de réglementation juridique mondiale, création transnationale des normes et juridiction transnationale.

V. Conclusions

Dans la situation actuelle, les États modernes doivent trouver les réponses à deux listes de questions liées à :

1) l'affrontement entre la doctrine du droit international et la philosophie du mondialisme ;

2) la compétition des juridictions

Le « tournant spatial » *(spatial turn)*[32] est suivi par un « défi spatial » que lance le droit contemporain aux Etats et sociétés modernes. Le cadre territorial est devenu trop étroit pour les juridictions nationales. Ce défi est lié aux facteurs de "transterritotialité" et de "transactivité". Les deux dernières notions signifient l'action et l'application du droit national sans tenir compte du principe de la territorialité à l'égard des personnes qui s'associent à la juridiction nationale.

La trans- ou extraterritorialité représente l'expansion directe de réglementation juridique sur les citoyens et acteurs économiques au-delà des frontières nationales[33]. Initialement, la notion de l'extraterritorialité dans le droit international était mise en œuvre par des exceptions faites dans le système juridique national d'un pays-hôte pour les ambassades et les diplomates étrangers. Plus tard, l'extraterritorialité a été étendue aux questions relatives à la défense du droit d'auteur et la propriété intellectuelle. Ensuite, c'était le tour des normes juridiques anti monopôle et les règlements concernant la circulation des titres. La pratique de l'immunité des poursuites judiciaires des militaires étrangers déployés en dehors de leur pays d'origine, établie après la Seconde Guerre mondiale, représente un cas distinct de l'extraterritorialité.

À partir de la deuxième moitié du XXème siècle, parallèlement au processus de la mise en place de l'hégémonie américaine, les instruments internationaux de la défense des droits universels constitutionnels de l'homme sont créés. L'essence de la confrontation entre le droit international et global est dans l'élaboration des normes universelles. Le droit international est toujours basé sur ses principes fondamentaux, dont le principe de base qui est celui de

---

[32] La notion du tournant spatial a été introduite par Michel Foucault dans son œuvre "Des espaces autres. Architecture, mouvement, continuité" qu'il a présenté devant les membres du Cercle d'études architecturales le 14 mars 1967. Ce rapport a été publié pour la première fois en 1984, après la mort de l'auteur. *Foucault, Michel.* Des espaces autres. Architecture, mouvement, continuité. 1984. p. 46-49.

[33] Voir, par ex.: *Meessen, Karl M.* Extraterritorial Jurisdiction in Theory and Practice. Boston : Kluwer Law International, 1996.

l'égalité souveraine. Le droit global suppose la mise en avant des intérêts de ceux à qui appartient le "bloc de contrôle des actions"[34].

La plus douloureuse de toutes les manifestations de la mondialisation est sa volonté d'influencer le système de la gestion publique. La discussion sur l'économie et le commerce mondiaux est sortie sur des questions de l'intégration juridique et la création de l'espace juridique mondial, et encore plus - celles de l'élaboration des standards universels de la gestion publique pour aller jusqu'à la création d'un espace administratif mondial.

L'ouverture spatiale de la juridiction en tant qu'un phénomène de droit constitutionnel ne se limite pas par la reconnaissance du fait pressant de sa création et expansion dans le cadre des frontières nationales ou d'un groupement d'intégration. La juridiction nationale, ainsi que la notion plus large de l'ordre juridique national sont aussi caractérisées par d'autres critères, y compris (a) qualité de la gestion publique ; (b) qualité de la réglementation juridique et l'état de l'infrastructure juridique de la société ; (c) qualité de l'accompagnement juridique et de l'enseignement en droit.

Une infrastructure juridique forte et de qualité que chaque État voudrait construire appartient sans doute aux catégories estimatives. La force et la qualité de ce phénomène peuvent être soumises à l'analyse objective, à des tentatives de formuler ses caractéristiques principales et les critères de leur évaluation. Avant tout, il s'agit des exigences à la qualité de la gestion publique. « *...quand un pays vit parallèlement deux crises (crise provoquée par des chocs extérieurs et crise structurelle cyclique dans l'économie), le temps est venu de faire preuve de maîtrise d'art de la gestion publique ...* » affirme V.A. Maou en parlant de la Russie[35].

La qualité de la gestion publique, c'est avant tout la qualité d'utilisation des dispositifs judiciaires de contrôle. Le facteur principal lors de l'évaluation de la force et de la qualité d'une juridiction nationale, c'est son attractivité pour les entreprises internationales et nationales, ses propres citoyens et résidents étrangers. Ainsi, une juridiction forte, c'est une juridiction attrayante pour les acteurs économiques. Le facteur d'attractivité est beaucoup plus complexe que

---

[34]Barak Obama : « Quand 95% de nos clients potentiels vivent en dehors de nos frontières nous ne pouvons pas permettre à des pays comme la Chine d'écrire les règles de l'économie mondiale. Nous devons écrire ces règles nous-mêmes et ouvrir de nouveaux marchés pour les produits américains » a affirmé le président des Etats-Unis le 5 décembre 2015 lors de la signature de l'accord sur le Partenariat commercial transpacifique https://rueconomics.ru/106567-obama-pravila-mirovoy-torgovli-budut-diktovat-ssha-a-ne-kitay ; « Ce sont les Etats-Unis qui doivent définir les règles. C'est l'Amérique qui doit prendre les décisions. D'autres pays doivent suivre les règles définies par les Etats-Unis et leurs partenaires, mais pas le contraire », « Le monde change. Les règles suivent ces changements. Ce sont les Etats-Unis et pas les pays comme la Chine qui doivent écrire ces règles », déclare-t-il un an après dans son article dans « Washington Post» // The TPP would let America, not China, lead the way on global trade. Washington Post. -2016- 2 mai.

[35] *V. A. Maou.* Un objectif important pour le nouveau modèle économique du monde est de trouver les raisons de la stagnation. 11 janvier 2017. http://tass.ru/opinions/interviews/3932931

tous les autres indicateurs et critères objectifs, quels qu'ils soient. Le facteur d'attractivité de la juridiction et de l'ordre juridique nationaux devient un facteur-clé quand il s'agit de faire avancer les intérêts nationaux dans le domaine politique et économique.

La doctrine selon laquelle la Russie doit faire partie de l'espace juridique mondial tout en défendant inconditionnellement les intérêts de l'État et du capital national n'a pas d'alternative. Cette absence d'alternative s'explique non seulement par la reconnaissance de principales tendances du développement de la société moderne, mais aussi par des caractéristiques structurelles de l'économie russe (marché intérieur de taille assez réduite, l'orientation du secteur des matières premières aux exportations). Cette doctrine influence considérablement l'ordre juridique russe, renforce la dépendance du développement économique de la qualité de la réglementation juridique et l'efficacité du fonctionnement du système juridique et prédétermine la nécessité "d'ouverture de l'économie russe comme source de la croissance"[36]. Expansion des frontières de la réglementation juridique, intérêts publics et privés transnationaux, conjoncture internationale qui change rapidement, développement intensif des technologies et mise en place de la société digitale forment méthodiquement un milieu où plusieurs facteurs interagissent, celui de la compétition globale des systèmes juridiques et des juridictions nationales. Cette tendance générale augmente considérablement les standards de la qualité de la gestion publique et de la réglementation juridique, ainsi que de l'efficacité de la justice et du système de règlement des litiges économiques en général.

Le monde contemporain crée des conditions de compétition pour vérification pratique de différents types d'interprétation du droit, cultures juridiques nationales, idéologies juridiques, systèmes des valeurs, standards sociojuridiques. Cela change considérablement l'organisation de la formation juridique. En effet, le juriste est une des professions des plus nationales. Tout en étant lié par des valeurs et des normes juridiques il ne peut pas refuser à défendre les intérêts de son État. Et c'est très important de savoir, comment il les comprend et les voit, par exemple, lors de l'examen d'un litige entre une grande société nationale et son partenaire étranger. D'une part, il est très facile de défendre le capital national ou de remplir une commande politique, d'autre part, il s'agit de sa dignité et du professionnalisme qui sont à la base de l'attractivité du pays pour les investisseurs et du prestige juridique des tribunaux.

Dans ce contexte, la jurisprudence contemporaine devient une profession globale. Elle ne pourra pas défendre les intérêts nationaux si elle est cloîtrée dans des notions et concepts nationaux et guidée par des intérêts passagers. Le juriste dans le monde contemporain est contraint de travailler non

---

[36] *P.A. Kadotchnikov, A.Y. Knobel, S.G. Sinelnikov-Mourylev*. Ouverture de l'économie russe comme source de la croissance. Magazine *Questions de l'économie*. 2016. № 12. p. 26-42.

seulement dans le contexte de la juridiction nationale qui est pour lui confortable, mais de sortir de ses baies bien connues dans l'océan juridique international où soufflent les vents de différents systèmes juridiques et les juridictions ne sont pas en compétition, mais en guerre pour attirer les clients dans lcurs zones d'influence.

Références

W.E. Batler. Place du droit russe dans l'espace juridique mondial. *Magazine du droit russe.* 2011. № 4. p. 103

V.D. Zorkin Intégration de l'espace européen : défis. *Magazine du droit russe.* 2006. № 12. p. 14-23.

Les résultats des sondages de l'Institut de la sociologie de l'Académie des sciences de la Russie (2013-2018, rapport d'un groupe d'experts présidé par Mikhaïl Dmitriev "Rupture automnale dans la conscience des Russes" (décembre 2018). http://liberal.ru/articles/7298 ; https://www.vedomosti.ru/opinion/articles/2019/01/16/791629-lovushka-neravenstva

P.A. Kadotchnikov, A.Y. Knobel, S.G. Sinelnikov-Mourylev. Ouverture de l'économie russe comme source de la croissance. Magazine *Questions de l'économie.* 2016. № 12. p. 26-42.

V. A. Maou. Un objectif important pour le nouveau modèle économique du monde est de trouver les raisons de la stagnation. 11 janvier 2017. http://tass.ru/opinions/interviews/3932931

Revue des travaux du IIIe Congrès international du droit comparatif « Constitution de la Russie dans l'espace constitutionnel mondial ». *Magazine du droit étranger et du droit comparatif.* 2013. № 6. p. 937.

"De quoi les Russes rêvent-ils ? (Réflexion sociologique) : rapport analytique (préparé en coopération avec la représentation de la Fondation Friedrich Ebert dans la Fédération de Russie)". Institut de la sociologie de l'Académie des sciences de la Russie, Moscou, 2012, p. 30-41.

Arrêt de la Cour constitutionnelle de la Fédération de Russie N 21-П du 14 juillet 2015.

Foucault, Michel. Des espaces autres. Architecture, mouvement, continuité. 1984. p. 46-49

Abbott, Kenneth W. and Snidal, D. Values and Interests : International Legalization in the Fight Against Corruption. *Journal of Legal Studies.* 2002. 31 (1). Pp. 141–178 ;

Borchers, Patrick J. The Problem with General Jurisdiction. *University of Chicago Legal Forum* 2001 : 119–36;

Conter-Limits Doctrine a Dog That Barks but Does Not Bite. (2015) 21. *European Public Law. Issue* 4, pp. 747-763.

Emmenegger P., Eggenberger K. State sovereignty, economic interdependence and US extraterritoriality : the demise of Swiss banking secrecy and the re-embedding of international finance. *Journal of International Relations and Development.* 2018 ;

Galetta Diana-Urania. European Union Law in the Jurisprudence of Italian High Courts : Is the Conter-Limits Doctrine a Dog That Barks but Does Not Bite. (2015) 21. *European Public Law. Issue* 4, pp. 747-763.
Jacobson Gary Jeffrey. Constitutional Identity. Harvard University Press Cambridge, Massachusetts, London, England 2010. Preface. xii.
Meessen, Karl M. Extraterritorial Jurisdiction in Theory and Practice. Boston : Kluwer Law International, 1996.
Newman Abraham. U.S. law plays offense overseas. *Washington Post*. 2015. May, 31.
Putnam, T. Courts Without Borders : Domestic Sources of U.S. Extraterritoriality in the Regulatory Sphere. *International Organization,* 2009. 63(3). Pp. 459-490 ;
Putnam, T. Courts without Borders : Law, Politics, and U.S. Extraterritoriality. New York, Cambridge University Press, 2016. 330 pp.
Raustiala Kal. Does the Constitution Follow the Flag ? : The Evolution of Territoriality in American Law. Oxford University Press. 2011. 328 p.
Raustiala, Kal. The Evolution of Territoriality : International Relations and American Law. In Territoriality and Conflict in an Era of Globalization, edited by Kahler, Miles and Walter, Barbara F., New York : Cambridge University Press. 2006. 219–250.
Roberts Anthea. Is International Law International. Oxford New York Oxford University Press. 2017.
Slaughter, Anne-Marie. A Global Community of Courts. *Harvard International Law Journal*. 2003. 44. Pp. 191–219.

QUESTIONS DE COMPÉTENCE DANS LA MISE EN ŒUVRE DES DISPOSITIONS DES CONVENTIONS INTERNATIONALES SUR LA PROTECTION DE L'ENFANCE EN RUSSIE (CONVENTIONS DE LA HAYE DE 1980 ET 1996)

Oleg ZAITSEV
Professeur de droit
Doyen de l'Ecole supérieure de droit de l'Institut d'administration publique et de gestion (IAPG) de l'Académie Russe d'économie nationale et d'administration publique auprès du Président de la Fédération de Russie (ARENAP)

I. Aspects matériels de la mise en œuvre des Conventions en Russie

La question de la protection des droits et des intérêts légitimes des enfants a été soulevée à plusieurs reprises au niveau international[37]. La pertinence de cette étude se fonde sur les condamnations de la Cour européenne des droits de l'homme statuant sur les litiges familiaux, dans le cas de « Vladimir Ushakov contre la Fédération de Russie »[38], et sur l'adoption par le Présidium

[37] Résumé : *Le développement des relations interétatiques se reflète directement dans le développement des relations familiales avec des éléments étrangers, il est désormais courant d'assister à des mariages entre citoyens russes et étrangers, à la naissance d'enfants dans ces mariages, ou hors mariage. Les questions relatives à la préservation et à la protection des aspects vulnérables dans ces relations familiales, en particulier en ce qui concerne les enfants, deviennent d'une actualité brûlante. Outre la résolution effective du différend, les questions de compétence – la loi applicable, le tribunal compétent, et, plus généralement, déterminer la compétence de l'État – et le lieu de l'examen du différend revêtent une importance capitale.*
Depuis l'adhésion de la Fédération de Russie aux Conventions de la Haye de 1980 et de 1996 sur la protection de l'enfance, la pratique judiciaire de son application se sont développées. Il y a eu des étapes importantes dans l'élaboration de la législation et de l'application de la loi dans ce domaine, comme l'adoption par la Cour européenne des droits de l'homme de décisions sur les litiges familiaux, par exemple dans le cas « Vladimir Ushakov contre la Fédération de Russie », et l'adoption par le Présidium de la Cour suprême de la Fédération de Russie de l'« Examen de la pratique du contrôle par les tribunaux des cas de retour d'enfants en vertu de la Convention sur les aspects de droit civil de l'enlèvement international d'enfants », le 18 décembre 2019. L'article met en évidence les aspects matériels et procéduraux de la mise en œuvre des Conventions examinées en Russie, et analyse la relation entre les concepts des Convention et les constructions juridiques de la législation nationale. Elle décrit la compétence de la Fédération de Russie pour le règlement des différends relatifs à la protection des droits et intérêts de l'enfant, et l'application des Conventions de la Haye par les tribunaux russes.
Mots clés : protection de l'enfance, tutelle, curatelle, lieu de résidence de l'enfant, mise en œuvre, droit de visite, déplacement illicite d'enfants, rétention d'enfants, élément étranger dans les relations familiales, compétence.

[38]https://hudoc.echr.coe.int/app/conversion/pdf?library=ECHR&id=003-6430779-8456481&filename=Annonce%20d%u2019arr%EAts%20et%20d%E9cisions%2018-20.06.19.pdf

de la Cour suprême de la Fédération de Russie, le 18 décembre 2019, de l'« examen de la pratique du contrôle par les tribunaux des cas de retour d'enfants en vertu de la Convention sur les aspects de droit civil de l'enlèvement international d'enfants »[39].

A. PLACE ET RÔLE DES CONVENTIONS DANS LE SYSTÈME JURIDIQUE RUSSE

Au début du siècle dernier, on a adopté les Conventions de la Haye « Sur la réglementation de la garde des mineurs » (1902) et « Sur la garde des mineurs » (1905), ce qui a souligné la nécessité d'un large débat sur ces problèmes pertinents, bien qu'elles ne fussent pas appliquées dans une large mesure. Elles ont été mises en œuvre lors du congrès international pour la protection de l'enfance de 1913, où l'enfant était reconnu comme un être nécessitant une protection et des soins spécifiques. En 1924, la Société des Nations a adopté la Déclaration de Genève sur les droits de l'enfant, dont les dispositions ont été développées dans les Pactes internationaux relatifs aux droits économiques, sociaux et culturels (1966), relatifs aux droits civils et politiques (1966) et, enfin, dans la Convention des Nations Unies sur les « Droits de l'enfant » de 1989. Dans le même temps, la nécessité de concentrer les efforts de la communauté internationale sur des aspects plus privés, mais non moins importants, de la protection des droits de l'enfant est devenue évidente, ce qui a conduit à l'émergence de la Convention de 1956 sur la loi applicable aux obligations alimentaires envers les enfants, de la Convention de 1962 sur la filiation maternelle des enfants naturels, etc.

Parmi elles, les Conventions de La Haye de 1980 et 1996 occupent une place particulière, la Convention sur les aspects civils de l'enlèvement international d'enfants (Convention de 1980 dans la suite) et la Convention concernant la compétence, la loi applicable, la reconnaissance, l'exécution et la coopération en matière de responsabilité parentale et de mesures de protection des enfants (Convention de 1996 dans la suite).

Que la Fédération de Russie rejoigne les pays signataires était une étape logique dans le cadre de la politique menée conformément à la Constitution de la Fédération de Russie pour protéger la maternité, l'enfance et la famille (paragraphe 1 de l'art. 38), et cela contribuait simultanément au respect par l'État des obligations assumées par lui-même conformément aux dispositions de l'art. 11 de la Convention des Nations Unies de 1989 relative aux droits de l'enfant exigeant des mesures pour lutter contre les déplacements et non-retours illicites d'enfants de l'étranger.

Les conflits potentiels entre les normes des traités internationaux et la législation nationale conduisent inévitablement à la nécessité de déterminer la

[39] http://www.vsrf.ru/documents/thematics/28606/

place des Conventions dans le système des sources du droit russe. Les principes et normes généralement reconnus du droit international et des traités internationaux de la Fédération de Russie (partie 4 de l'art. 15) ont une force juridique inférieure à la Constitution de la Fédération de Russie (partie 1 de l'art. 15) et aux lois de la Fédération de Russie dans les amendements à la Constitution de la Fédération de Russie (art. 136), mais ils ont une plus grande force juridique par rapport aux autres lois.

Le législateur russe agit dans le cadre d'une tendance générale – l'utilisation de deux mécanismes de mise en œuvre des normes juridiques internationales. Premièrement, l'État peut inclure dans sa loi les règles faisant référence aux normes du droit international, grâce auxquelles ces dernières peuvent être appliquées à l'intérieur du pays. Deuxièmement, l'État peut adopter de nouvelles règles de droit, modifier ou abroger celles qui existent déjà, en se conformant aux prescriptions d'un traité international, et les adapter aux particularités du système juridique de l'État. En ce qui concerne les conventions ici examinées, les deux instruments juridiques sont effectivement utilisés.

Les conditions préalables à la mise en œuvre de la première sont dans l'art. 6 du Code familial de la Fédération de Russie (CF FR dans la suite), établissant la priorité des normes du traité international de la Fédération de Russie, fixant la formulation standard selon laquelle, si elles établissent d'autres règles que celles prévues par le droit de la famille, les règles du traité international s'appliquent. En fait, une approche similaire a été mise en œuvre en ce qui concerne la terminologie utilisée dans la Convention de 1980. Toutefois, l'ajustement de la législation nationale aux nouvelles obligations internationales adoptées par l'État reste plus efficace du point de vue de l'application de la loi.

En 2011, au stade de la ratification de la Convention de 1980, on a supposé qu'elle n'exigerait pas l'adoption de lois fédérales, de modification, suspension ou reconnaissance comme invalides, cependant cette position a été révisée, car dans un nombre croissant de décisions sur des affaires liées à la Convention, la Cour européenne des droits de l'homme soutient les allégations contre les États qui n'ont pas fait les efforts nécessaires pour un examen rapide et efficace des cas concernant la mise en œuvre du droit des parents au retour de l'enfant. Il a alors été proposé de compléter le Code de procédure civile de la Fédération de Russie (CPC FR dans la suite) avec un chapitre dont les règles définissent les caractéristiques procédurales de leur examen et de leur résolution, et un certain nombre d'autres lois, modifications et ajouts ont été apportés[40].

---

[40] Dans le but de rechercher l'enfant, d'assurer l'exécution des décisions de justice relatives au retour des enfants déplacés ou détenus illégalement, ainsi que d'exercer leur droit de visite, il a été proposé de modifier la loi fédérale du 02.10.2007 n° 229-FZ « Sur les procédures d'exécution », la loi fédérale du 21.07.1997 n° 118- FZ « Sur les huissiers de justice », ainsi

Le caractère fédéral de la Russie nécessite de tenir compte de la législation des entités constituantes de la Fédération, car, conformément à l'alinéa « k » de l'article 72 de la Constitution de la Fédération de Russie, la réglementation juridique des relations familiales relève conjointement de la Fédération de Russie et de ses entités constituantes, cependant certaines questions ne relèvent que de la compétence des entités constituantes de la Fédération de Russie ; mais les différences potentielles de législation à cet égard ne sont pas d'une importance fondamentale pour la pleine mise en œuvre des dispositions de la Convention de 1980. Le transfert des pouvoirs de l'organe de tutelle et de curatelle aux autorités locales est plus important, car l'exercice de leurs pouvoirs en matière de protection des droits et des intérêts légitimes des enfants ne dépend pas de la nature du différend. Leur participation obligatoire à l'examen par les tribunaux d'une demande de retour ou d'exercice du droit de visite (art. 244.15) est une extension logique de la pratique générale consistant à engager des poursuites dans des litiges concernant des enfants.

Des problèmes plus graves dans l'application de la Convention découlent des dispositions qui y sont consacrées concernant les conditions de son fonctionnement. Une pleine coopération avec la Fédération de Russie sur cette question n'est possible que si la Russie est reconnue comme un participant à part entière dans d'autres pays. Pour l'instant, au 1er novembre 2019, sur les 98 États qui ont signé la Convention, la Fédération de Russie en a reconnu 69 en tant que participants[41]. De plus, la plupart des États européens ne l'ont fait que relativement récemment, à partir d'avril 2016.

Il est en ce sens significatif que la décision du tribunal de district de Kanavinsky à Nijni Novgorod, datée du 26 octobre 2017, note que l'un des parents, pour saisir le tribunal d'une demande de retour d'un enfant transféré illégalement en Fédération de Russie ou retenu en Russie conformément au chapitre 22.2 du CPC FR, se base uniquement sur la Convention de 1980, et bien qu'il y ait des relations contractuelles entre la Fédération de Russie et l'État d'où l'enfant a été sorti. Conformément à l'art. 38 de la Convention de 1980, l'adhésion d'un État n'est valable qu'entre l'État adhérent et les États qui déclarent reconnaître cette adhésion. En conséquence, ayant établi que le franchissement de la frontière a eu lieu avant que la République fédérale d'Allemagne ne reconnaisse l'adhésion de la Russie à ladite convention, qui est entrée en vigueur le 1er avril 2016, le tribunal a conclu que ses dispositions n'étaient pas applicables dans ce cas-là[42].

---

que la loi de la Fédération de Russie du 11.03.1992 n° 2487-1 « Sur les activités des détectives et de sécurité privés » // Cf. la Loi fédérale du 05.05.2014 n° 126-FZ « Sur la modification de certains actes législatifs de la Fédération de Russie dans le cadre de l'adhésion de la Fédération de Russie à la Convention sur les aspects civils et juridiques de l'enlèvement international d'enfants » // Sobranie zakonodatel'stva RF, 2014, n° 19, art. 2331.

[41] Cf. URL: https://www.hcch.net/en/instruments/conventions/status-table/acceptances/?mid=1112

[42] Cf. la décision du tribunal du district de Kanavinsky à Nijni Novgorod du 26.10.2017 dans l'affaire n° 2-4633/17.

Certains problèmes liés au retour des enfants ont été résolus par la Convention de 1996, conformément au principe selon lequel les décisions judiciaires couvertes par son champ d'application, adoptées après la date de son entrée en vigueur, sont reconnues et exécutées. Le premier cas de son application en Russie est l'affaire « Neystadt », qui portait officiellement sur la reconnaissance et l'exécution en Russie de l'ordonnance du tribunal de la Haute Cour d'Angleterre et du Pays de Galles de renvoyer à leur mère deux enfants retenus illicitement en Russie.

B. DÉTERMINATION DU LIEU DE RÉSIDENCE DE L'ENFANT

Les spécificités de cette catégorie d'affaires nécessitent une attention particulière quant à la question de la compétence des autorités judiciaires ou administratives, ainsi qu'à la loi applicable aux relations juridiques les plus controversées. L'art. 5 de la Convention de 1996, concernant l'adoption de mesures visant à protéger la personne ou les biens d'un enfant, reconnaît la compétence des autorités de l'État du lieu de résidence habituel de l'enfant. En même temps, il est stipulé qu'en exerçant leur juridiction, ils appliquent la loi de leur pays, cependant, dans la mesure requise par la protection de la personnalité ou des biens de l'enfant, ils peuvent, à titre exceptionnel, appliquer ou prendre en compte la loi d'un autre État avec lequel la situation est la plus étroitement liée (art. 15). Pour résoudre les problèmes de responsabilité parentale, la Convention est plus catégorique, la liant exclusivement à la loi de l'État du lieu de résidence habituel de l'enfant (art. 16 et 17).

L'utilisation de ce critère confirme une fois de plus l'existence d'une tendance stable dans le domaine du droit international privé, que l'on retrouve dans tous les traités internationaux adoptés sous les auspices de la Conférence de La Haye de droit international privé pour réglementer les relations entre parents et enfants. Une analyse des décisions de justice montre un manque de consensus sur ce qu'il convient de souligner pour déterminer le lieu de résidence habituel : l'intérêt de l'enfant, même en tenant compte des intentions des personnes qui l'élèvent, ou uniquement les aspirations du premier. De plus, toute interprétation de la catégorie en question est encore plus compliquée à cause de la variété des situations qui se surgissent dans la réalité.

On considère que, contrairement au domicile, le critère de la résidence ordinaire est axé sur la déclaration de l'expérience passée, plutôt que sur l'intention de l'individu de lier sa vie au territoire d'un État particulier. En conséquence, dans la plupart des cas, les tribunaux se limitent à des preuves objectives de présence physique sur une période de temps considérable dans une zone particulière.

La position des tribunaux russes en la matière se fonde sur les dispositions de l'art. 65 du CF FR, donnant la priorité à l'intérêt de l'enfant : en l'absence d'accord des parents sur le lieu de résidence des enfants, il est établi par le tribunal en tenant compte de l'affection de l'enfant pour chacun des parents, frères et sœurs, de l'âge de l'enfant, des qualités morales et autres qualités personnelles des parents, de la relation existant entre chacun des parents et l'enfant, de la possibilité de créer pour l'enfant des conditions d'éducation et de développement, ainsi que des opinions de l'enfant lui-même. Le tribunal de district de Dzerzhinsky à Saint-Pétersbourg, après avoir examiné une affaire civile dans le cadre d'un procès concernant le retour d'un enfant dans l'État de résidence permanente, est parvenu à la conclusion qu'il n'y avait aucun motif de satisfaire aux exigences énoncées, notamment parce qu'elles contredisaient les intérêts de l'enfant mineur, y compris ceux concernant le besoin de soins maternels[43].

Dans certains cas, les tribunaux formulent une position théorique suffisamment claire sur cette question. L'un des tribunaux de district de Saint-Pétersbourg est parvenu à la conclusion que la notion de « lieu de résidence habituelle » implique un lieu qui reflète un certain degré d'intégration de l'enfant dans l'espace social et familial, étant donné qu'une personne ne peut avoir qu'un seul lieu de résidence permanente et que la domiciliation de l'enfant ne devrait pas être déterminée par la citoyenneté des parents. Le tribunal a exprimé l'opinion qu'un parent ne pouvait pas créer un nouveau lieu de résidence habituelle en retenant illicitement un enfant et en l'isolant. Le tribunal a invalidé les arguments de l'accusé selon lesquels, au moment du procès, la Fédération de Russie était également le lieu de séjour permanent de l'enfant, car les documents soumis concernant l'enregistrement du mineur sur le lieu de séjour, son inscription dans un établissement médical et son inscription à l'école avaient été reçus par l'accusé après octobre 2016, c'est-à-dire après le retrait de l'enfant du territoire de la République du Kazakhstan[44].

Dans une autre affaire, la question du lieu de résidence habituelle de l'enfant a été résolue sur la base de l'ensemble des preuves indiquant que la jeune fille vivait en permanence depuis sa naissance sur le territoire du Royaume-Uni où, depuis 2013, elle fréquentait une institution de formation, recevait des soins médicaux, l'anglais était la principale langue parlée à la maison, à l'école ou avec ses amis, les voyages en Russie ne portaient que sur de courtes périodes, pendant les vacances, pour la détente et la visite des parents du côté de la mère[45].

Les divergences existant dans la pratique judiciaire dans l'interprétation du lieu de résidence habituel de l'enfant ne peuvent être considérées comme une

---

[43] Cf. le jugement n° 2-2471/2014 ~ M-2886/201 // URL : http://www.gcourts.ru/case/32492660

[44] Cf. la décision du tribunal du district central de Novossibirsk n° 2-4444/2017 2-4444/2017~M-3179/2017 M-3179/2017 du 18 septembre 2017 dans l'affaire n° 2-4444/2017 // URL : http://sudact.ru/regular/doc/bsYYnXuJAY58/

[45] Cf. la décision d'appel du tribunal municipal de Saint-Pétersbourg du 4 avril 2017 // URL : https://russian-divorce.ru/articles/a353/

contradiction insurmontable, d'autant plus qu'elles ne sont pas uniques dans la pratique internationale, y compris dans les litiges impliquant des citoyens russes. Les concepteurs de la Convention ont fait preuve d'une flexibilité suffisante, prévoyant la possibilité d'appliquer la loi de l'État avec lequel la situation est la plus étroitement liée (point n° 2 de l'art. 15 de la Convention de 1980). Le principe du lien le plus étroit est inscrit dans le droit russe, notamment au paragraphe 2 de l'art. 1186 du Code civil de la Fédération de Russie, selon lequel, lorsqu'il est impossible de déterminer la loi à appliquer, on applique la loi du pays avec lequel la relation de droit civil, compliquée par un élément étranger, est la plus étroitement liée. Une telle approche peut être appliquée aux relations familiales, étant donné que, conformément aux art. 4 et 5 du CF FR, la réglementation du droit civil est autorisée, y compris par analogie.

C. DROIT DE GARDE ET DROIT DE VISITE

Du point de vue de l'application de la loi, la question de la relation entre les concepts juridiques utilisés dans les Conventions ici examinées et la terminologie adoptée dans la législation russe mérite l'attention. Il s'agit du « droit de garde » et du « droit de visite » qui sont importants pour comprendre le déplacement ou la rétention illicite d'un enfant. Le premier, défini par les droits relatifs à la prise en charge de la personne de l'enfant, y compris le droit de déterminer son lieu de résidence, a un contenu beaucoup plus large que la notion de tutelle inhérente au droit russe, où elle n'est considérée que comme une forme de placement des mineurs et des citoyens reconnus comme juridiquement irresponsables, et où des tuteurs sont les représentants légaux[46]. L'objectif principal de l'institution de la tutelle et de la curatelle des mineurs en droit russe est de protéger les droits et intérêts des enfants privés de protection parentale, y compris à la demande de ces derniers pendant une période où, pour des raisons légitimes, ils ne seront pas en mesure de s'acquitter de leurs responsabilités parentales (art. 13 de la loi fédérale du 24.04.2008 n° 48-FZ « Sur la tutelle et la curatelle »), bien que du point de vue linguistique aucune contradiction ne se pose, étant donné que la garde signifie prendre soin.

Le CF FR définit différemment le contenu des droits des parents, indiquant l'intention de prendre soin de l'enfant, et, dans le contexte de la Convention de 1980, l'institution russe des droits et obligations parentaux présente le plus de similitudes avec la garde parentale conjointe dans son contenu juridique.

L'exercice effectif des droits de garde revêt une grande importance, qui, en l'absence de critères normatifs, est généralement considérée comme un degré des soins prodigués par le parent. En vertu de cela, les tribunaux reconnaissent

[46] Cf. la loi fédérale du 24.04.2008 n° 48-FZ « Sur la tutelle et la curatelle », art. 2.

l'exercice effectif des droits de tutelle même dans les cas où une personne ayant droit à la tutelle, pour quelque raison que ce soit (maladie, formation, etc.), vit séparément de l'enfant, mais se préoccupe de l'état et du bien-être de l'enfant, ce qui rend la conclusion que l'exercice effectif de la garde n'exige pas nécessairement la présence physique du parent. Seul le tribunal a le droit de décider si le droit de garde a effectivement été exercé au moment du déplacement (rétention), lors de l'examen d'une affaire donnée, en tenant compte de toutes ses circonstances[47].

Les tribunaux soulignent que, pour ce qui est de l'exercice effectif des droits de garde, la Convention de 1980 repose principalement sur la présomption que le parent quitté, doté des droits parentaux, les a effectivement exercés, car au sens du point « a » du paragraphe 1 de l'art. 13, le non-exercice effectif des droits de tutelle est une exception à la règle générale, et la charge de prouver que le parent quitté n'a effectivement pas exercé ses droits de garde incombe au parent qui a enlevé ou retenu l'enfant. Transférer la charge de la preuve à une personne demandant le retour d'un enfant est une violation flagrante de l'art. 8 de la Convention européenne de protection des droits de l'homme et des libertés fondamentales de 1950.[48]

Le droit de visite, au contraire, est une expression du modèle des droits parentaux tronqués, qui n'est pas connu du droit russe, puisque la privation des droits parentaux ou la restriction des droits parentaux n'est possible que dans le cas du comportement coupable des parents ou si laisser un enfant avec ses parents est dangereux en raison de circonstances indépendantes de la volonté des parents (art. 73 du CF FR).

Le droit de visite est davantage corrélé avec l'énoncé de l'art. 66 du CF FR, sur le droit d'un parent vivant séparément de l'enfant de communiquer avec lui, de participer à son éducation, ce qui peut être réalisé en déplaçant l'enfant de son lieu de résidence habituel, l'exercice de ce droit correspond à l'obligation du parent avec qui l'enfant vit de ne pas y faire obstacle, si une telle communication ne nuit pas à la santé physique et mentale de l'enfant, à son développement moral. Dans cette optique, le droit de visite doit être considéré comme l'une des formes de réalisation du droit de communiquer, il serait logique de l'inscrire légalement dans l'art. 66 du CF FR aux fins de la coopération internationale dans le cadre de la Convention de 1980.

Dans ces conditions, les tribunaux sont confrontés à la tâche de déterminer la relation de ces catégories juridiques avec les normes du CF FR, étant donné que la ratification de la Convention n'a pas donné lieu à des ajustements de la législation dans cette partie, ce qui a conduit à l'émergence d'une situation

---

[47] Cf. la décision du tribunal du district central de Novossibirsk n° 2-4444/2017 2-4444/2017~M-3179/2017 M-3179/2017 du 18 septembre 2017 dans l'affaire n° 2-4444/2017 // URL : http://sudact.ru/regular/doc/bsYYnXuJAY58/

[48] *Idem.*

controversée dans laquelle les normes du CPC FR n'ont pas réellement de base matérielle complète dans la législation russe.

D. DÉPLACEMENT ET RÉTENTION ILLICITES

Le déplacement dans le contexte d'une situation compliquée par un élément étranger signifie que l'enfant a été emmené hors du pays de sa résidence permanente. Il convient de garder à l'esprit que les Conventions de 1980 et 1996 résolvent la question des enfants de différentes manières, dont les intérêts sont protégés par les normes qui y sont inscrites. La première s'applique à tout enfant résidant en permanence dans un État contractant immédiatement avant la violation des droits de garde ou de visite, mais son application cesse lorsque l'enfant atteint l'âge de 16 ans. La Convention de 1996 s'applique aux enfants dès leur naissance jusqu'à l'âge de 18 ans (art. 2), en raison des objectifs plus larges de l'application de ce document. Dans les deux cas, il s'agit d'un enfant déjà né, bien que cette idée soit exprimée moins clairement dans la Convention de 1980. Pour cette raison, le problème de la protection des droits du père n'est pas résolu dans les cas où la mère de l'enfant à naître est partie à l'étranger.
Du point de vue de l'applicabilité de la Convention de 1980, la question du moment du déplacement, déterminé par la date du franchissement de la frontière, peut affecter de manière significative l'issue du procès. Dans certains cas, il permet d'identifier le fait de créer artificiellement des signes de résidence permanente de l'enfant (si l'enregistrement sur le lieu de résidence, l'inscription dans un établissement médical, etc., a eu lieu après cette date[49]). Dans d'autres cas, pour résoudre la question de la possibilité d'appliquer les dispositions de la convention en principe (si le franchissement de la frontière a eu lieu avant la reconnaissance de l'adhésion de la Russie à la Convention, alors ses dispositions ne sont pas applicables[50]). L'un des critères pour établir l'illégalité des actions de la partie qui a fait sortir l'enfant de l'État de sa résidence permanente sur le territoire d'un autre État est sa mise en œuvre en violation du droit de tutelle. Si cela est établi par le tribunal, la question de l'entrée en vigueur de la décision pertinente est considérée comme fondamentale[51].
La rétention de l'enfant représente une conception plus complexe de l'enlèvement et suppose dans la phase initiale l'existence de motifs juridiques

[49] Cf. la décision du tribunal du district central de Novossibirsk n° 2-4444/2017 2-4444/2017~M-3179/2017 M-3179/2017 du 18 septembre 2017 dans l'affaire n° 2-4444/2017 // URL : http://sudact.ru/regular/doc/bsYYnXuJAY58/
[50] Cf. la décision du tribunal du district de Kanavinsky à Nijni Novgorod du 26.10.2017 dans l'affaire n° 2-4633/17 // URL : https://rospravosudie.com/court-kanavinskij-rajonnyj-sud-g-nizhnij-novgorod-nizhegorodskaya-oblast-s/act-560194394/
[51] Cf. la décision d'appel du tribunal de la ville de Saint-Pétersbourg n° 33-2893/2016 du 3 février 2016 // URL : https://kmkrasnova.pravorub.ru/personal/73849.html

pour le retrait de l'enfant du pays. Il est important de considérer que conformément à l'art. 20 de la Loi fédérale du 08.15.1996 n° 114-FZ « Sur la procédure de départ de la Fédération de Russie et d'entrée dans la Fédération de Russie » en cas de sortie du pays, de départ d'un enfant mineur avec l'un des parents (adoptif, tuteur ou curateur), le consentement du deuxième parent à une telle sortie n'est, en règle générale, pas requis si, conformément à l'art. 21, aucun désaccord n'a été signalé. Dans le même temps, le consentement du deuxième parent ou la présentation d'un document confirmant l'impossibilité de le fournir peuvent être prévus par la législation du pays d'entrée, y compris au moment de la demande de visa. Par conséquent, le déplacement de l'enfant se fait pratiquement sans entrave dans les pays où des visas sont délivrés, ou des tampons apposés, à l'aéroport d'arrivée. Le consentement au départ n'est pas requis quand seuls les droits parentaux sont confirmés.

La comparaison des notions de « déplacement » et de « rétention » permet de conclure que le déplacement légal d'un enfant peut devenir une rétention illicite, mais que le déplacement illégal ne peut en aucun cas devenir une rétention illicite. De plus, pour le calcul des délais fixés par la Convention, il est essentiel que la rétention soit perçue non pas comme un acte continu, ce qui est typique de l'interprétation habituelle de cette notion dans d'autres domaines juridiques, mais comme un acte unique déterminé, généralement le jour où le parent aurait dû recevoir son enfant.

La position du deuxième parent est également importante pour déclarer illicite le déplacement ou la rétention d'un enfant, bien que l'absence de consentement ne soit pas formulée comme une exigence distincte dans la Convention de 1980 – elle n'est considérée que comme un motif de refus dans la décision de retour de l'enfant.

Au contraire du consentement ou de l'absence d'objection quant au voyage ou la rétention, qui rend caduque la qualification d'illicite, la Convention de 1980 mentionne dans les art. 12, 13, et 20 un certain nombre de raisons pour refuser le retour de l'enfant sur le lieu de résidence indépendamment de l'évaluation de l'action du « ravisseur » : l'adaptation de l'enfant à un nouvel environnement, à condition que plus d'un an se soit écoulé depuis que l'enfant a été déplacé ou détenu illicitement ; la présence d'un risque très grave que le retour de l'enfant menace de lui causer des torts physiques ou psychologiques ou de le placer dans des conditions insupportables ; les objections d'un enfant qui a atteint un âge et un degré de maturité tels que son opinion doit être prise en compte ; le défaut de conformité de la décision sur le retour aux principes fondamentaux de l'État requis en matière de la protection des droits de l'homme et des libertés fondamentales. Chacun de ces motifs a été appliqué à des moments différents par les tribunaux russes, il est néanmoins clairement reconnu que les dispositions de la Convention susmentionnées, permettant à titre exceptionnel de refuser le retour d'un enfant, ne doivent en aucun cas être appliquées automatiquement et ne signifient pas que dans les cas ci-dessus le retour de l'enfant doit obligatoirement être refusé. La nature même de ces exceptions donne au tribunal une certaine latitude pour décider du refus ou non de restituer un enfant dans certaines circonstances, mais n'impose en aucun cas une telle obligation au juge[52].

Le critère formel n'est établi que dans le premier de ces cas, le délai. L'interprétation littérale des dispositions de la Convention de 1980 conduit les tribunaux à conclure que la question de l'adaptation de l'enfant, compte tenu du fait que le délai d'un an n'est pas encore expiré entre le jour de la rétention illicite et la date d'ouverture des procédures judiciaires et administratives de retour de l'enfant, n'est pas négociable et que la réponse ne peut pas influencer la décision sur le fond[53].

L'évaluation de la menace potentielle de préjudice physique ou psychologique sur un enfant, ou de se retrouver dans des conditions insupportables, est effectuée sur la base des circonstances réelles, comme l'a noté l'un des tribunaux russes, du point de vue des objectifs de la Convention de 1980 il y a deux situations dans lesquelles un risque très grave de préjudice pourrait menacer l'enfant s'il retourne dans l'État de sa résidence permanente (habituelle) : premièrement, lorsque le danger imminent pour un tel préjudice est encore en cours avant même que le tribunal n'ait tranché le litige de tutelle, par exemple un retour en zone de guerre, de famine de masse, d'épidémie, et, deuxièmement, en cas de mauvais traitements, négligence ou profonde subordination émotionnelle, lorsque le tribunal de l'État, qui est le lieu de résidence permanente (habituel) de l'enfant, n'est en aucun cas en mesure d'assurer à l'enfant une protection adéquate[54]. Dans le même temps, le tribunal de district central de Khabarovsk n'a pas reconnu comme motifs suffisants les arguments de la défense pour refuser de renvoyer un enfant en Ukraine, arguant que cela le mettrait dans des conditions insupportables en raison des opérations militaires en Ukraine[55].

Lors de l'examen du risque de préjudice psychologique en raison de la séparation d'avec le parent, en cas de satisfaction de l'obligation de retour de l'enfant, les tribunaux sont attentifs à la nature de la relation des enfants avec chacun des parents. Le tribunal de district de Dzerjinski à Saint-Pétersbourg a conclu que de tels problèmes, en raison de l'attachement égal de l'enfant aux deux parents, lui pèsent à chaque fois qu'il quitte ou sa mère ou son père. Ce faisant, la cour a noté que l'exception prévue par la Convention de 1980 sous

---

[52] Cf. la décision du tribunal du district central de Novossibirsk n° 2-4444/2017 2-4444/2017~M-3179/2017 M-3179/2017 du 18 septembre 2017 dans l'affaire n° 2-4444/2017 // URL : http://sudact.ru/regular/doc/bsYYnXuJAY58/

[53] Cf. la décision du tribunal du district de Dzerzhinsky à Saint-Pétersbourg // URL : https://russian-divorce.ru/articles/a352/

[54] *Idem.*

[55] Cf. la décision du tribunal du district central de Khabarovsk dans l'affaire 2-5968/2016 ~ M-4821/2016 // URL : https://rospravosudie.com/court-centralnyj-rajonnyj-sud-g-xabarovska-xabarovskij-kraj-s/act-533187326/

la forme d'un risque grave de préjudice pour l'enfant n'est pas liée à la discussion de savoir dans quel lieu l'enfant sera heureux, parce que la solution à cette question fait l'objet d'une affaire de garde et relève dans ce cas de la compétence du tribunal britannique, lieu de résidence permanente (habituel) du mineur[56].

Des difficultés peuvent surgir dans l'évaluation de la position de l'enfant quant à la possibilité de retourner dans son ancien lieu de résidence, la Convention de 1980 n'indique pas d'âge qui pourrait servir de ligne directrice dans une décision de justice sur la gravité du refus d'un enfant de revenir, c'est pourquoi la décision est à la discrétion de l'autorité compétente de l'État qui examine la demande. Le tribunal de district de Pyatigorsk, tenant compte de l'âge de l'enfant, a prêté attention à son opinion[57]. Le tribunal de district central de Khabarovsk, au contraire, a estimé que les arguments de la défense, selon lesquels l'enfant ne voulait pas retourner en Ukraine, ne pouvaient être retenus « car cette objection est due au fait qu'elle aime vivre avec sa mère, qu'elle s'est faite des amis sur son nouveau lieu de résidence, et elle ne veut pas retourner auprès de son père, qui l'a souvent grondée »[58].

II. Aspects procéduraux et de processus dans la mise en œuvre des Conventions

A. LES AUTORITÉS ADMINISTRATIVES ET JUDICIAIRES COMPÉTENTES DES CONVENTIONS EN RUSSIE

Définissant le cercle des autorités compétentes, la Convention de 1980 les divise clairement en administratif et judiciaire. L'efficacité de la mise en œuvre de ses dispositions est associée à la détermination de l'Autorité centrale disposant de pouvoirs suffisants pour remplir ses obligations en vertu de l'art. 7 de la Convention de 1980, qui lui impose de prendre toutes les mesures nécessaires pour localiser l'enfant qui est illicitement déplacé ou retenu, afin de prévenir d'autres préjudices à l'enfant ou des torts aux parties intéressées, en prenant ou en garantissant l'adoption de mesures préliminaires pour assurer le retour volontaire de l'enfant ou pour faciliter le règlement pacifique des différends, si nécessaire l'échange d'informations sur la situation sociale de l'enfant, la fourniture d'informations générales sur la législation de son État concernant l'application de la Convention, l'ouverture de procédures

---

56 Cf. la décision du tribunal du district de Dzerzhinsky à Saint-Pétersbourg // URL : https://russian-divorce.ru/articles/a352/

57 Cf. la décision du tribunal de la ville de Piatigorsk (territoire de Stavropol) n° 2-360/2017 2-360/2017(2-5815/2016;)~M-6424/2016 2-5815/2016 M-6424/2016 du 27 février 2017, dans l'affaire n° 2-360/2017 // URL : http://sudact.ru/regular/doc/ntjO4flMd6J9/

58 Cf. la décision du tribunal du district central de Khabarovsk dans l'affaire 2-5968/2016 ~ M-4821/2016 // URL : https://rospravosudie.com/court-centralnyj-rajonnyj-sud-g-xabarovska-xabarovskij-kraj-s/act-533187326/

judiciaires ou administratives pour le retour de l'enfant, la fourniture ou la facilitation d'une assistance et de conseils juridiques, y compris la participation d'un avocat et de conseillers.
Conformément aux obligations internationales de la Fédération de Russie en vertu des Conventions de 1980 et de 1996, le gouvernement de la Fédération de Russie a confié au Ministère de l'Éducation les pouvoirs de l'organe central chargé des fonctions relevant de ces Conventions. Ainsi, la Fédération de Russie n'a donc pas utilisé le droit accordé par ces traités internationaux pour nommer plusieurs autorités centrales et fixer des limites territoriales de leur autorité.
Le législateur a donné à l'examen des demandes de retour d'un enfant ou d'exercice des droits de visite à l'égard d'un enfant sur la base d'un traité international (chapitre 22.2 du CPC FR) le statut de procédure spéciale dans le cadre d'un procès en raison de leur complexité et spécificité importantes. Avant son introduction, il y avait des risques de confusion entre la procédure et le cas de la détermination du lieu de résidence de l'enfant en vertu du droit de la famille, et de violation des exigences de la Convention concernant l'examen rapide et efficace des affaires portant sur l'exercice du droit des parents au retour de l'enfant. À la suite de la majorité des États participants qui ont suivi les recommandations de la Conférence de La Haye sur le droit international privé, afin d'améliorer la qualité des procès de ce type d'affaires grâce à la spécialisation des juges dans le CPC FR, une juridiction dite centralisée pour ce type d'affaires a été établie en concentrant leur examen selon les termes de la partie 2 de l'art. 244.11 du CPC FR sur les tribunaux de district (un pour chaque district fédéral : le tribunal du district de Tverskoï à Moscou pour le district fédéral central, le tribunal du district Dzerzhinsky à Saint-Pétersbourg pour le district fédéral du Nord-Ouest, le tribunal du district Pervomaisky à Rostov-sur-le-Don pour le district fédéral du Sud, le tribunal de la ville de Pyatigorsk pour le district fédéral du Caucase du Nord, le tribunal du district de Kanavinsky à Nijni Novgorod pour le district fédéral de la Volga, le tribunal du district de Zheleznodorozhny à Iekaterinbourg pour le district fédéral de l'Oural, le tribunal du district central à Novossibirsk pour le district fédéral de Sibérie, le tribunal du district central à Khabarovsk pour le district fédéral d'Extrême-Orient). Les règles spéciales de compétence générique sont complétées par des règles spécifiques de compétence territoriale, axées sur le lieu de séjour de l'enfant ou le dernier lieu de séjour connu de l'enfant dans la Fédération de Russie. À titre subsidiaire, il y a la possibilité de saisir le tribunal du dernier lieu de résidence connu dans tel ou tel district fédéral (partie 3 de l'art. 244.11 du CPC FR). Dans ce cas, la suppression de la légalisation des documents joints prévue par la Convention (art. 23) revêt une importance particulière, cela simplifie considérablement l'accès à la justice pour le parent quitté, qui n'est pas confronté à la nécessité de vérifier l'authenticité de la signature, la qualité de la personne qui a signé

le document et, le cas échéant, l'authenticité du sceau ou du cachet avec lequel il est scellé.

B. COMPÉTENCE DES TRIBUNAUX DANS L'APPLICATION DES CONVENTIONS

Conformément aux exigences de la Convention et pour garantir la rapidité de la procédure judiciaire, des délais réduits ont été fixés pour l'examen de l'affaire et l'appel de la décision de justice. Selon l'art. 244.15 du CPC FR, la demande de retour d'un enfant ou d'exercice des droits de visite est examinée par le tribunal dans un délai ne dépassant pas quarante-deux jours à compter de la date de son adoption par le tribunal, y compris la période de préparation de l'affaire pour jugement et de rédaction d'une décision motivée. À son tour, un appel, une présentation soumise à la décision du tribunal peuvent être déposés dans les dix jours à compter de la date de son adoption dans sa forme définitive, et l'affaire en appel doit être examinée dans un délai ne dépassant pas un mois à compter du jour où elle a été reçue par la cour d'appel (art. 244.17 du CPC FR). Pour que l'autorité centrale s'acquitte correctement de ses pouvoirs et fonctions, il est prévu de lui envoyer des copies des décisions de justice reflétant l'état d'avancement et l'issue de la procédure.
Quelques mesures dans ce type d'affaires méritent une attention particulière. Afin d'empêcher les actions unilatérales du défendeur non convenues avec le demandeur, lors du déplacement de l'enfant, le tribunal a le droit d'interdire au défendeur de changer le lieu de résidence de l'enfant et, à cette fin, de restreindre temporairement son départ de la Fédération de Russie. Si le lieu de résidence du défendeur et (ou) de l'enfant est inconnu, le tribunal doit déclarer leur recherche (art. 120 du CPC FR), qui est effectuée à la fois par des huissiers de justice et des détectives privés sur une base contractuelle (point 8 partie 2 art. 3 de la Loi de la Fédération de Russie du 11.03.1992 n° 2487-1 « Sur les activités des détectives et de sécurité privés dans la Fédération de Russie »). Il convient de noter que la recherche peut également être effectuée à la demande de l'autorité centrale, qui a reçu le statut de document exécutif. Une particularité de sa mise en œuvre est la possibilité d'utiliser les informations d'huissier obtenues grâce aux activités d'un détective privé, ainsi que les médias (partie 11 art. 65 de la Loi fédérale du 02.10.2007 n° 229-FZ « Sur les procédures d'exécution »).
Traitant la demande de retour d'un enfant déplacé ou retenu illicitement en Fédération de Russie, le tribunal, conformément aux règles de procédure et aux exigences de l'art. 7 de la Convention de 1980, prend des mesures pour réconcilier les parties, à commencer par la mise en place d'une procédure de médiation, dont la base juridique a été établie par l'adoption de la loi fédérale du 27.07.2010 n° 193-FZ « Sur une procédure alternative de règlement des différends avec la participation d'un médiateur (procédure de médiation) » (loi sur la médiation dans la suite du texte). On considère que le recours à la

médiation pour résoudre les conflits entre le parent quitté et le parent qui a enlevé un enfant peut aider à réduire l'intensité du conflit, créer une atmosphère favorable et simplifier le rétablissement des contacts entre toutes les parties du litige, créer des conditions pour le retour volontaire de l'enfant et établir à l'amiable un accord sur d'autres questions controversées, garantissant ainsi le retour de l'enfant en toute sécurité dans les plus brefs délais. Par rapport à d'autres méthodes pour parvenir à des décisions concertées dans les litiges familiaux, cette procédure présente plusieurs avantages, car elle « crée les conditions de communication entre les parties dans une atmosphère confortable et informelle, facilitant ainsi l'interaction entre les parties en conflit et leur permettant d'élaborer leurs propres stratégies de règlement du conflit. » La médiation est un processus structuré, mais flexible qui peut être facilement adapté aux besoins d'un cas particulier. Elle permet une discussion simultanée des questions juridiques et non juridiques, et permet également la participation informelle de tiers qui peuvent ne pas avoir de relation juridique avec l'affaire.

Les spécialistes parviennent à la conclusion que dans les cas en question, la médiation doit être menée sous le contrôle du tribunal et être complétée par un acte judiciaire.

Les différences existant dans la législation nationale en font l'un des principaux problèmes pour fournir une assistance juridique appropriée, il en va de même pour l'indemnisation des coûts qui en découlent. En adhérant à la Convention de 1980, la Russie a profité de l'occasion offerte par l'art. 26 pour déclarer qu'elle ne s'estime pas obligée de supporter les frais d'avocats autres que ceux qui peuvent être remboursés par son système d'aide juridique et de conseil. Les frais devront initialement être à la charge du requérant, qui a également le droit de bénéficier de l'assistance juridique gratuite d'avocats étrangers, mais uniquement selon les modalités prescrites par la loi de l'État partie à la Convention où l'affaire est examinée. Toutefois, lors du règlement de l'affaire, les autorités judiciaires ou administratives étrangères auront le droit d'imposer à la personne coupable du déplacement ou de la saisie de l'enfant, ou à la personne qui entrave l'exercice du droit de visite à l'enfant, les dépenses nécessaires du demandeur, y compris les frais d'avocats russes et/ou étrangers.

Si, en vertu de la Convention, le Ministère de l'Éducation et des sciences de Russie (ses divisions territoriales) et l'autorité centrale d'un État étranger partie à la Convention sont impliqués dans les aspects de droit civil de l'enlèvement international d'un enfant, et que l'affaire est examinée en Russie, alors les avocats russes impliqués sont en droit de savoir : dans quelle mesure l'État étranger se considère-t-il tenu de supporter les frais de leurs services dans un tel cas ; si ces frais peuvent être remboursés par son système d'aide juridique et de conseil et, dans l'affirmative, à qui et dans quel ordre.

Considérant que la pleine mise en œuvre des accords internationaux est impossible sans l'interaction effective de leurs parties, la Convention de 1996

accorde une attention particulière à la reconnaissance et à l'exécution des mesures prises par les autorités d'un État contractant. Ils sont censés être reconnus par la loi, ce qui n'exclut pas l'existence d'un certain nombre d'exceptions à cette règle. Ce n'est pas par hasard si l'art. 17 de la Convention de 1980 stipule qu'une décision dans un État requis concernant la tutelle et la possibilité de sa reconnaissance dans cet État ne constituent pas en soi un motif de refus de renvoyer un enfant en vertu de la Convention, cependant les autorités judiciaires ou administratives de l'État requis peuvent prendre en compte les raisons qui ont motivé l'adoption de la Convention. Une analyse de la pratique judiciaire russe montre que les tribunaux tiennent toujours compte des décisions de justice étrangères concernant la question de l'éducation de l'enfant et de sa résidence avec l'un des parents. Le tribunal, statuant sur la satisfaction de la demande de retour de l'enfant, a pris en considération le fait que la décision du tribunal du district de Budyonovsky a refusé de satisfaire la demande du parent, qui a ensuite emmené l'enfant, afin de déterminer le lieu de résidence de la mère et de la fille mineure, car le tribunal avait établi des circonstances factuelles qui attestaient que vivre avec le père de l'enfant est dans l'intérêt du mineur[59].
Il convient de noter que la Convention de 1996 établit un certain nombre de motifs spécifiques pour refuser de reconnaître et d'appliquer des mesures prises par les autorités administratives et judiciaires d'un État contractant, conformément aux dispositions de l'art. 412 du CPC FR auxquels ils correspondent, dans la mesure où il peut y avoir des prescriptions extrêmement générales visant à résoudre ce problème en le reliant à toutes les catégories d'affaires civiles. Selon l'art. 23 de la Convention, la reconnaissance et l'exécution peuvent être refusées : si ces mesures ont été prises par une autorité dont la compétence ne couvre aucun des champs prévus au chapitre II de la Convention (une autorité dont la juridiction ne s'étend pas au lieu de résidence habituel de l'enfant, son emplacement, s'il s'agit d'enfants réfugiés déplacés et d'enfants qui, en raison de troubles dans leur pays, ont été transférés dans un autre État, etc.) ; si une mesure, à l'exception des cas urgents, a été prise au cours d'une procédure judiciaire ou administrative, sans donner à l'enfant la possibilité d'être entendu, en violation des principes procéduraux fondamentaux de l'État requis ; si une mesure a été prise, sauf en cas d'urgence, sans donner à l'intéressé la possibilité d'être entendu ; si cette reconnaissance est clairement contraire à l'ordre public de l'État requis, compte tenu de l'intérêt supérieur de l'enfant ; si elle est incompatible avec la dernière mesure adoptée dans l'État du lieu de résidence habituel de l'enfant autre que l'État contractant, lorsque cette dernière mesure est conforme aux conditions de reconnaissance dans l'État requis ; s'il n'y a pas respect de la

[59] Cf. la décision du tribunal du district central de Khabarovsk dans l'affaire 2-5968/2016 ~ M-4821/2016 // URL: https://rospravosudie.com/court-centralnyj-rajonnyj-sud-g-xabarovska-xabarovskij-kraj-s/act-533187326/

procédure prévue à l'art. 33 pour décider s'il convient de placer l'enfant dans une famille d'accueil ou une organisation pour les enfants sans protection parentale, ou pour assurer le soin de l'enfant dans un « système de kafala » ou une relation analogue.

III. Conclusion

En résumé, on peut noter qu'en raison de l'adoption d'un certain nombre d'initiatives législatives qui ont créé des conditions juridictionnelles attrayantes pour la mise en œuvre des dispositions des conventions internationales visant à protéger les enfants contre les déplacements illicites ou leur rétention, les tribunaux russes ont pu garantir la pleine mise en œuvre des obligations contractées par la Fédération de Russie en créant une procédure spéciale pour examiner et régler les affaires relatives aux demandes de retour d'un enfant déplacé ou retenu illicitement ou à l'exercice des droits de visite à l'égard de cet enfant, prévoyant des règles de compétence spécifiques, des délais raccourcis pour le traitement des affaires et des recours contre la décision, informant obligatoirement l'autorité centrale de l'avancement du processus.

L'analyse de la pratique judiciaire a montré que les tribunaux sont attentifs à l'étude de toutes les circonstances pertinentes à l'affaire, fournissant une étude complète et objective des éléments de preuve présentés par les parties, et le plus grand obstacle à leur mise en œuvre sur le territoire de la Russie en fut la longue non-reconnaissance, malgré l'adhésion de la Fédération de Russie aux Conventions, de la part des États-Unis et de la plupart des pays d'Europe occidentale.

Traduit du russe par David Krasovec

L'INDÉPENDANCE, ÉLÉMENT DE LA LÉGITIMITÉ DU JUGE ADMINISTRATIF FRANÇAIS

Xavier LATOUR
Professeur de droit public
Doyen de la Faculté de droit et science politique/EUR LexSociété
CERDACFF, Université Côte d'Azur

Le débat sur bien-fondé du juge administratif français n'est jamais vraiment clos. À chaque époque, la controverse resurgit. Depuis la création du Conseil d'État, la juridiction administrative ne suscite pas qu'une « attitude révérencielle »[60], elle s'expose à des critiques que le Président Gentot qualifiait de récurrentes sur sa légitimité[61].

Sans même évoquer les juridictions administratives spéciales, les juridictions administratives à compétence générale suscitent de longue date des questions.

Aborder la situation particulière du juge administratif français[62] renvoie, avant tout, au dualisme juridictionnel qui caractérise la France depuis le XIXe siècle. Encore récemment et avec un relatif parti pris, les plus hautes autorités judiciaires ont appelé à l'unité[63]. Elles l'ont fait au nom d'une complexité défavorable aux justiciables, tout en invoquant subtilement des valeurs et une culture communes.

Régulièrement, la juridiction administrative plaide sa cause avec talent et conviction. De solides arguments appuient des démonstrations brillantes. La juridiction administrative n'a pas qu'une existence légale, elle a aussi une raison d'être[64]. Elle sert une idée du juste et de l'équitable. Elle exerce des missions que nul autre ne pourrait accomplir, y compris la protection des libertés.

Pour convaincre, elle s'adresse à trois auditoires différents : à l'administration et au-delà au pouvoir politique dont elle est le bras, au requérant, et au juge judiciaire. Elle doit donc équilibrer son message, en trouvant les arguments

---

60 D. Lochak. « Quelle légitimité pour le juge administratif ? », *Droit et politique*, 1993, p.141-151.
61 J. Krynen, J. Raibaut (dir.), *La légitimité des juges,* Presses universitaires de Toulouse, 2004.
62 B. Odent, D. Truchet, *La justice administrative*, Presses universitaires de France, collection « Que sais-je ? », 2008.
63 En particulier le Premier président de la Cour de Cassation, M. Bertrand Louvel (Cassation, actualités, 25 juillet 2017).
64 E. Arnoult et F. Monnier, *Le Conseil d'Etat : conseiller, juger, servir,* Gallimard, 1999 ; J.-P. Costa, *Le Conseil d'Etat dans la société contemporaine,* Economica, 1993.

susceptibles de satisfaire tout le monde. Curieusement, après des décennies d'existence la juridiction administrative doit encore convaincre.

L'indépendance lui sert d'argument. L'absence d'influence extérieure est l'un des éléments consubstantiels à l'action de juger, avec l'impartialité. Dans le cas du juge administratif, l'indépendance prend un relief particulier en raison des origines du Conseil d'État et d'une partie du fonctionnement de la juridiction administrative.

L'indépendance (article L 131-2 code de justice administrative) du juge administratif ne fait apparemment aucun doute. Elle se fonde, d'une part, sur des textes récents[65], législatifs (loi n° 2016-243 du 20 avril 2016 relative à la déontologie, droits et obligations des fonctionnaires), ou administratifs (charte de déontologie de la juridiction administrative, article L 131-4 code de justice administrative). D'autre part, les juges agissent sous le regard sourcilleux de leurs collègues européens, au nom des principes contenus dans la Convention européenne de sauvegarde des droits de l'Homme[66] (CEDH), et repris par la Cour de justice de l'Union européenne[67].

Dans les cadres fixés par les textes d'origine interne et externe, les juges administratifs échappent à toute relation hiérarchique avec l'administration qu'ils contrôlent[68]. Le temps est, en principe, révolu où Napoléon considérait que juger c'est encore administrer.

L'affirmation de l'indépendance comme élément de légitimation s'avère cependant un argument à double tranchant. Chaque interrogation sur l'indépendance équivaut à une interrogation sur la légitimité du juge administratif.

Les relations entre les juges administratifs et l'administration ont certes évolué, elles n'en demeurent pas moins parfois marquées par leurs liens historiques. La loi des 16-24 août 1790, le décret du 16 fructidor an III et,

---

[65] Voir l'ordonnance 2016-1366 du 13 octobre 2016 portant dispositions statutaires concernant les magistrats des tribunaux administratifs et cours administratives d'appel et l'ordonnance 2016-1365 portant dispositions statutaires concernant le Conseil d'Etat.

[66] J.-P. Costa, « Le droit au juge indépendant et impartial en matière administrative, le principe vu de la Cour européenne des droits de l'Homme », *AJDA* 2001, p. 514.

[67] CJUE, gde ch., 27 février 2018, *Associação Sindical dos Juízes Portugueses*, aff. C-64/16 ; CJUE, Ord. 15 novembre 2018, *Commission européenne c. Pologne*, aff. C-619/18 : « *l'exigence d'indépendance des juges relève du contenu essentiel du droit fondamental à un procès équitable, lequel revêt une importance cardinale en tant que garant de la protection de l'ensemble des droits que les justiciables tirent du droit de l'Union et de la préservation des valeurs communes aux Etats membres énoncées à l'article 2 TUE, notamment, de la valeur de l'Etat de droit* ».

[68] O. Dupeyroux, « L'indépendance du Conseil d'Etat statuant au contentieux », *RDP* 1983, p. 565 ; M. Guyomar, « Le droit au juge indépendant et impartial en matière administrative, le principe vu du Conseil d'Etat », *AJDA* 2001, p. 518 ; J.-M. Sauvé « Un juge indépendant et impartial » in *Mélanges en l'honneur de J.-P. Costa*, Dalloz, 2011.

surtout, la volonté napoléonienne de faire du Conseil d'État un instrument de gouvernement[69] ont laissé des traces dans la façon d'appréhender les rapports entre l'administration et un juge qui en a longtemps été le prolongement sous une autre forme. Le juge administratif donnerait encore le sentiment de soutenir l'administration et d'utiliser le droit administratif comme un « droit de privilège »[70]. En d'autres termes, le juge oscillerait entre la protection de l'intérêt général et celle des droits des administrés[71], mais la première préoccupation serait le paravent qui cacherait mal l'existence d'un juge surtout au service du pouvoir. Pour d'autres, le juge administratif serait devenu une « juridiction des droits de l'Homme »[72]. Que demander de plus en termes de légitimation ?

Dans un autre registre, l'indépendance des juges administratifs doit être désormais lue à la lumière de la jurisprudence européenne. Les juges de la Cour européenne des droits de l'homme (CourEDH) exercent une influence croissante. Elle se fait sentir dans de nombreux domaines. Or, un juge qui doit au minimum appliquer, voire pour les plus critiques, se soumettre à une jurisprudence externe demeure-t-il indépendant, donc légitime ?

Dans ces conditions, dans quelle mesure l'indépendance contribue-t-elle à légitimer le juge administratif ? L'est-il suffisamment à l'égard de l'administration et d'autres juges pour pouvoir apporter un démenti à tous ceux qui douteraient du bien-fondé de la dualité de juridictions et, par conséquent, de sa légitimité ?

Si l'affirmation de l'indépendance sert la légitimité du juge administratif (I), ses connexions suscitent quelques questionnements (II)

I. L'affirmation de l'indépendance au service de la légitimité

La proclamation de l'indépendance des juges administratifs ne fait plus aucun doute (A). Surtout, elle trouve une concrétisation jurisprudentielle sans cesse renouvelée (B).

---

[69] G. Bigot, *Ce droit qu'on dit administratif,* Editions La Mémoire du droit, 2015, p. 35.
[70] J. Chevallier, « Le droit administratif, droit de privilège », *Pouvoirs*, 1988, n° 46, p. 57.
[71] J.-L. Mestre, *L'histoire du droit administratif, in* P. Gonod, F. Melleray et P. Yolka [dir.], *Traité de droit administratif,* t. 1, Dalloz, 2011, p. 15.
[72] R. Chapus, *L'administration et son juge*, PUF, 1999, p. 15 ; J.-M. Sauvé, « Le juge administratif et les droits fondamentaux », *AJDA* 2016, p. 2420.

A. LA PROCLAMATION DE L'INDÉPENDANCE

À l'origine, le Conseil d'État n'avait pas été conçu pour être indépendant du pouvoir, au contraire il tirait sa légitimité de ses liens avec ce dernier. Cette époque est pourtant révolue. La juridiction administrative ne peut pas être indéfiniment marquée par le péché originel de la création du Conseil d'État et de l'histoire de la justice retenue ou du ministre-juge.

La loi du 24 mai 1872 a bien constitué un tournant dans l'affirmation de l'indépendance des juges administratifs. Comme le juge judiciaire, ils statuent au nom du peuple français qui lui donne sa première légitimité. La marche vers l'indépendance s'est poursuivie sous l'impulsion du juge administratif lui-même (CE 13 décembre 1889, Cadot) qui marque l'abandon de la théorie du ministre-juge.

Le juge administratif s'est émancipé de l'administration pour être plus crédible aux yeux des administrés, et rendre plus tolérable l'action administrative. L'existence d'un juge administratif ne justifiait plus que l'administration se juge elle-même. Ainsi, le Conseil d'État s'est érigé en juge de droit commun de premier et dernier ressort des recours en annulation des actes administratifs et des recours en indemnité formés contre les collectivités. Puis, la réforme du 30 septembre 1953 a transféré la compétence de droit commun aux tribunaux administratifs[73].

Progressivement, l'indépendance a cessé d'être uniquement un argument de légitimation de l'administration d'autant plus fiable qu'elle est jugée par un juge irréprochable. La logique de l'indépendance a mué. Elle s'est mise à servir les droits des administrés dans un mouvement de rééquilibrage. La thématique de l'État de droit, combinée à la mise en avant des libertés fondamentales, a partiellement complété la motivation initiale pour la renforcer.

Jusqu'à la révision constitutionnelle du 23 juillet 2008 et à la rédaction de l'article 61-1 de la Constitution qui mentionne le Conseil d'État comme une juridiction, des doutes existaient quant à l'effectivité de cette indépendance. Force est d'admettre leur dissipation.

Le Conseil constitutionnel a, dans un premier temps, apporté un soutien significatif à l'indépendance des juges. Dans sa décision n° 80-119 du 22 juillet 1980, il en fait un principe fondamental reconnu par les lois de la République. En outre, depuis 1987, la sphère de compétence du juge

---

[73] Y. Jegouzo, « Les soixante ans des tribunaux administratifs », *AJDA* 2013, p. 2281 ; C. Vallar et P. Chrestia, *Les soixante ans des tribunaux administratifs,* PUAM, 2016 ; « Les CAA », dossier *AJDA* 2008, p. 1240.

administratif bénéficie concrètement d'une garantie constitutionnelle (DC n° 86-224, 23 janvier 1987).

Le Conseil constitutionnel[74] a synthétisé cette évolution en explicitant le fondement constitutionnel de l'impartialité et de l'indépendance. Il affirme : « Aux termes de l'article 16 de la Déclaration des droits de l'homme et du citoyen de 1789 : ' Toute société dans laquelle la garantie des droits n'est pas assurée, ni la séparation des pouvoirs déterminée, n'a point de Constitution '. Les principes d'indépendance et d'impartialité sont indissociables de l'exercice de fonctions juridictionnelles ».
Bien que les juges administratifs n'appartiennent pas à la juridiction judiciaire, il en déduit que la juridiction administrative s'inscrit dans cette logique au nom d'une conception française de la séparation des pouvoirs. La loi en tire les conséquences en imposant les garanties suffisantes pour préserver l'indépendance et l'impartialité des membres de la juridiction administrative.
La CourEDH ne perçoit pas les choses différemment en soulignant, elle aussi, l'indépendance du juge administratif[75].

Ces garanties sont d'autant plus importantes qu'elles sont prolongées par les modalités de fonctionnement[76] de la juridiction administrative. Elles entendent traduire, dans les faits, l'indépendance des juges[77] pour mieux les justifier. Du recrutement au déroulement de carrière, tout est conçu pour conférer à la juridiction administrative une crédibilité incontestable.

Le recrutement se fait ainsi, comme pour les magistrats de l'ordre judiciaire, par concours. Ce dernier est organisé soit dans le cadre de l'École nationale d'administration (ENA), soit par l'intermédiaire de concours particuliers, à l'instar de celui organisé pour les tribunaux administratifs.[78]

Par la suite, la carrière des juges administratifs avance selon des modalités différentes selon qu'ils appartiennent aux tribunaux administratifs et Cours administratives d'appel, ou au Conseil d'État. Pour ce qui est des Tribunaux et des Cours, l'évolution se fait au choix ce qui confère au président de juridiction une compétence particulière. En outre, l'existence du Conseil supérieur des tribunaux administratifs et des Cours administratives d'appel garantit aux juges la maîtrise de leur fonctionnement. Au Conseil d'État, la progression se fait, quant à elle, à l'ancienneté ce qui supprime tout risque

---

[74] Déc. QPC, 20 octobre 2017, n° 2017-666.
[75] CEDH, 9 nov. 2006, n° 65411/01, *Société Sacilor Lormines*, *RFDA* 2007. 342, note J.-L. Autin et F. Sudre.
[76] C. Vigouroux, « Déontologie du juge administratif », *RFDA* 2017/1, p. 8 ; P. Delvolvé, « L'indépendance de la justice administrative et de la justice judiciaire » in *Penser le droit à partir de l'individu, Mélanges E. Zoller,* Dalloz, 2018, p. 591.
[77] R. Abraham, « Les magistrats des TA et des CAA », *RFDA* 1988, p. 207.
[78] CE Ass. 28 mai 1954, *Barel.*

d'atteinte à l'indépendance d'autant plus que celle-ci est fermement garantie par la commission supérieure (articles L 132-1 et 132-2 CJA). Les uns et les autres sont inamovibles, même si cela repose sur des fondements différents.

En règle générale, les juges des tribunaux administratifs et des Cours administratives d'appel bénéficient des garanties apportées par la loi du 6 janvier 1986 (codifiée dans le code de justice administrative art. L 233-1 à L 236-3), leur conférant la qualité de magistrats et confirmant leur appartenance à la fonction publique de l'État. De façon plus surprenante au regard de la théorie des apparences, l'indépendance des membres du Conseil d'État repose sur la tradition (véritable coutume administrative ?). Cela incite à croire que sa fonction historique de Conseil de l'exécutif a laissé des traces indélébiles, lesquelles apparaissent dans les détails (exposés par le code de justice administrative) de ses relations avec le pouvoir exécutif.

Dans un autre registre, l'application des règles déontologiques à la juridiction administrative préserve l'indépendance des membres, notamment en cas de suspicion d'un conflit d'intérêts qui pourrait influencer l'exercice indépendant de la fonction[79].

L'indépendance du juge administratif se traduit concrètement dans l'évolution sans cesse renouvelée de l'application du droit par le juge à l'administration.

B. LA CONCRÉTISATION JURISPRUDENTIELLE

Aussi bien en matière d'excès de pouvoir (droits objectifs), qu'en pleine juridiction (droits subjectifs) ou en référé, le juge administratif représente un contre-pouvoir important. Pourtant, tel n'était pas le rôle initialement assigné à ces voies de droit. Façonnées par l'Empire (Napoléon, puis Napoléon III) pour servir sa conception de l'ordre, elles avaient vocation à « favoriser » et à « légitimer » la puissance de l'État[80].

Le recours pour excès de pouvoir a cessé d'être l'instrument conçu pour justifier au regard des administrés l'unilatéralité de l'administration. Son érection en principe général du droit[81] a constitué une étape essentielle en direction d'un détachement du juge administratif des intérêts supérieurs de l'État qu'il était censé servir. Les facilités accordées par le juge aux requérants pour le saisir ont conforté la transformation (formalisme réduit, intérêt à agir individuel ou collectif facilement admis).

---

[79] Articles L 131-3, 131-9 et L 231-4 et 231-4-3 code de justice administrative.

[80] G. Bigot, *Ce droit qu'on dit administratif*, préc., p. 41.

[81] CE, ass., 17 févr. 1950, n° 86949, *Ministre de l'agriculture c/ Dame Lamotte*, Lebon, 110

En parallèle, le juge administratif a prouvé son audace, voire son activisme grâce à l'extension de son contrôle sur des actes administratifs. Là où l'administration entendait que le juge reste à l'écart, ce dernier a trouvé les arguments pour les soumettre au contrôle de légalité. De la sorte, le périmètre des actes de gouvernement n'a pas cessé de diminuer, alors qu'ils reflétaient la raison d'État et le refus du juge de s'immiscer dans l'appréciation d'un mobile politique[82]. De même, le juge limite les risques d'une administration arbitraire en contrôlant les circulaires impératives, ou en restreignant au maximum la notion de mesures d'ordre intérieur[83]. Dans ce dernier cas, la juridiction administrative s'est affranchie d'un passé pendant lequel elle laissait l'administration agir à sa guise dans la gestion d'activités délicates qui intéressent les armées ou les prisons[84]. Plus récemment, le juge a fait entrer dans sa sphère de compétence les actes de droit « souple » (avis, recommandation, mise en garde, prise de position. Il contrôle ainsi les dispositions à portée générale susceptibles de susciter une illégalité ou dont les conséquences font grief aux acteurs concernés[85].
Loin de se contenter de contrôler plus d'actes, le juge s'est donné les moyens de mieux en apprécier la légalité. Tel est l'objet du contrôle de proportionnalité alors que par exemple, il vérifie la légalité de mesures de police, y compris en période d'application de l'état d'urgence. Dans un même ordre d'idées, la recherche des erreurs manifestes d'appréciation tempère le pouvoir discrétionnaire de l'administration.
Le juge ne sert plus forcément les intérêts de l'administration, il la condamne tout en disposant des moyens de faire respecter ses décisions grâce à des injonctions[86], à des astreintes,[87] et aux référés. Ces derniers ont transformé l'action du juge, particulièrement le référé-liberté. En droit comme en fait, le juge administratif a gagné en légitimité en raison de son rôle efficace en matière de protection des libertés, au même titre que le juge judiciaire[88].

---

82 CE, 19 février 1875, *Prince Napoléon,* Lebon. E. Carpentier, « Permanence et unité de la notion d'acte de gouvernement », *AJDA* 2015, p. 799.
83 C. Chauvet, « Que reste-t-il de la "théorie" des mesures d'ordre intérieur ? », *AJDA* 2015, p. 793.
84 CE, Ass., 17 févr. 1995, n° 107766, *Hardouin*, Lebon 82 et CE, ass., 17 févr. 1995, n° 97754, *Marie*, Lebon 85.
85 CE, 21 mars 2016, *Soc. Fairvesta International GMBH et autres ;* 21 mars 2016, *Soc Numéricable et autres, AJDA* 2016 chron. p. 717, *DA* avril 2016, comm. 20, V. Dumas, *JCP A* 2016, 623, note T. Perroud ; F. Melleray, « Le contrôle juridictionnel des actes de droit souple », *RFDA* 2016, p. 679 ; CE Ass. 19 juillet 2019, *AJDA 2019,* chron. C. Malverti et C. Beaufils, p. 1994.
86 Loi n° 95-125 du 8 février 1995.
87 Loi n° 80-539 du 16 juillet 1980.
88 Voir le colloque « Le référé : les 20 ans de la justice administrative de l'urgence », 20 novembre 2019 : https://www.conseil-etat.fr/actualites/colloques-seminaires-et-conferences/le-refere-les-20-ans-de-la-justice-administrative-de-l-urgence

L'indépendance du juge administratif se manifeste, également, en matière de plein contentieux. Pour s'en tenir au droit de la responsabilité, le juge s'est libéré de la volonté d'avoir un droit exorbitant et protecteur de l'administration[89]. C'est à l'aune de ce point de départ que la mesure du chemin parcouru s'apprécie.

L'évolution de la responsabilité administrative reflète la transformation d'un juge avant tout préoccupé par l'intérêt public et la préservation des deniers de l'État, en un juge attentif aux intérêts des victimes[90]. À la quasi-disparition des cas d'irresponsabilité s'ajoute une construction jurisprudentielle en phase avec une société qui exige la réparation des dysfonctionnements de l'administration[91]. Les administrés tolèrent difficilement les artifices juridiques (ou perçus comme tels) qui empêchent la juste indemnisation des victimes. La recherche du bouc émissaire a succédé à l'esprit de sacrifice au profit du bien commun. Les revendications sont d'autant plus fortes que l'administration s'est immiscée de plus en plus dans la vie des administrés. L'État n'est plus seulement gendarme ou providence, il est curateur.

Après avoir habitué l'administration à accepter la responsabilité de ses actes, la faute lourde (particulièrement grave) a laissé la place à la faute simple, beaucoup plus favorable à la victime[92]. Même les activités régaliennes (police[93] et secours par exemple) les plus délicates ne justifient pas, aux yeux du juge administratif, la nécessité d'une faute lourde. De plus, le régime de la responsabilité sans faute[94] constitue un progrès pour les victimes. Par principe, elles n'ont plus de faute à prouver, et n'ont pas non plus à attendre que le juge opte pour un régime de faute présumée.

Sans avoir complètement abandonné sa tendance à économiser les deniers publics, le juge administratif traite les victimes avec l'idée de rétablir une forme d'équité. La perte de chance, le préjudice moral, le préjudice par ricochet, l'appréciation libérale de la faute de service représentent autant

---

[89] TC, 8 février 1873, *Blanco*.

[90] J. Travard, *La victime et l'évolution de la responsabilité administrative extracontractuelle*, Mare et Martin, 2013.

[91] R. Denoix de Saint Marc, « Vers une socialisation raisonnée du risque », *AJDA* 2005, p. 2201.

[92] B. Delaunay, *La faute de l'administration*, LGDJ, 2007.

[93] G. Eveillard, « Existe-t-il encore une responsabilité administrative pour faute lourde en matière de police administrative ? », *RFDA* 2006, p. 733 ; M. Deguergue, « La responsabilité des activités de police », in *La police administrative* (sous la direction de C. Vautrot-Schwarz), Presses universitaires de France, 2014, p. 221.

[94] D. de Béchillon, « Genèse et structure de la responsabilité sans faute de l'État en droit administratif français », *in* T. Kirat (dir.), *Les mondes du droit de la responsabilité : regards sur le droit en action*, LGDJ, 2003, p. 24 ; *Responsabilité et socialisation du risque*, EDCE, 2005 ; B. Camguilhem, *Recherche sur les fondements de la responsabilité sans faute en droit administratif*, Éditions Dalloz, collection « Nouvelle bibliothèque des thèses », vol. 132, 2014.

d'illustrations de la volonté du juge de faciliter la réparation des dommages subis par les administrés[95].

Bien que réelle, l'indépendance du juge administratif se comprend dans un environnement particulier de connexions qui suscitent des questionnements.

II. Les connexions du juge administratif : des sources de questionnements

L'indépendance du juge administratif s'apprécie sous deux angles. Le premier renvoie aux origines de la justice administrative. Elle implique de s'intéresser à ses liens particuliers avec le pouvoir (A). L'autre concerne la place du juge administratif dans un environnement juridictionnel qui le met en relation avec des juges européens avec lesquels il entretient des relations complexes (B).

A. LES LIENS PARTICULIERS AVEC LE POUVOIR

La proximité entre le juge administratif et le pouvoir concerne avant tout le Conseil d'État[96]. D'une part, la présence de ses membres dans les différentes administrations centrales ou déconcentrées l'expose aux aléas des crises politiques[97]. D'autre part, à travers sa fonction de conseil du gouvernement (et du Parlement depuis 2008), il sert et en servant il prend le risque d'être associé à une politique y compris s'il l'aborde comme un technicien. Mais il sait aussi s'adapter, voire résister[98]. Même face au juge européen, il a su franchir un obstacle pourtant dangereux. L'absence de différenciation claire entre la fonction de conseil et celle de jugement aurait pu bouleverser un édifice pluriséculaire en raison de l'application de l'article 6 §1 de la ConventionEDH[99].

Plus largement, distinct de l'administration active, le juge administratif n'est pas étranger aux services administratifs et aux préoccupations du pouvoir, sous couvert de protéger l'intérêt général.

Contrairement aux juges judiciaires, les juges administratifs ne sont pas formés de manière particulière, mais avec les futurs administrateurs. Ils se retrouvent dans le cadre, essentiellement, de ENA. La voie du tour extérieur

---

[95] *AJDA* 2014, dossier spécial, « La réparation des préjudices en droit administratif », p. 1806.
[96] B. Latour, *La fabrique du droit : une ethnographie du Conseil d'Etat,* La Découverte, 2002 ; B. Ribadeau Dumas, « Les carrières dans et hors le Conseil d'Etat », *Pouvoirs* 2007, n° 123, p. 89.
[97] Le Conseil d'Etat et les changements de régime politique, *Rev. adm.* 1998.
[98] P. Gonod, « Le Conseil d'État à la croisée des chemins ? », *AJDA* 2008, p. 630.
[99] CEDH 28 septembre 1995, *Procola c/ Luxembourg.*

qui permet à des administrateurs (ou des proches du pouvoir) de rejoindre la juridiction administrative suscite, parallèlement, des interrogations au regard de la capacité des bénéficiaires à s'abstraire de considérations extrajuridiques qui peuvent faire douter des conditions dans lesquelles la justice est rendue[100].

L'idée selon laquelle la connaissance de l'administration s'impose pour bien la juger est rarement contestée. Dans ces conditions, il est non seulement habituel que des administrateurs deviennent des juges, mais encore que certains juges intègrent les services administratifs. Ainsi, sur le fondement du décret du 30 juillet 1963, des membres du Conseil d'État peuvent remplir des fonctions de conseillers juridiques auprès des administrations.

Tout cela créerait une solidarité de corps ou, à défaut, une proximité de points de vue non négligeable. Chacun, juge et partie, serait animé par une logique commune, et pétri d'une culture partagée. À l'inverse, sauf cas particulier et d'ailleurs contesté (juges non professionnels), le juge judiciaire n'est pas censé être issu des milieux professionnels qu'il est amené à juger.

Parallèlement, la jurisprudence offrirait des illustrations de la retenue du juge administratif à l'égard de la puissance publique. Pour s'en tenir au sujet essentiel de la protection des libertés, plusieurs affaires récentes instilleraient le doute[101].

L'une des plus emblématiques concerne l'interdiction des spectacles d'un humoriste sulfureux. En 2014, faisant preuve d'une rare fermeté, le pouvoir exécutif (plus particulièrement le ministre de l'Intérieur) a souhaité faire interdire ses représentations sur l'ensemble du territoire au nom de l'atteinte à la dignité humaine. Saisi par l'humoriste dans le cadre d'une procédure de référé-liberté[102], le Conseil d'État a donné raison à l'exécutif. S'il est difficile de tirer la moindre conclusion de la très grande rapidité avec laquelle l'ordonnance a été rendue (comme si elle avait été préparée en amont), force est de constater que la confirmation de l'interdiction a provoqué l'ire de nombreux observateurs.
Là où certains ont perçu une avancée en faveur d'un ordre public immatériel en raison de la référence à la dignité humaine, d'autres ont surtout vu le retour d'un ordre moral défini par le gouvernement et relayé par le juge administratif. La jurisprudence postérieure a toutefois écarté ces craintes.

---

[100] Pour un exemple : CE 9 octobre 2019, n° 430538 (affaire de la privatisation de l'aéroport de Toulouse dont le rapporteur avait été nommé au tour extérieur).

[101] D. Cohen, « La fonte du rôle protecteur des libertés individuelles du juge judiciaire », *JCP G* 2017, 950.

[102] CE, ord., 9 janvier 2014, *Ministre de l'Intérieur c/ Dieudonné*, *JCP A* 2014, n° 3, note Tukov, *Gaz. Pal.* 2014, n° 22, note Touzeil-Divina, *RFDA* 2014, p. 87, note Gohin, *AJDA* 2014, note Petit, p. 866 ; *RFDA* 2014, p. 521, Broyelle et p. 525, Baranger.

L'application prolongée de l'état d'urgence en France a aussi soulevé des réserves quant à la capacité du juge administratif à se détacher réellement du pouvoir, particulièrement en période de crise.

D'une part, le juge administratif a refusé de mettre en cause la prolongation de l'état d'urgence. Sa volonté de préserver le « large pouvoir d'appréciation »[103] du Président de la République ne traduit-elle pas une forme de proximité ?

D'autre part, le bilan du contrôle des mesures prises sur le fondement de l'état d'urgence laisse une impression mitigée. Le plein contrôle exercé par le juge administratif n'occulte pas un bilan en demi-teinte. Certes, quelques décisions défavorables à l'administration existent. Cependant, la doctrine retient aussi le grand nombre de décisions attentatoires aux libertés. Comme le remarque un observateur avisé : « cette forme d'impuissance du juge à protéger efficacement les droits et libertés provient peut-être d'une difficulté à « aller à contre-courant » du pouvoir politique et d'une certaine manière de l'opinion publique »[104].

Un auteur a bien résumé cette situation en écrivant : « C'est la position organique du juge administratif français, dont on sait qu'il est en même temps conseil du gouvernement, qui rend ces discussions plus aiguës. Autrement dit : en régime d'état d'urgence, il n'y a certes pas de confusion des pouvoirs constitutionnels comme lors de l'application de l'article 16 de la Constitution. Mais on voit s'accuser les traits classiques du système politico-administratif français qui conduisent facilement à un certain effacement de la séparation des autorités politiques, administratives et juridictionnelles. Face à l'urgence, l'État se renforce en unifiant son action »[105].

Une tendance identique est apparue pendant la crise sanitaire, de mars à mai 2020. Le Conseil d'État a, une nouvelle fois, été perçu comme trop proche des intérêts de l'administration. Ses ordonnances[106] assez sommaires, mais proches de la communication gouvernementale, ont été parfois accueillies avec sévérité, le juge appréciant moins l'urgence au moment du recours que dans les semaines à venir. Pour le Professeur Letteron[107], ces décisions illustreraient une « société de connivence » entre le juge administratif et

---

[103] CE ord. 27 janvier 2016, juge des référés, *Ligue des droits de l'homme et autres*, n° 396220, au Lebon ; *AJDA* 2016. 126; *D.* 2016. 259, et les obs.; *ibid.* 663, point de vue M. Bouleau.

[104] A. Roblot-Troizier, « Etat d'urgence et protection des libertés », *RFDA* 2016, p. 424.

[105] D. Baranger, « Quel 'Etat de droit' ? Quels contrôles ? Le juge des référés et le maintien en vigueur de l'état d'urgence », *RFDA* 2016, p. 355.

[106] CE ord., 28 mars 2020, n° 439726 et 43969

[107] R. Letteron, http://libertescheries.blogspot.com/2020/03/covid-19-le-conseil-detat-tombe-le.html, 31 mars 2020.

l'Exécutif. Le Professeur Paul Cassia[108] voit, pour sa part, l'expression d'un « conservatisme structurel » propre au Conseil d'État, alors que les tribunaux administratifs sont plus indépendants. La crise sanitaire aurait souligné la qualité « d'allié naturel » de l'exécutif, conséquence directe de la dualité fonctionnelle et des allers-retours fréquents des membres entre l'administration active et le Conseil.

Dans d'autres cas, sa position particulière au sein des institutions le met en situation de statuer sur la légalité de texte que le Conseil d'État a lui-même inspiré, voire écrit.

Ainsi, il a validé différentes dispositions du code de justice administrative aux conséquences pourtant problématiques pour les requérants (par exemple, le rejet d'une requête sans audience publique), au nom d'une bonne administration de la justice[109]. Il contribue alors à rationaliser son propre fonctionnement.

Isolé, ce type de position n'atteindrait pas la légitimité du juge. En revanche, il s'inscrit dans un contexte plus large d'une jurisprudence qui semble, à nouveau, privilégier les intérêts de l'administration. Les évolutions récentes conduisent à restreindre l'accès au prétoire et à sécuriser l'administration, y compris en tolérant certaines illégalités et en revivifiant les critiques sur les annulations platoniques. Bien que rendues au nom de la sécurité juridique, ces décisions semblent négliger, en contrepartie, la légalité. Ce mouvement conduit à s'interroger sur un nouveau déséquilibre qui trouverait sa source dans une proximité de vues entre l'administration et son juge, préoccupante au regard de la légitimité de ce dernier à juger la première[110].

Au-delà de sa propre impartialité, le juge administratif se confronte à celle de l'administration elle-même. Dans le domaine des sanctions administratives, le Conseil d'État refuse toujours de statuer sur l'impartialité objective. Il ne prend donc pas en considération l'implication de l'autorité qui poursuit un agent dans la procédure de sanction, à rebours du droit à un procès équitable[111].

Tout en entretenant une relation spéciale avec le pouvoir, le juge administratif doit, en outre, composer avec les juges de la CourEDH avec lesquels il a noué des relations complexes.

---

108 P. Cassia, « Le Conseil d'Etat et l'état d'urgence sanitaire : bas les masques ! », https://blogs.mediapart.fr/paul-cassia/blog, 11 avril 2020.
109 CE 13 février 2019, n° 406606.
110 Dossier, « Légalité et sécurité juridique : un équilibre rompu ? », *AJDA* 2019, p. 1086, particulièrement : J.-C. Rotoullié, « Sécurité juridique et tolérance des illégalités », *AJDA* 2019, p. 1094.
111 CE 16 octobre 2019, A.B., n° 422339.

B. LES RELATIONS COMPLEXES AVEC LES JUGES DE LA COUREDH

La France a accepté de se lier par des engagements européens qui influent sur son ordre juridique. La Constitution leur donne une force que nul ne remet en cause. Son adhésion à la CEDH a pour conséquence l'application par les juges en général et le juge administratif en particulier d'un droit d'origine externe. Dans ces deux cas, le juge administratif consent à se soumettre à une jurisprudence foisonnante.

Les juges administratifs ont intériorisé la supériorité des normes d'origine externe après avoir abandonné toute forme de nationalisme juridique. Le temps de la résistance est révolu, pour faire la place à la formule rassurante du dialogue des juges. Mais le dialogue semble surtout à sens unique. Le juge administratif paraît davantage écouter que discuter. Mais le juge judiciaire n'est-il pas dans le même cas ?

L'alignement des juges administratifs sur leurs collègues européens ne trouve pratiquement aucune limite. Tout au plus, le juge français apporte-t-il quelques nuances à ses relations avec la CourEDH.

Le Conseil d'État refuse, par exemple, de rouvrir une procédure juridictionnelle après une condamnation par les juges européens[112]. Il refuse aussi de contraindre une autorité administrative indépendante à réexaminer une sanction en l'absence de procédure organisée, pour lui en substituer une autre rétroactivement. En revanche, l'autorité doit vérifier si la sanction (qui continue de produire ses effets) méconnaît les exigences de la Convention, la condamnation par la CourEDH constituant un élément nouveau[113].

Pour le reste et hormis quelques cas particuliers, la jurisprudence française suit fidèlement les exigences fixées par les juges européens.

De manière parfois contestée, mais isolée, le Conseil d'État a même accepté d'exercer un contrôle de conventionnalité *in concreto* et *contra legem*[114]. En procédant de la sorte, le Conseil d'État s'est exposé à la critique. D'une part,

---

[112] CE, Sect., 4 octobre 2012, *Baumet,* Lebon 347.

[113] CE Ass., 30 juillet 2014, *Vernes,* Lebon 260.

[114] CE, ass., 31 mai 2016, n° 396848, Mme Gonzalez-Gomez, Lebon avec les conclusions ; *AJDA* 2016. 1092 ; ibid. 1398, chron. L. Dutheillet de Lamothe et G. Odinet ; *D.* 2016. 1470, obs. M.-C. de Montecler ; ibid. 1472, note H. Fulchiron ; ibid. 1477, note B. Haftel ; ibid. 2017. 729, obs. F. Granet-Lambrechts ; ibid. 781, obs. J.-C. Galloux et H. Gaumont-Prat ; *RFDA* 2016. 740, cl. A. Bretonneau ; ibid. 754, note P. Delvolvé ; *RTD eur.* 2017. 319, obs. D. Ritleng ; A.-M. Le Pourhiet, « L'hégémonie des droits fondamentaux ou l'inversion des fins ? », *Rev. Politeia*, 2016, n° 30, p. 317 ; M. Afroukh, « Le contrôle de conventionnalité est-il vraiment 'dicté' par la CEDH ? », *RDFL* 2019, chron. n° 4.

il lui a été reproché d'avoir adopté une solution explicitement contraire à une loi, en se substituant au législateur au nom de la supériorité de la CEDH. D'autre part, sa décision conduit à une approche subjective excessive des droits fondamentaux, en rupture avec le principe d'un ordre juridique général et impersonnel. Pour reprendre la formule du professeur Pierre Delvolé, « la règle est remplacée par le cas ». Comme le remarque le professeur Le Pourhiet « autant dire que le juge administratif renie ainsi ce qui est sa raison d'être institutionnelle, au point d'effacer sa différence avec le juge judiciaire et finalement de scier la branche sur laquelle la justification même de son existence est assise »[115].
Contrairement à la Grande-Bretagne ou encore à la Russie[116], cet alignement soulève peu de contestations. La doctrine majoritaire en reste à la critique de certaines techniques juridiques[117]. Il est vrai que la garantie des droits tolère difficilement la contestation.

La France pourrait, elle aussi, s'interroger. Tout le dispositif conventionnel repose sur des concepts flous, susceptibles d'interprétation variable. Le juge européen se trouve ainsi en situation de transformer l'identité juridique d'un État, sous le regard au minimum neutre des juges nationaux. Parfois, elle procède en faisant preuve d'un activisme discutable sans rencontrer d'opposition. Dans d'autres cas, elle dit préserver la marge d'appréciation des États, mais elle agit en retenant des consensus bien souvent fragiles ou, pire, faussement favorables aux législations nationales.

Si certains juges à l'étranger osent s'interroger sur la légitimité de la jurisprudence européenne et, ce faisant, affirmer leur propre légitimité, tel n'est pratiquement pas le cas en France.

Or, un juge qui s'aligne sous couvert de respecter fidèlement la hiérarchie des normes, est-il encore un juge légitime ? Il se contente de relayer un droit élaboré par d'autres dans un environnement politico-juridique à propos duquel la critique n'est pas automatiquement excessive. S'il n'y prend garde, il pourrait redevenir ce juge cantonné aux affaires techniques. Il serait déconnecté des grands enjeux de société abandonnés à un ordre juridique supranational sur lequel il peut entretenir l'illusion rassurante d'exercer une influence, comme tous les autres États qui y participent.

Ainsi, le juge administratif n'aurait pas seulement à relever le défi classique de sa relation au pouvoir national, il devrait repenser sa légitimité à l'égard de ce pouvoir juridictionnel supranational.

---

115 A.-M. Le Pourhiet, « La Cour européenne des droits de l'homme et la démocratie », *Constitutions 2018*, p. 205.
116 V. Zorkin, « La Convention européenne des droits de l'Homme et les problèmes de sa mise en œuvre », *Constitutions* 2016, p. 371.
117 Par exemple, F. Sudre, « La mystification du 'consensus' européen », *JCP G* 2015, doctr. 1369.

En définitive, l'indépendance du juge administratif français n'est pas « introuvable »[118], au contraire. Elle lui confère une forte légitimité.

L'évolution de sa jurisprudence prouve qu'il est devenu l'instrument de l'administré dans sa lutte pour la préservation du principe de légalité et des libertés. Le juge administratif n'est plus l'agent de l'administration, sans pour autant se départir d'une proximité avec le pouvoir qui peut encore apparaître très ponctuellement. Quant à son appréhension de la jurisprudence européenne, elle s'inscrit dans un mouvement porté par la Constitution elle-même, ce qui n'empêche pas d'ouvrir les débats sur une légitimité à réinventer en permanence afin de ne pas se satisfaire de ses acquis.

118 J.-P. Maublanc, « L'introuvable indépendance du juge administratif », *Politeia* juin 2013, p. 377.

DROITS SECONDAIRES : TRANSFORMATION DES INSTITUTIONS JURIDIQUES EXTRINSÈQUES DANS LES JURIDICTIONS NATIONALES

Alexandre KRAVCHENKO
Maître de conférences
Institut d'administration publique et de gestion (IAPG)
de l'Académie Russe d'économie nationale et d'administration publique
auprès du Président de la Fédération de Russie (ARENAP)

Le droit secondaire est un droit civil subjectif exercé par la volonté unilatérale de son titulaire, entraînant un effet juridique coercitif pour autrui au moment de l'expression de cette volonté[119].

Dans la juridiction nationale allemande, les droits secondaires typiques (*Gestaltungsrechte*) comprennent le *Rücktritt* (résiliation d'un contrat) et la *Kündigung* (refus unilatéral d'exécuter un contrat en cours).

Dans la juridiction russe, les droits secondaires comprennent souvent le droit d'acceptation, le droit de modifier ou de résilier unilatéralement un accord, et le droit de compenser une demande reconventionnelle.

L'expression « droit secondaire » (*Gestaltungsrecht*) trouve son origine dans la science du droit civil allemand. Son apparition découla de la confrontation de divers concepts scientifiques du droit civil allemand, justifiant l'attribution d'un groupe spécial de droits subjectifs qui ne sont pas garantis par les obligations d'autrui.

Ce conflit dans la doctrine allemande a conduit à discerner plusieurs concepts importants : *Secundäre Rechte* (les droits secondaires) ; *Gestaltungsrechte*

---

[119] Résumé : L'article traite de la diffusion du contenu et du rôle des droits secondaires dans les juridictions nationales en tant que phénomène juridique extrinsèque dans l'espace juridique mondial. L'auteur examine la genèse de la théorie des droits secondaires dans les systèmes juridiques spécifiques de différents États, et étudie également le développement de la théorie des droits secondaires dans diverses familles juridiques. L'article analyse les facteurs de formation de la doctrine juridique des droits secondaires, ainsi que les étapes de son développement. Initialement, l'expression de « droit secondaire » (*Gestaltungsrecht*) trouve son origine dans la science du droit civil allemand. Son apparition découla de la confrontation de divers concepts scientifiques du droit civil allemand, justifiant l'attribution d'un groupe spécial de droits subjectifs qui ne sont pas garantis par les obligations d'autrui. Malgré la prévalence généralisée des possibilités unilatérales dans les juridictions nationales, la théorie des droits secondaires ne s'est pas développée partout en tant qu'enseignement autonome par rapport au droit civil. Ce faisant, le chercheur étudie les raisons pour lesquelles la théorie des droits secondaires s'est développée dans certaines juridictions nationales, et pas dans d'autres. L'auteur accorde une attention particulière à la doctrine juridique française et à sa relation avec la théorie des droits secondaires. Mots-clés : droits secondaires (*Gestaltungsrechte*), juridiction nationale, famille juridique, système juridique, auto-initiave en défense.

(les droits formateurs) ; *Rechte des rechtlichen Köennens* (les droits de la possibilité légale).
Chacun d'eux peut être considéré comme un prototype du concept moderne de « droit secondaire ». Dans le même temps, il convient de garder à l'esprit que toutes les catégories désignées dans la doctrine allemande reflètent des phénomènes juridiques similaires, mais non identiques, par conséquent les relations entre ces concepts dans les conceptions chez divers chercheurs s'expriment différemment.
Afin de mieux comprendre le terme « droit secondaire », retraçons l'émergence et le développement de *Secundäre Rechte*, *Gestaltungsrechte* et *Rechte des rechtlichen Köennens* dans la science du droit civil allemand.
S. V. Tretyakov est le premier à avoir fait un travail de systématisation des points de vue de la doctrine du droit civil allemand, logique de présentation que nous utilisons, en l'élargissant ou en rétrécissant dans certains cas les concepts théoriques de l'un ou l'autre auteur, et en ajoutant des chercheurs qui ne sont pas inclus dans les recherches de ce scientifique.
Ainsi, l'une des principales conditions préalables à l'émergence de la doctrine des droits secondaires c'est la distinction entre les domaines matériel et procédural du droit[120]. En effet, il est difficile d'imaginer l'émergence d'une structure coercitive, mise en œuvre en l'absence d'assistance de l'État, dans un système juridique qui ne fait pas de distinction entre le droit subjectif et une revendication, car sinon toute mise en œuvre d'un droit subjectif est la mise en œuvre d'une revendication, c'est-à-dire faire appel aux agences gouvernementales.
B. Windscheid est considéré comme le pionnier de la séparation du droit matériel privé des éléments procéduraux. Il a noté que contrairement à l'action romaine (réclamation, poursuite), qui signifie « le droit de rechercher devant le tribunal ce qu'il exige d'autrui », la revendication moderne (*Anspruch*) est avant tout une fonction de n'importe quel droit, en vertu de laquelle le principe premier (cause) est précisément le droit d'exiger quelque chose d'autrui[121], et non la poursuite[122].
L'étape suivante vers l'émergence de la catégorie des droits secondaires a été la justification de l'existence dans la réalité juridique de possibilités particulières qui ne nécessitent pas d'assurer leur mise en œuvre.

---

[120] Comme le remarque S. V. Tretyakov, « la condition préalable la plus importante pour la formation de la construction des droits secondaires, c'était la distinction cohérente entre le droit privé et le processus et la libération des concepts juridiques matériels des éléments procéduraux qu'ils contenaient, en raison de leur origine romaine commune », (Tretyakov S. V., *op. cit.*, p. 253). Cette caractéristique du droit romain est remarquablement énoncée par S. N. Medvedev : « On peut dire que le droit romain est un système de revendications ».
[121] Dans le même temps, le droit subjectif de B. Windscheid était défini comme la permissivité de la volonté (ce qui peut être exercé par une personne indépendamment de la volonté d'autrui), comme le pouvoir accordé par l'ordre juridique, la domination (Windscheid B., *opus cité*, p. 82).
[122] Windscheid B., *op. cit.*, p. 91–95.

Leur présence a été justifiée par A. Ton dans son ouvrage *Rechtsnorm und subjektives Recht* (*Norme juridique et droit subjectif*, 1887). Selon sa pensée, il existe ce qu'on appelle des pouvoirs qui ne sont pas garantis par des obligations, mais l'état de droit associe à leur mise en œuvre l'apparition de conséquences juridiques[123].

Si les efforts d'A. Ton visaient avant tout à justifier l'attribution de pouvoirs juridiques, L. Ennekzerus a justifié l'existence de pouvoirs d'acquisition spéciaux (*Erwerbsberechtigungen*), qui comprenaient, par exemple, les droits de chasse, de pêche, d'acquisition d'un héritage, *etc* ...

Par la suite, cette conclusion lui a permis de diviser tous les droits en trois variétés : les droits de domination, les revendications et le droit d'établir ou de modifier la loi[124]. Lors de l'exercice des droits de ce dernier type, il en résulte certaines conséquences juridiques quant à l'expression de la volonté (en conjonction avec un acte d'une autorité étatique ou sans elle), à certains actes, ou même contre la volonté du titulaire du droit (par exemple, acceptation d'un héritage lors d'un héritage ultérieur - § 2139 du Code civil allemand).

Dans le même temps, une direction distincte fait son apparition dans la doctrine allemande, associée aux droits négatifs (*Negative Rechte*) de E. Bekker et aux contre-droits (*Gegenrecht*) de K. Crome.

Les chercheurs ont avancé la thèse de l'existence de droits subjectifs spéciaux appliqués par le tribunal à la volonté de l'autorité (défendeur) pour refuser de satisfaire les exigences du demandeur (par exemple, compenser les demandes reconventionnelles). Comme le note E. Bekker, l'effet des droits négatifs se résume à l'impact sur les droits subjectifs (ordinaires, positifs) et consiste à les abroger ou à y mettre fin[125].

Les conclusions des auteurs précédents ont permis à E. Zitelmann de développer une catégorie spéciale de droits subjectifs, dont le résultat ne dépend que de la volonté de la personne qui a ces droits. Le juriste a proposé un nouveau concept, les droits de la possibilité juridique (*Rechte des rechtlichen Köennens*), réunissant l'ensemble des concepts proposés par A. Ton, L. Ennekzerus, E. Bekker, et K. Crome[126]. Ces droits sont une

---

[123] Ton A. arrive aux conclusions suivantes. Premièrement, le pouvoir de disposer de certains droits ne peut se rapporter au contenu de ces mêmes droits. Deuxièmement, « ces soi-disant droits », qui donnent à leur propriétaire non pas une revendication, mais un pouvoir juridique direct (seul l'exercice d'une telle possibilité entraîne des conséquences juridiques), il les qualifie de droits (qui, contrairement aux droits subjectifs, ne sont pas protégés par la loi et ne sont pas conférés à la revendication attendue). Troisièmement, l'ordre juridique est lié à leur mise en œuvre par telle ou telle conséquence – que ce soit l'émergence, l'annulation ou la modification d'un impératif.

[124] Le droit d'établir ou de modifier un droit était, selon l'auteur, un pouvoir juridique en vertu duquel l'établissement, la résiliation ou la modification de droits subjectifs pouvait être exercé soit par le titulaire du droit, soit dans son intérêt en dehors de sa volonté.

[125] Bekker E., *op. cit.*, p. 89.

[126] La combinaison des phénomènes proposés par les auteurs en un seul a été rendue possible par la conclusion de E. Zitelmann selon laquelle les droits d'opposition et les droits de

opportunité particulière pour le détenteur du droit d'auteur pour induire des conséquences juridiques ou empêcher leur apparition, en relation avec soi-même ou autrui, par sa propre expression de volonté (conclure un accord).
E. Zeckel a élaboré une approche où il oppose les droits subjectifs habituels (droits de domination ou *Herrschaftsrechte*) aux droits dits « formateurs »[127] (*Gestaltungsrechte*) dont le contenu, par le biais d'une expression privée de volonté (une transaction unilatérale, associée à l'adoption d'un acte public, ou non), est la possibilité de créer, de mettre fin ou de modifier l'un des droits de domination, c'est pourquoi les *Gestaltungsrechte* constituent l'étape antérieure aux *Herrschaftsrechte*[128].
L'ouvrage d'E. Zeckel, publié en 1903 sous le titre *Die Gestaltungsrechte des bürgerlichen Rechts*, fut le premier à distinguer systématiquement un groupe spécial de droits juridiques d'autres droits subjectifs, et à mettre en évidence leurs caractéristiques essentielles (distinctives).
Certaines dispositions de la théorie d'E. Zeckel soulèvent des questions. Il note ainsi que la mise en œuvre des droits secondaires peut dépendre de l'adoption d'une loi étatique. Il fallait le justifier, car l'idée principale de la distinction des droits considérés était précisément le caractère extraprocédural de leur mise en œuvre. E. Zeckel a résolu ce problème de la manière suivante : le droit secondaire *public* (c'est nous qui soulignons) sur un acte d'Etat transformationnel appartient à l'ayant droit, avec son droit secondaire privé[129].
Il semble qu'il y ait une contradiction. Cependant, elle peut ne pas être relevée si, d'une part, l'on part de la présomption d'un procès équitable (nécessaire pour analyser les structures juridiques du droit matériel), dont les décisions sont une suite logique des actes de la personne, et si, d'autre part, on considère que les actes de l'ayant droit sont licites et justifiés.
Il semble que E. Zeckel ait raisonné de cette manière lorsqu'il a introduit le terme de « droit secondaire public », en analysant des constructions comme celles énoncées au paragraphe 5 de l'art. 565 du Code civil de la Fédération de Russie (« l'acheteur a le droit de demander la résiliation ou la modification du contrat de vente de l'entreprise »). Cependant, nous partons du principe que le caractère unilatéral indique la participation active d'une seule personne (le titulaire du droit) sans aucun intermédiaire (par exemple, un tribunal).
Ainsi, malgré la justification présentée par l'auteur, la logique d'attribution de droits secondaires repose sur la reconnaissance de la possibilité fondamentale

contestation (droits reconventionnels, négatifs – A. K.) ne sont régis que par le droit privé matériel, bien que l'origine procédurale ait affecté leur compréhension.
[127] E. Zeckel a critiqué l'approche de E. Zitelmann, notant que « la possibilité légale est inhérente à tout droit, pas seulement au droit de la possibilité légale ».
[128] E. Zeckel, *op. cit.*, p. 208.
[129] Comme le note E. Zeckel, « dans les cas où la manifestation unilatérale de la volonté ne suffit pas, il doit y avoir un fait juridique supplémentaire, en particulier un acte d'Etat » (E. Zeckel, *op. cit.*, p. 248–249, 236).

de réaliser des droits subjectifs en l'absence de toute assistance des autorités étatiques.

Le mérite de la formation finale de la théorie des droits secondaires appartient à A. von Tuhr, en développant la théorie de E. Zeckel et en introduisant le terme « droit secondaire » (*Secundäre Recht*). Cependant, contrairement à E. Zeckel[130], A. von Tuhr a limité la portée du *Secundäre Recht* en incluant l'ingérence dans le domaine juridique d'autrui parmi les caractéristiques essentielles (en l'absence de cette propriété, la spécificité de ce droit par rapport aux autres droits subjectifs est perdue). Dans le même temps, l'auteur a réduit encore plus la portée du concept de *Gestaltungsrecht*, en l'intégrant dans le champ d'application du concept de *Secundäre Recht*, qui inclut en outre le *Verwaltungsrecht* (le droit d'un représentant d'influencer la propriété de la personne représentée).

En général, c'est sous cette forme que la théorie des droits secondaires existe encore dans l'histoire contemporaine du développement de la doctrine allemande. Néanmoins, il faut s'attarder sur certaines tendances de son évolution dans la seconde moitié du XXe siècle.

K. Hattenhauer identifie les étapes suivantes d'un tel développement : 1) les premières décennies du XXe siècle sont caractérisées par le développement rapide du concept et la recherche de phénomènes qui pourraient être inclus dans le champ d'application du concept de *Gestaltungsrechte* ; 2) à la fin des années 1950, en raison de l'élargissement de la portée du concept, les chercheurs tentent de limiter le contenu de la *Gestaltungsrechte* et de la laisser dans le cadre du droit civil subjectif ; 3) dans les années 1960, les scientifiques se tournent vers le côté procédural du phénomène ; 4) dans les années 1970, les recherches dans ce domaine se sont estompées, tandis que certains auteurs s'intéressent aux problèmes des *Gestaltungsrechte* et de l'estoppel ; 5) depuis les années 1980, il y a une nouvelle vague de recherche, dans laquelle l'intérêt pour le problème passe du conflit conceptuel au plan pratique ; les tendances sur l'inutilité des abstractions théoriques, y compris les *Gestaltungsrechte*, gagnent en force.

Et bien que les points de vue des scientifiques allemands varient considérablement, jusqu'à l'opposé[131], il est encore nécessaire de faire la

---

[130] E. Zeckel a divisé les droits constitutifs en droits de saisie (*Zugriffsrechte*), qui affectent uniquement la sphère propre du titulaire du droit, et en droits d'ingérence (*Eingriffsrechte*), qui affectent la sphère juridique d'autrui (E. Zeckel, *op. cit*, p. 213).

[131] Contrairement à la conception traditionnelle, K. Adomeit considère que les *Gestaltungsrechte* peuvent être réalisés non seulement par l'expression unilatérale de la volonté, mais aussi multilatérale (Adomeit K., Gestaltungsrechte, Rechtsgeschäfte, Ansprüche : ZurStellung der Privatautonomieim Rechtssystem, Berlin 1969, p. 10 sv.). Cette approche est également soutenue par certains civilistes allemands modernes (Schmidtbleicher R., Die Anleihegläubigermehrheit, Mohr Siebeck, Tübingen 2010, p. 344–345). A. Peukert avance l'idée que les droits secondaires sont des droits qui se produisent lorsqu'ils menacent de violer les droits primaires (ordinaires).

distinction entre les concepts de *Secundäre Rechte* (droits secondaires), *Gestaltungsrechte* (droits formateurs), et *Rechte des rechtlichen Köennens* (droits de la possibilité légale) dans la doctrine allemande du droit civil. À ces fins, nous avons choisi la position de A. von Tuhr.

Il semble que les *Secundäre Rechte* recouvrent l'espace conceptuel des *Rechte des rechtlichen Köennens* ; le terme *Gestaltungsrechte* est sensiblement plus restreint. A. von Tuhr a exclu l'expression unilatérale de la volonté du contenu du concept de *Secundäre Recht*, augmentant ainsi considérablement sa portée : les *Secundäre Recht* sont la domination (le pouvoir) de la volonté, consistant à créer, mettre fin ou modifier tout droit pour soi ou pour autrui. Le contenu du concept de *Gestaltungsrecht*, en plus de ces caractéristiques (génériques), comprend la propriété de réalisation à travers une expression unilatérale de la volonté.

La théorie de la résiliation du contrat a été développée en lien étroit avec la formation de la théorie des droits secondaires. La doctrine des droits secondaires est vraisemblablement apparue après la reconnaissance définitive de l'existence d'un droit général de résiliation du contrat en cas de non-respect de la législation allemande – le Code général de commerce allemand de 1861 (*Allegemeines Deutsches Handelsgesetzbuch*)[132].

Ce n'est pas un hasard si la plupart des chercheurs russes attribuent la conception des *Gestaltungsrechte* aux mesures d'impact opérationnel[133], dont la base en sont les conséquences juridiques sous forme de résiliation du contrat.

L'analyse des concepts des scientifiques allemands et leur évolution en droit civil allemand permet de mettre en évidence les facteurs clés de l'émergence de la doctrine des droits secondaires.

Ces facteurs sont, tout d'abord, la différenciation du droit matériel et procédural, ce qui a conduit à isoler du concept de droit subjectif le fait d'intenter une action, et, d'autre part, une approche volontaire de la définition du droit subjectif (compris comme la domination de la volonté, du pouvoir[134]), qui a donné un élan à l'analyse théorique de l'expression unilatérale de la volonté, et au développement, à la recherche et à la justification de droits dont la mise en œuvre n'est pas assurée par la volonté d'autrui.

---

[132] Comme le note K. A. Usacheva, par la suite cela « a servi de modèle pour la réglementation dans l'Etat, qui a fondamentalement réglé pour la première fois e droit de résiliation pour tous les contrats synallagmatiques ».

[133] Usacheva K.A., *op. cit.*, p. 141.

[134] Le chercheur allemand K. Hattenhauer note à juste titre que ce sont les courants libéraux du XIXe siècle (y compris la théorie de B. Windscheid) qui ont provoqué l'émergence d'un groupe spécial de droits – la *Rechtsgestaltung*, puis les *Gestaltungsrechte* (Hattenhauer C., Einseitige private Rechtsgestaltung: Geschichte und Dogmatik, p.. 197). S. V. Tretyakov associe l'approche de B. Windscheid (séparation du droit de réclamation au sujet obligé du droit à la protection judiciaire, et définition du droit subjectif comme règle de la volonté) à l'une des principales conditions préalables pour l'émergence de la catégorie des droits secondaires (Tretyakov S. V., *op. cité*, p. 253).

Le développement de la doctrine de la résolution du contrat a également joué un rôle important dans l'émergence de la doctrine des droits secondaires.
Ainsi, le troisième facteur est la généralisation théorique des constructions juridiques émergentes dans un droit civil en développement rapide, garantissant les possibilités de résiliation unilatérale du contrat.
S'étant formée dans la doctrine allemande, la théorie des droits secondaires a été adoptée et fermement ancrée dans certaines juridictions nationales de la famille juridique romano-germanique, non seulement germanophones comme en Suisse ou en Autriche, mais aussi, par exemple, en Italie. Ce concept s'est également développé en Corée du Sud (et partiellement au Japon).
Bien que tous les chercheurs ne reconnaissent pas le concept de droits secondaires dans chacun de ces pays[135], on considère néanmoins qu'il y est bien établi.
La théorie des *Gestaltungsrechte* s'est rapidement intégrée au droit italien, où les droits secondaires étaient dits potestatifs (*dirittipotestativi* ; du mot *potestas* – pouvoir).
Cependant, elle ne s'est pas immédiatement établie dans la juridiction italienne, car elle soulevait de sérieuses questions sur la reconnaissance d'un groupe particulier de droits sans obligation correspondante. Une solution a néanmoins été trouvée : les *diritti potestativi* dans la doctrine du droit civil italien sont considérés comme des droits subjectifs, auxquels s'opposent la « *soggezione* » (dépendance) ou « *collegamento* » (lien) d'une autre personne.
L'art. 1460 du Code civil italien[136] est un exemple de consolidation législative des droits potestatifs dans la législation, il contient la règle selon laquelle l'une des parties peut refuser de remplir la contre-obligation ; ou l'art. 1239, fixant l'annonce par le créancier de l'annulation de la dette.
La doctrine des droits secondaires (développée par le droit civil germanique) est essentiellement un concept théorique.
Cela explique le fait qu'il existe, dans diverses juridictions nationales, des possibilités distinctes de modifications unilatérales dans le domaine juridique[137], qui pourraient être qualifiées de droits secondaires par un juriste allemand.
Par exemple, le droit civil israélien, en particulier l'art. 3 de la loi de 1979 sur l'enrichissement illicite, stipule dans une disposition que « l'acquéreur a le droit de retenir sur ce qu'il est tenu de restituer une somme d'argent

---

[135] Ainsi, le représentant de la doctrine autrichienne du droit civil, G. Kelsen, part du principe que le droit privé subjectif est « le pouvoir juridique accordé à un individu de recourir à une action en cas de manquement à l'obligation juridique existant à son encontre ». Dans cette approche, le droit secondaire n'a pas sa place dans les développements théoriques du chercheur, étant donné que la caractéristique d'un tel droit est l'absence d'acte d'Etat pour assurer sa mise en œuvre.
[136] Codice civile Italiano (Regio Decreto 16 marzo 1942, n. 262) agg. Al 28.11.2014 ; URL : http://www.altalex.com/index.php?idnot=36451.
[137] K. Hattenhauer appelle cette possibilité *Rechtsgestaltung*.

correspondant à des dépenses raisonnables pour l'entretien et la conservation du bien ».

En vertu de l'art. 2-705 du code de Commerce uniforme des États-Unis[138], le vendeur peut suspendre la livraison de marchandises en possession du transporteur ou d'un autre porteur dépendant s'il apprend que l'acheteur est insolvable.

Le droit d'accepter est généralement universel et présent dans toutes les juridictions nationales qui reconnaissent un accord comme fondement de l'émergence de droits et obligations civils.

Cela dit, il semble y avoir une certaine corrélation entre l'inclusion de vastes possibilités unilatérales dans la législation et l'élaboration d'un concept général de droits secondaires dans la doctrine.

Ceci est confirmé par la doctrine civile française qui, à notre avis, s'est développée dans le cadre d'une attitude sceptique à l'égard de l'auto-initiave en défense. Pour cette raison, la compétence française est ambiguë quant aux possibilités d'intrusion unilatérale dans le domaine juridique d'autrui, ce qui constitue la portée de la notion de « droits secondaires ».

L'évolution complexe de la doctrine des droits secondaires dans la doctrine française a été en partie influencée par le fait que l'institution de la résiliation d'un contrat dans la juridiction française s'est développée de manière à ce que seul un tribunal puisse décider de la résiliation du contrat. Du point de vue d'un juriste russe, cette situation crée des difficultés importantes.

Dans ces conditions, comme le notent K. Zweigert et H. Kötz, la pratique (commerciale et judiciaire) développe des approches qui assouplissent cette règle. Par exemple, les tribunaux ne considèrent pas qu'il s'agit d'une violation du contrat lorsque l'une des parties, sans saisir le tribunal, déclare la nullité du contrat si l'autre partie ne l'exécute pas et conclut une transaction avec un tiers. Il faut cependant garder à l'esprit qu'une telle possibilité est réalisée par la contrepartie à ses risques et périls, puisqu'elle fonctionne à la condition que si le tribunal devait examiner l'affaire, il serait alors décidé de résilier le contrat[139].

En outre, à notre connaissance, dans la pratique du commerce civil français, on utilise ce que l'on appelle le « pacte commissoire » (contrat avec une clause de résiliation), qui consiste en ce que les parties déterminent à l'avance avec précision dans quelles conditions la partie lésée a le droit de déclarer le contrat résilié[140].

Néanmoins, au fil du temps dans la juridiction française, la tendance à l'élargissement du rôle de l'auto-initiave en défense et de l'initiative indépendamment des acteurs des relations juridiques civiles est de plus en plus évidente.

---

[138] Uniform Commercial Code USA ; URL: https://www.law.cornell.edu/ucc.
[139] Tsvaygert K., Kotts KH., *op. cit.*, p. 500.
[140] Tsvaygert K., Kotts KH., *op. cit.*, p. 500.

Ainsi, ces derniers temps, la doctrine française fait de plus en plus souvent référence à la généralisation de matériaux empiriques disparates, laissant un champ d'application ouvert au concept de « droit secondaire »141.

Dans la juridiction nationale française, il existe des constructions distinctes qui pourraient être qualifiées de droits secondaires. Par exemple, le droit d'accepter une succession, le droit de choisir une obligation alternative (art. 902, art. 1189-1191 du Code civil).

La juridiction française « connaît » un tel droit secondaire tel comme le droit de compensation d'une demande reconventionnelle. De plus, selon le Code civil français, cette construction se fait (est mise en œuvre) « par elle-même », à l'insu des débiteurs (art. 1290).

En conséquence, une telle compensation d'une demande reconventionnelle en juridiction française ne saurait être reconnue comme un droit secondaire, les conséquences se produisant indépendamment de la volonté de toute personne.

Dans les juridictions nationales de la Suisse et des Pays-Bas, seule une déclaration de l'une des parties est requise pour la compensation ; dans les juridictions nationales de *common law* (Angleterre, Australie, Singapour), la compensation est un moyen procédural, elle n'est donc valable que si la déclaration de la partie de la compensation est faite au cours de la procédure judiciaire.

Dans la juridiction russe, l'obligation prend fin par compensation à la demande de l'une des parties (art. 410 du Code civil de la Fédération de Russie). Ce même article régule également le droit de compensation avec des normes spéciales du droit des obligations, régissant certains types d'obligations. Ainsi, l'art. 853 du Code civil de la Fédération de Russie stipule que « les exigences monétaires de la banque envers le client liées à un compte créditeur (art. 850) et le paiement de services bancaires (article 851), ainsi que les exigences du client envers la banque sur le paiement des intérêts pour l'utilisation des fonds (art. 852) sont résiliées par compensation (art. 410), sauf disposition contraire du contrat de compte bancaire ». Conformément à cette disposition, la compensation de ces exigences est effectuée uniquement par la banque. En même temps, la disposition de la règle de l'art. 853 du Code civil de la Fédération de Russie ne s'applique qu'aux exigences spécifiées dans cette norme, par conséquent, comme indiqué dans la résolution de l'Assemblée plénière de la Cour suprême d'arbitrage de la Fédération de Russie, « le contrat de compte bancaire ne peut pas être complété par une liste de demandes reconventionnelles de la banque et du client, pour lesquelles... la compensation est autorisée »[142].

---

[141] Jamin C., Mazeaud D., L'unilatéralisme et le droit des obligations, Economica, Paris 1999.

[142] Résolution de l'Assemblée plénière de la Cour suprême d'arbitrage de la Fédération de Russie du 19.04.1999 № 5 "Sur certaines questions de la pratique de l'examen des différends liés à la conclusion, l'exécution et la résiliation de contrats de compte bancaire".

Les juridictions nationales anglaise et américaine ne distinguent pas non plus le groupe de droits que nous examinons. Il existe toutefois des possibilités individuelles d'ingérence unilatérale dans la sphère d'autrui dans ces juridictions : par exemple, la possibilité pour le fondateur d'une fiducie d'y mettre fin par l'expression unilatérale de sa volonté[143].
Selon K. Hatenhauer, les conditions préalables à la mise en évidence de la théorie des droits secondaires en droit anglais sont absentes pour deux raisons : premièrement, la faible propension à systématiser les catégories juridiques (bien que de telles tentatives aient été faites, par exemple par le scientifique anglais N. Hofeld) ; deuxièmement, l'accent mis sur le concept de contrat (*contract*)144.
La première caractéristique est assez évidente145. À propos de la seconde, il convient de noter ce qui suit : tout d'abord, précisons que l'accent mis sur le contrat en droit anglais se caractérise, entre autres, par une attention accrue portée à l'infraction et à sa responsabilité (*liability*). Cela étant dit, une action en dommages-intérêts pour rupture de contrat est le principal recours contractuel dans la *common law*.
Le biais historiquement accru du droit anglais en faveur de l'indemnisation des dommages a conduit au sous-développement de nombreuses autres structures contractuelles inhérentes, par exemple, au droit allemand. De plus, l'évolution évidente de la théorie et de la pratique du concept de *liability* a conduit à ce qu'une grande attention en droit anglais soit accordée aux obligations. Cet état de fait est largement facilité par le haut conservatisme ou la continuité du droit anglais[146].
Ainsi, le concept de droits secondaires, d'abord conçu en Allemagne, a été largement adopté par les juridictions nationales de la famille juridique romano-germanique, où la doctrine étudiée reflète toutes les caractéristiques essentielles de la théorie des droits secondaires, posées par la science allemande. Les juridictions nationales des familles juridiques (à l'exception de certains pays d'Asie de l'Est), que nous avons examinées à partir de l'exemple des pays de droit anglo-américain, n'avaient pas les conditions préalables nécessaires pour l'émergence d'une telle doctrine.
Pendant ce temps, dans certaines juridictions nationales de la famille juridique romano-germanique, la théorie des droits secondaires n'a pas connu de développement en raison des particularités historiques de la relation entre le droit civil et l'auto-initiave en .

---

143 Si une telle possibilité était expressément prévue dans l'acte constitutif.
144 *Ibid.*, p. 222.
145 Par exemple, R. David a souligné : « le droit anglais n'est pas un droit étudié à l'université... au contraire, c'est le droit des processualistes, des praticiens ». En revanche, la jurisprudence du continent a été fortement influencée par l'école pandectiste, qui a formé le *Begriffsjurisprudenz*, la « jurisprudence des concepts ».
146 Romanov A.K., *op. cit.*, p. 83.

En outre, l'adoption du concept allemand de droits secondaires par d'autres juridictions nationales a conduit à l'héritage de problèmes théoriques de base comme, par exemple, l'absence d'obligation de la partie correspondante au titulaire du droit secondaire.

Contrairement à la juridiction française, la théorie des droits secondaires, bien que peu solide, s'est installée dans la juridiction russe.

Les possibilités l'auto-initiave en des droits ont été décrites par des chercheurs au début du XXe siècle. Par exemple, V.I. Sinaysky a noté que « la protection du droit est généralement accordée au tribunal (protection judiciaire), mais elle est possible, quoiqu'à une exception près, sous la forme de légitime défense et d'autoassistance (protection extrajudiciaire) ».

Malgré l'absence du terme de « droit secondaire » dans la législation russe contemporaine, il est assez largement utilisé dans la doctrine du droit civil et, depuis 2009, il a également commencé à être utilisé par les tribunaux lors de la prise de décisions[147].

On peut distinguer plusieurs approches de base de la nature juridique des droits secondaires.

La première approche, qui peut être qualifiée de nivellement, justifie l'absence d'une catégorie indépendante de « droits secondaires » dans la science du droit civil russe. Les chercheurs qui adhèrent à cette position notent que le droit secondaire ne diffère pas significativement du droit subjectif ordinaire.

L'un des concepts les plus répandus est celui de M.M. Agarkov, dont l'essence se résume à quatre thèses principales : 1) il n'y a pas de différence fondamentale entre les possibilités d'expression unilatérale de la volonté dans le cadre de la capacité juridique générale (par exemple, le droit de l'offre) et les mêmes possibilités dans le cadre de relations juridiques spécifiques (le droit de choisir dans une obligation alternative) ; 2) la capacité juridique doit être comprise de manière dynamique, par conséquent, dans des relations juridiques spécifiques, la capacité juridique a une portée différente ; 3) la possibilité d'expression unilatérale de la volonté, les manifestations séparées

---

[147] Cf. : Résolution de la neuvième cour d'appel d'arbitrage du 14.07.2014 № 09АП-17013/2014-ГК dans l'affaire № А40-78482/2013 // publié dans SPS «Konsul'tantPlyus» ; Résolution de la quinzième cour d'appel d'arbitrage du 20.03.2014 № 15АП-890/2014 dans l'affaire № А53-19575/2013 // publié dans SPS «Konsul'tantPlyus» ; Résolution de la quinzième cour d'appel d'arbitrage du 17.08.2009 № 15АП-3888/2009 dans l'affaire № А01-2142/2008 // publié dans SPS «Konsul'tantPlyus» ; Résolution de la quinzième cour d'appel d'arbitrage du 20.07.2009 № 15АП-4119/2009 dans l'affaire № А53-23225/2008 // publié dans SPS «Konsul'tantPlyus» ; Résolution de la quinzième cour d'appel d'arbitrage du 16.10.2009 № 15АП-8690/2009 dans l'affaire № А32-13400/2009 // publié dans SPS «Konsul'tantPlyus» ; Résolution de la quinzième cour d'appel d'arbitrage du 15.10.2009 № 15АП-8570/2009 dans l'affaire № А32-9629/2009 // publié dans SPS «Konsul'tantPlyus» ; Résolution du Service fédéral antimonopole du district de Moscou du 17.10.2013 dans l'affaire № А40-21399/13-68-237 // publié dans SPS «Konsul'tantPlyus» ; Décision d'appel du tribunal régional de Sverdlovsk du 13.11.2013 dans l'affaire № 33-13526/2013 // publié dans SPS «Konsul'tantPlyus» .

de la capacité juridique ; 4) le lien[148] n'est pas une caractéristique des expressions unilatérales de la volonté.
La deuxième approche est que les droits secondaires sont considérés comme faisant partie du droit subjectif.
Ainsi, S.S. Alekseev souligne que les pouvoirs secondaires sont des formations juridiques « secondaires » qui font partie du droit subjectif du créancier en tant qu'élément supplémentaire, dont une particularité est l'automaticité des conséquences juridiques obligatoires générées par les droits secondaires.
Une troisième approche (qui serait qualifiée de « classique » par un juriste allemand) considère le droit secondaire comme un droit subjectif particulier. Les partisans de la troisième approche comprennent A.B. Babaev. L'auteur défend la position suivante : contrairement à d'autres droits subjectifs, le secondaire ne s'oppose pas à l'obligation, mais au lien de la partie passive, qui consiste en la nécessité de subir des actions juridiquement significatives.
A.O. Rybalova ne peut être rapprochée à aucune des approches présentées. Se référant aux chercheurs espagnols en droit civil, elle note que les droits potestatifs appartiennent à une catégorie distincte, donc, en plus des droits subjectifs, il existe d'autres possibilités juridiques pour une réalisation d'intérêt subjectif[149].
Ainsi, le processus de formation du concept de droit secondaire dans le droit russe a été initialement dû à l'emprunt de ses principales dispositions à la science allemande, ce qui a été facilité par les conditions suivantes : 1) le caractère théorique et plutôt universel de la doctrine des droits secondaires ; 2) la reconnaissance dans la science russe du droit civil et de la législation qu'une personne autorisée a la possibilité de se défendre elle-même ; 3) l'existence de diverses théories sur le droit civil subjectif (en particulier la théorie de la volonté et la théorie des actions positives), qui ont permis de corréler les droits secondaires aux droits civils subjectifs et de déterminer leur place dans la « grille » des droits civils subjectifs.
La condition préalable la plus importante pour la formation de la doctrine des droits secondaires dans le droit civil russe est la reconnaissance, dans la science et la législation, de la possibilité pour une personne autorisée de défendre elle-même ses droits.
Ces possibilités ont nécessité une analyse théorique et une synthèse. Le législateur, en consacrant les normes juridiques, tient compte du fait que la réalisation de certains droits subjectifs doit reposer sur l'efficacité de leur mise en œuvre et sur un juste équilibre entre les parties ; dans certains cas,

[148] Ainsi, Agarkov M.M. note que « si le débiteur vend sa... maison, alors cette maison cesse d'être un objet possible de recouvrement de créances », ceci liera le créancier en ce qui concerne le recouvrement des biens du débiteur sur la créance.
[149] Rybalov A.O., *op. cit.*, p. 137.

l'obtention de tels résultats est subordonnée à la réalisation unilatérale de certains droits.
Dans le même temps, le processus inverse est également vrai : l'utilisation des droits secondaires peut être limitée par la nécessité de protéger des intérêts particulièrement importants et d'éviter une violation flagrante de l'équilibre des intérêts des parties.
En ce qui concerne le droit au refus unilatéral d'exécuter un accord, la conclusion de la Cour constitutionnelle de la Fédération de Russie selon laquelle l'obligation de conclure un accord public pour l'une des parties implique également l'irrecevabilité du refus unilatéral de cette partie de l'accord s'il est possible de remplir ses obligations[150].
Ainsi, la juridiction russe, comme de nombreuses autres juridictions de la famille juridique romano-germanique, a généralement adopté les principales dispositions de la théorie allemande, cependant, il existe des différences entre elles, qui vont dans deux directions : 1) les droits secondaires dans la science russe ont un sens assez restreint, puisqu'ils n'incluent souvent que les *Gestaltungsrechte* (cependant, une approche étroite est en partie inhérente à la doctrine allemande) ; 2) dans la doctrine russe, on distingue souvent de soit-disant possibilités formatrices (du mot *Gestaltungsrechte*), consistant en l'expression unilatérale de la volonté dans la formation des relations juridiques, bien que les *Gestaltungsrechte* soient beaucoup plus larges (ils comprennent également toutes les possibilités de changement unilatéral, de résiliation, d'établissement de droits et d'obligations dans une relation juridique existante).
Toutefois, ces différences ne sont pas si importantes, car elles sont en grande partie dues à une imprécision terminologique. Les principales dispositions de la théorie allemande des droits secondaires ont trouvé un écho dans la doctrine russe (à l'exception de l'institution de la contestation extraprocédurale, bien qu'elle ait influencé de manière significative le développement de la doctrine en droit allemand[151]), ce qui n'exclut pas l'existence de points de vue différents, y compris ceux qui rendent le concept inutile (c'est typique dans le droit civil allemand).

---

[150] Comme le note la Cour constitutionnelle de la Fédération de Russie, dans le cas contraire l'exigence de la loi sur la conclusion obligatoire d'un accord serait privée de tout sens et signification juridique. Cette conclusion se fonde sur l'inégalité réelle significative des parties dans le contrat de prestation de services médicaux et la nature particulière de l'objet du contrat (y compris le caractère unique de nombreux types de services médicaux, la dépendance de leur qualité aux qualifications du médecin), et vise à protéger les intérêts du citoyen (patient) en tant que partie économiquement plus faible dans ces relations juridiques, garantissant l'exercice de son droit quant aux soins médicaux (Décision de la Cour constitutionnelle de la Fédération de Russie du 06.06.2002 № 115-O « Sur le refus de prendre en considération la plainte de la citoyenne Martynova Evgenia Zakharovna pour violation de ses droits constitutionnels en vertu du paragraphe 2 de l'article 779 et du paragraphe 2 de l'article 782 du Code civil de la Fédération de Russie ».
[151] Tretyakov S. V., *op. cit.*, p. 269.

Ainsi, les droits secondaires, qui ont d'abord été établis dans la juridiction nationale allemande, ont été transformés par la juridiction russe et certaines autres juridictions nationales de la famille juridique romano-germanique. Par ailleurs, la théorie des droits secondaires n'a pas connu de développement dans la juridiction française en raison des particularités historiques de l'attitude du droit civil français à l'égard de l'auto-initiave en défense, cependant, comme il nous le semble, la théorie des droits secondaires pourrait être développée dans un proche avenir dans les recherches théoriques en France.

Traduit du russe par David Krasovec

LES MODES ALGORITHMIQUES D'AIDE À LA DÉCISION DE JUSTICE[152] (MAAD)

Lêmy GODEFROY,
Maître de conférences de droit privé
Université Côte d'Azur, GREDEG (UMR 7321 CNRS/UCA)

Le 27 mars 2020, un décret a été adopté par le gouvernement français pour organiser la mise en place d'un traitement des données des décisions de justice rendues en appel entre le 1er janvier 2017 et le 31 décembre 2019 par les juridictions administratives et les formations civiles des juridictions judiciaires dans les contentieux portant sur l'indemnisation des préjudices corporels. Les buts visés sont l'élaboration d'un référentiel indicatif d'indemnisation des préjudices corporels, l'information des parties et l'aide à l'évaluation du montant de l'indemnisation à laquelle les victimes peuvent prétendre afin de favoriser un règlement amiable des litiges et la mise à disposition d'une source nouvelle de documentation pour les juges appelés à statuer sur des demandes d'indemnisation des préjudices corporels[153]. Moins d'un an auparavant, en avril 2019, le gouvernement estonien annonçait que les litiges de moins de 7000 euros seraient désormais traités par un algorithme. Dans le même temps, le 12 juillet 2019[154], les délégations des avocats des États du G7 qui s'est tenu à Biarritz du 24 au 27 août 2019 exprimaient leur inquiétude sur l'avenir de la justice. Pour Madame Féral-Schuhl, Présidente du Conseil national des barreaux (CNB), « une intelligence artificielle ne prend pas en compte le contexte dans lequel un litige intervient. Elle se passe également de débat contradictoire. Ce qui est extrêmement préoccupant. Ajoutez à cela, l'appartenance des algorithmes à des opérateurs privés, dont l'objectif n'est pas uniquement motivé par le service des citoyens »[155].

---

[152] Cet article est extrait d'un rapport de recherche réalisé dans le cadre de la Mission de recherche Droit et Justice. V. L. GODEFROY, F. LEBARON, J. LEVY-VEHEL, *Comment le numérique transforme le droit et la justice par de nouveaux usages et un bouleversement de la prise de décision. Anticiper les évolutions pour les accompagner et les maîtriser*, http://www.gip-recherche-justice.fr/publication/comment-le-numerique-transforme-le-droit-et-la-justice-par-de-nouveaux-usages-et-un-bouleversement-de-la-prise-de-decision-anticiper-les-evolutions-pour-les-accompagner-et-les-maitriser/, 5 juillet 2019.

[153] Décret n° 2020-356 du 27 mars 2020 portant création d'un traitement automatisé de données à caractère personnel dénommé « DataJust », JORF n°0077 du 29 mars 2020, texte n°2.

[154] Pendant six mois, les organisations d'avocats d'Allemagne, de France, du Japon, des Etats-Unis, du Royaume-Uni, d'Italie et du Canada se sont réunies pour élaborer des propositions communes sur la justice.

[155] V. V. DES COURIERES, « Les avocats sous la menace des algorithmes », http://www.lavie.fr/actualite/societe/les-avocats-sous-la-menace-des-algorithmes-18-07-2019-99401_7.php, 18 juillet 2019.

Dans ce contexte, la régulation des algorithmes employés dans le domaine de la justice, que nous désignerons sous le terme de Modes algorithmiques d'analyse des décisions de justice (MAAD), apparaît comme une priorité au regard de la préservation de la démocratie et de l'État de droit. Pour parer au danger d'une privatisation de la justice par des legaltech privées, la loi de programmation 2018-2022 et de réforme de la justice du 18 février 2019 interdit que les décisions de justice soient exclusivement basées sur des algorithmes, sans cependant en imposer une proportion. Cette mesure constitue une première brique dans la construction d'un cadre juridique aux usages des algorithmes dans le domaine de la justice et du droit. Au-delà, une gouvernance publique des algorithmes d'aide à la décision semble fondamentale. Un mécanisme indépendant de contrôle des algorithmes, d'évaluation et de surveillance de l'impact de ces instruments sur le système judiciaire doit être instauré.

À ce jour, les MAAD intègrent deux types d'algorithmes :

- les algorithmes non-apprenants qui implémentent une suite de spécifications prédéterminées par le concepteur. C'est le cas des algorithmes statistiques. Ils s'appuient sur des masses de données pour extraire d'un corpus de décisions celles qui comportent certains mots-clés, évaluer la moyenne du montant des indemnités versées, mentionner la juridiction qui fixe les dommages-intérêts les plus élevés, aider à la recherche juridique grâce à des mots-clés. Les systèmes experts relèvent aussi de cette catégorie. Ils consistent généralement en des méthodes multicritères qui s'appuient sur des règles d'encodage prédéfinies par leur concepteur. C'est le cas, par exemple, de PilotePC[156] qui convertit les critères légaux d'évaluation du montant de la prestation compensatoire en une suite de calculs mathématiques[157].

- les algorithmes apprenants qui sont pourvus de facultés de « mémoire, [d]'adaptation, [de] généralisation »[158]. Ils n'exécutent pas une procédure écrite dans leur code par le concepteur. Grâce aux techniques d'apprentissage, ils parviennent à bâtir des modèles[159] transposables à des situations conflictuelles à venir pour dégager un éventail des solutions possibles.

---

156 Conçu à Toulouse par deux magistrats (Jean-Claude BARDOUT vice-président du TGI de Toulouse et Sylvie TRUCHE conseiller) et deux avocates (Isabelle LORTHIOS et Nathalie DUPONT), *AJ famille*, 2014, 541. V. à ce propos D. PIWNICA, « Évaluation de la prestation compensatoire : un exercice divinatoire ? », *AJ Famille*, 2013, 12. V. encore J.-C. BARDOUT, « Prestation compensatoire / retraite / pilotePC », *AJ Famille*, 2015, 479. V. « Méthodes de calcul de la prestation compensatoire, CA Bourges 29 janvier 2015 », *AJ famille*, 2015, 286.

157 J.-C. BARDOUT, I. LORTHIOS, « Nouvelle méthode de calcul de la prestation compensatoire ! », *AJ famille*, 2013, 693.

158 T. REIGELUTH, « L'algorithmique a ses comportements que le comportement ne connaît pas », *Multitudes* 2016/1 (n°62), pp. 112-123.

159 Les techniques d'apprentissage sont multiples. V. *Rapport France Intelligence artificielle*, mars 2017, p.22 et s.

Les MAAD ne « prédisent » donc pas les décisions. Prédire – qui signifie dire ce qui va advenir – renvoie à une notion de certitude. Or, il n'y a pas de certitude dans une décision de justice. L'impossibilité de prédire est liée à l'activité humaine de rendre la justice qui, par nature, est imprédictible.
En revanche, par une meilleure connaissance des tendances des pratiques judiciaires, les MAAD peuvent contribuer à mieux percevoir les issues d'un processus décisionnel[160] et à faciliter la résolution des différends. Pour le juge chargé de trancher le litige, ils constituent une aide à la décision. Dans la perspective d'un règlement amiable (conciliation, médiation, procédure participative), ils sont un préliminaire à la discussion, un support à la négociation et à la définition d'une stratégie. Ils apportent une assistance méthodologique aux professionnels du droit et de la justice. Leurs résultats sont assimilables aux conclusions d'un rapport d'expertise ou à l'un des éléments susceptibles de figurer dans une consultation juridique.

Mais si l'utilité des MAAD est significative, un travail de pédagogie est indispensable pour les démystifier et pour développer à leur égard la confiance de leurs utilisateurs et des usagers. Il importe donc de présenter les MAAD dans leur nature (I) et dans leur fonction (II).

I. La nature des MAAD

Les MAAD sont des outils[161], objets techniques[162] non cognitifs (A) et purement mathématiques (B).

A. DES OBJETS TECHNIQUES NON COGNITIFS

Les MAAD sont programmés par l'humain pour apprendre à analyser du contenu et à le modéliser compte tenu des paramètres les plus influents qui ressortent des décisions rendues par les tribunaux. Différentes voies de programmation sont employées. Par exemple, des valeurs sont affectées aux circonstances selon leur importance dans la décision. La somme de ces valeurs correspond au poids des faits déterminants dans un contentieux. Dès que ce poids dépasse une valeur seuil de référence, la décision sera probablement

[160] V. CEPEJ, *Charte éthique européenne d'utilisation de l'intelligence artificielle dans les systèmes judiciaires et leur environnement*, 3-4 décembre 2018, https://rm.coe.int/charte-ethique-fr-pour-publication-4-decembre-2018/16808f699b
[161] V. L. LOEVINGER, « Jurimetrics the next step forward », *Jurimetrics Journal*, 1971, n°12(1), p.3, http://www.jstor.org/stable/29761220. V. F. KORT, « Predicting Supreme Court decisions mathematically : a quantitative analysis of the right to Counsel cases », *The American Political Science Review*, mars 1957, n°51(1), p.1, http://www.doi.org/10.2307/1951767. V. S. NAGEL, « Using simple calculations to predict judicial decisions », *American Behavioral Scientist*, décembre 1960, n°4(4), p.8.
[162] G. SIMONDON, *Du mode d'existence des objets techniques*, Éditions Aubier, 1989.

dans un certain sens. Quand il est en deçà, elle le sera dans l'autre sens. Une autre technique consiste à polariser les faits essentiels et à y associer la réponse majoritairement retenue de sorte que ce soit elle qui sera produite par les MAAD si ces faits apparaissent dans un litige futur[163].

Quoi qu'il en soit, les MAAD ne raisonnent pas. Ils fournissent un résultat qui dépend uniquement de la sélection de paramètres juridiques et extrajuridiques par un humain selon leur impact sur la décision. Autrement dit, les résultats algorithmiques sont le reflet du plus petit dénominateur commun à un groupe de décisions présentant des similarités.

Les MAAD montrent ainsi des tendances qui s'affranchissent des faits particuliers de chaque espèce. Ils délivrent une information sur les pratiques judiciaires, non une décision « clé en main ». Seul un humain est apte à la prise de décision[164]. Celle-ci requiert une réflexion sur les conséquences envisageables des solutions à un problème de droit dans un contexte précis et une appréciation de la conformité de ces conséquences à des impératifs juridiques et extrajuridiques préétablis. De telles approches conséquentialistes et téléologiques structurent la prise de décision[165]. Au cours de ce processus, les MAAD s'apparentent à une aide. Ils n'ont vocation ni à se substituer au libre arbitre du juge, ni à le dispenser – et encore moins à le priver – du pouvoir de décider. Ils n'automatisent pas le processus décisionnel. Ils offrent les moyens de se prononcer de façon éclairée. Ils n'ont pas de fonction prédictive, voire prescriptive[166], seulement indicative.

D'ailleurs, par construction, la présentation des résultats algorithmiques leur assignerait une portée indicative et informative, par exemple s'ils sont exposés sous forme de distributions de probabilités plutôt que sous les traits d'une valeur moyenne. L'affichage d'une valeur moyenne inciterait le juge à simplement la reporter tandis qu'un travail d'appréciation et d'interprétation s'avère indispensable pour exploiter des distributions de probabilités.

---

163 R. C. LAWLOR, *ibid.*.

164 F. JOUEN, C. PUIGELIER, C. TIJUS, *Décision et prise de décision*, Mare et Martin, 2017, p.97.

165 Dans les affaires complexes, la décision est le résultat d'un processus décisionnel qui implique schématiquement la mise en œuvre successive de cinq opérations : qualification juridique des faits et détermination de la règle applicable, première perception des décisions possibles et représentation des motifs qui les guident, inspection de leurs conditions d'effectuation (instruments juridiques à disposition), évaluation de leurs conséquences probables compte tenu du contexte et des circonstances, prononcé d'une décision.

166 V. la classification des algorithmes proposée par Florence G'SELL, « Predictive justice ? » in *Law and big data. How information analytics will change the law*, colloque international Paris, 17 et 18 mars 2017.

Non cognitifs, les MAAD sont précisément des objets techniques purement mathématiques.

B. DES OBJETS TECHNIQUES MATHÉMATIQUES

Les MAAD chiffrent, comparent, comptent, mesurent les répétitions pour extraire des corrélations. Ils s'appuient sur des méthodes d'apprentissage automatique. Dans le domaine du droit et de la justice, celles qui sont appliquées sont principalement en apprentissage supervisé. Le concepteur sélectionne des exemples complets de jeux de données entrantes et sortantes. Puis l'algorithme élabore des modèles par généralisation après avoir appris que si telles données figurent en entrée, tels résultats s'afficheront en sortie.

Il en découle que la fiabilité des MAAD dépend d'un nombre suffisamment important de décisions similaires pour que les résultats reflètent le plus fidèlement les pratiques judiciaires. L'usage des MAAD n'est pas envisageable en présence d'une trop grande hétérogénéité et variabilité des données. Dès lors, les affaires qui, par leur singularité juridique, nécessitent « un traitement individuel »[167] échappent aux MAAD.
Une affaire est singulière en droit soit parce qu'elle est juridiquement complexe, soit parce qu'elle est juridiquement spécifique. La complexité juridique se caractérise par des règles juridiques imprécises, obscures ou muettes ou par l'application concurrente de plusieurs règles. « Le juge doit dire plus que ce que les règles seules impliquent. (…) Il peut user de son pouvoir normatif pour résoudre le cas difficile qui lui est soumis »[168]. La spécificité juridique vise les différends qui méritent un examen approfondi en raison de la nouveauté ou de l'actualité du problème juridique ou du caractère inédit des faits à la qualification juridique incertaine. Le juge clarifie ici les modalités d'exécution de règles qui n'ont été, jusque-là, que pas ou peu mises en œuvre ou qui sont confrontées aux faits atypiques d'une espèce.

Dans ces configurations, le droit est à dire. Ce contentieux qualitatif ne relève pas du champ de compétence des MAAD. Il en va différemment du contentieux quantitatif qui se démarque par des problématiques récurrentes et par des solutions stables qui s'accordent à la nature mathématique des MAAD. Le champ d'action des MAAD est donc celui des contentieux où des modélisations peuvent être opérées à partir de critères factuels connus, identifiables, reproductibles et chiffrables. « Les techniques (…) d'aide à la décision s'appliquent à des situations typées, reproductibles, où des

167 A. GARAPON, S. PERDRIOLLE, B. BERNANE, C. KADRI, *ibid.*.
168 J. ALLARD, « Ronald Dworkin ou le roman du droit », *La Vie des idées*, 7 janvier 2014, http://www.laviedesidees.fr/Ronald-Dworkin-ou-le-roman-du-droit.html

procédures générales d'optimisation conviennent à de nombreux cas (...) »[169]. Par exemple, pour estimer les préjudices économiques liés à la rupture brutale de relations commerciales où le montant des dommages-intérêts dépend de la durée des relations, du chiffre d'affaires ou de la marge, pour chiffrer les pensions alimentaires et les prestations compensatoires du contentieux familial, pour calculer les indemnités de l'article 700 CPC ou celles de la rupture des contrats de travail. Le contentieux de la réparation des préjudices corporels se prête également au concours des MAAD.

En tant qu'objets mathématiques, les MAAD doivent offrir plusieurs garanties. Tout d'abord, le résultat algorithmique doit être précis ou, du moins, correspondre au niveau de précision annoncé par le concepteur. Cette exigence en lien avec le taux d'erreur donne une indication sur la qualité d'un MAAD. Sur ce point, l'algorithme en apprentissage supervisé se contente d'un nombre moins élevé d'exemples que les méthodes purement statistiques ou en apprentissage non supervisé. Le volume restreint des données n'est pas un obstacle à la fiabilité des pronostics.

Ensuite, les MAAD doivent être transparents. Cet objectif se heurte à des obstacles techniques (la boîte noire du code) et économiques (la protection des secrets commerciaux).
Par ailleurs, les systèmes d'apprentissage automatique les plus fiables sont souvent opaques. Ils consistent « à nourrir un algorithme d'exemples sur lesquels il va fonder [ses] calculs sans que l'on comprenne bien les règles qui entrent en jeu »[170]. Si le concepteur sait quelles sont les données entrantes et connaît le résultat en sortie, il ne peut expliquer ce qui se passe entre les deux. Il en découle que le cheminement qui a mené à telle ou telle décision reste inconnu.

Pourtant, compte tenu des difficultés éthiques inhérentes à ces technologies, le rapport Villani considère que l'ouverture des « boîtes noires » de l'intelligence artificielle constitue un enjeu démocratique.
Déjà, la loi reconnaît aux individus un droit à l'explication. Cependant, la portée de ce droit est floue. Par exemple, le RGPD prévoit un droit à l'information sur l'utilisation d'un MAAD et sur sa logique de fonctionnement. En revanche, la loi du 20 juin 2018 qui complète la loi informatique et libertés du 6 janvier 1978 énonce une obligation d'explication personnalisée. Toute personne concernée doit pouvoir obtenir des

---

[169] B. SAINT SERNIN, *Genèse et unité de l'action*, Librairie philosophie J. Vrin, Paris, 1989, p.37.
[170] Interview de C. MATHIEU, titulaire de la chaire annuelle d'Informatique et sciences numériques du Collège de France, Le Figaro, 29 novembre 2017.

explications, en détail et sous une forme intelligible, sur la manière dont un algorithme a été mis en œuvre à son égard.

Par ailleurs, la notion même d'explicabilité est incertaine. En général, il est admis qu'un système d'intelligence artificielle est explicable lorsque l'être humain peut comprendre son fonctionnement et son modèle mathématique. Cette conception de l'explicabilité limiterait les MAAD praticables. Seuls ceux dont le fonctionnement technique est suffisamment simple pour être expliqué pourraient être employés. En effet, avec les algorithmes apprenants les plus complexes, il est fréquemment « impossible de mettre en relation des valeurs ou des caractéristiques avec le résultat de la décision, notamment en cas de modèle non linéaire ou avec interactions. Telle valeur élevée d'une variable peut conduire à une décision dans un sens ou dans un autre selon la valeur prise par une autre variable non identifiable, voire une combinaison complexe d'autres variables »[171]. Néanmoins, cette complexité est nécessaire pour modéliser les décisions prises par des juges humains qui ont eux-mêmes un raisonnement non linéaire.

Toutefois, l'absence d'explicabilité engendrerait une déresponsabilisation du concepteur qui se défausserait en invoquant l'opacité du MAAD[172]. En outre, les résultats algorithmiques doivent être motivés pour être éventuellement contestés. Il faut donc « reconstituer la pertinence des cheminements (...) si l'on veut pouvoir attacher un effet juridique au résultat »[173].
C'est pourquoi l'explicabilité, pour être effective, doit concerner non la formule algorithmique, mais le mode d'apprentissage, c'est-à-dire les modalités de sélection des jeux de données ou encore les techniques de contrôle de la fiabilité des résultats[174]. Elle doit davantage se traduire par un impératif de justifiabilité[175]. Le but est que ce soit le résultat algorithmique qui soit compréhensible et non l'algorithme lui-même. L'examen des données entrantes et sortantes permettra de mettre en relation des variables entre elles et leurs conséquences sur le sens des résultats. Par une quantification de l'influence de chaque critère et combinaisons de critères sur les résultats et

---

[171] V. P. BESSE, C. CASTETS-RENARD, A. GARIVIER, *ibid.*.

[172] CERNA collectif, *Éthique de la recherche en apprentissage machine*, rapport de recherche, Allistène, avril 2017, https://hal.inria.fr/hal-01643281/document : « [exp-1] explicabilité. Le chercheur doit s'interroger sur la non-interprétabilité ou le manque d'explicabilité des actions d'un système informatique apprenant. Le compromis entre performance et explicabilité doit être apprécié en fonction de l'usage et doit être explicité dans la documentation à l'usage de l'entraîneur et de l'utilisateur ».

[173] E. POINAS, *Le tribunal des algorithmes. Juger à l'ère des nouvelles technologies*, Berger-Levrault, janvier 2019, p.118.

[174] V. P. BESSE, C. CASTETS-RENARD, A. GARIVIER, *ibid.*.

[175] J. HEFFNER, « La police prédictive : les expériences américaines avec la plateforme Hunchlab », colloque *Sécurité et justice. Le défi des algorithmes*, organisé par l'INHESJ, 27 juin 2017.

par l'identification des corrélations les plus importantes, les réponses du MAAD pourraient être justifiées. En effet, en « jouant » sur le poids des données entrantes et en examinant l'impact de ces variations sur les résultats obtenus, il serait envisageable d'extraire un principe explicatif[176] accessible à l'entendement humain. Les résultats algorithmiques auraient un sens inféré des facteurs juridiques et extrajuridiques déterminants. Cette démarche de construction *a posteriori* d'une justification favoriserait une meilleure acceptabilité des résultats algorithmiques et injecterait une dose de rationalité dans un fonctionnement globalement empirique.

Enfin, les MAAD doivent garantir l'égalité de traitement. En cela, le concepteur doit adopter une politique de prévention et de gestion des risques de biais, spécialement durant la phase d'apprentissage de l'algorithme. Pour que l'apprentissage ne soit pas une source de biais entachant le modèle[177], la sélection des exemples de jeux de données doit être représentative de la diversité des cas d'espèce[178]. L'échantillonnage ne doit pas contenir de sous-représentation ou de surreprésentation. « La justesse de la décision dépend de la qualité d'une prévision et donc de la qualité d'un modèle. Cette dernière dépend de la représentativité des données initiales, de l'adéquation du modèle au problème posé et de la quantité (variance) de bruit résiduel »[179].

La gestion des biais passe quant à elle par l'adoption de mesures de détection et de correction des biais. L'une des méthodes de détection est celle de l'impact disproportionné. L'idée est de comparer les résultats du MAAD lorsque lui sont fournis des critères correspondant à des personnes appartenant à des groupes protégés selon les critères légaux de discrimination (couleur de peau, milieu social, genre par exemple) aux résultats du même MAAD quand les critères fournis correspondent à des personnes ne relevant pas de groupes protégés. S'il n'y a pas de différence de résultat, le MAAD n'est pas biaisé. Dans le cas contraire, il y a des biais et il faudra alors déterminer à quel degré de disproportion la discrimination est caractérisée.

---

176 A.L. CLAUDE, *Commentaire sur l'Esprit des lois de Montesquieu : suivi d'observations inédites de Condorcet sur le 29e livre du même ouvrage*, édition originale 1819, réédité par Hachette Livre BNF, 2017. Cette idée selon laquelle de l'observation des régularités pouvait être induite une règle de droit générale avait déjà été défendue par Condorcet dans l'observation sur le 29e livre de l'esprit des lois.

177 V. Rapport C. VILLANI, *Donner un sens à l'intelligence artificielle. Pour une stratégie nationale et européenne*, La Documentation française, mars 2018, p.27 : « Pour autant le volume des données ne fait pas tout : des jeux de données moins importants (*small data*) peuvent permettre d'obtenir des performances importantes s'ils sont couplés à des modèles pertinents ».

178 CERNA collectif, *ibid.*, avril 2017 : « 2-[dON-2] les données comme miroir de la diversité. Les entraîneurs des systèmes d'apprentissage automatique doivent opérer le choix des données en veillant à ce que celles-ci respectent la diversité des cultures ou des groupes d'utilisateurs de ces systèmes ».

179 V. P. BESSE, C. CASTETS-RENARD, A. GARIVIER, *ibid.*.

Auquel cas, il va s'agir de réparer le MAAD. Certains parlent de rééducation. Plusieurs méthodes aboutissent à remédier à cette rupture d'équité. En général, elles consistent à hybrider « les systèmes d'apprentissage avec des prescriptions que la machine serait contrainte de [suivre] »[180] pour éviter la perpétuation de ces biais[181] soit en changeant la règle de décision (ce qui suppose que l'on connaisse cette règle), soit en changeant l'échantillon d'apprentissage. Modifier la règle de décision revient à imposer à l'algorithme de ne pas apprendre la corrélation discriminante. On va en quelque sorte bloquer le lien de corrélation entre la variable discriminante et la décision[182]. Modifier l'échantillon d'apprentissage revient à éliminer les variables sensibles de la base d'apprentissage ou à ajouter d'autres variables pour contrebalancer les variables sensibles[183]. Ce « débiaisage »[184] conduit à « redresser l'échantillon d'apprentissage comme cela est pratiqué pour un sondage. Il s'agit de transformer les données (...) afin que l'échantillon ne reflète pas les biais connus de la société ou plus généralement du domaine étudié »[185].

La nature des MAAD, non cognitive et mathématique, ainsi précisée permet de mieux cerner leur fonction.

II- La fonction des MAAD

Les nouvelles technologies doivent faire naître des « outils ou des moyens pour améliorer l'administration de la justice, pour faciliter l'accès des justiciables aux tribunaux »[186] dans le respect des garanties offertes par

---

[180] J-G. GANASCIA, *Le Mythe de la singularité. Faut-il craindre l'intelligence artificielle ?*, Le Seuil, 2017.

[181] Bureau exécutif du Président des États-Unis, *Big data : a report on algorithmic systems, opportunity and civil rights*, mai 2016, p.14.

[182] Zafar et al. 2017.

[183] Feldman et al. 2015 et del Barrio et al. 2018.

[184] V. P. BESSE, C. CASTETS-RENARD, A. GARIVIER, *op.cit.*, p.23.

[185] V. P. BESSE, C. CASTETS-RENARD, A. GARIVIER, *ibid.* : « Dans le cas le plus simple, lorsque l'appartenance au groupe est autorisée et connue, KAMIRAN et CALDERS (2011) comparent différentes stratégies poursuivant le même objectif : supprimer les k variables les plus liées à la variable groupe, changer les labels des observations proches de la frontière, repondérer les observations, supprimer ou sur-échantillonner certaines observations. Dans la même situation, FELDMAN et al. (2015) proposent une solution plus élaborée : transformer chaque variable de sorte que leurs distributions marginales, conditionnellement à l'appartenance au groupe, coïncident en préservant les rangs. Ce critère est basé sur la distance de Wasserstein (earthmover distance) entre les distributions. Dans le cas le plus complexe, c'est-à-dire dans des situations où la connaissance du groupe n'est pas explicite, HAJIAN et al. (2013), ZLIOBAITE et al. (2011), décrivent des procédures adaptées mais sans doute peu performantes car pas reprises ensuite dans la littérature. Plus récemment, RUGGIERY (2014), HAJIAN et al. (2014), combinent (meilleur compromis) des contraintes de confidentialité différentielle (contrôle du risque de ré-identification) lorsque la variable sensible est anonymisée, avec la recherche de décisions pas ou peu discriminatoires ».

[186] Avis n°14 (2011) du CCJE « Justice et technologies de l'information (TI) », p.35.

l'article 6 de la CEDH, à savoir l'accès à la justice, l'impartialité, l'indépendance du juge, l'équité et le délai raisonnable des procédures. En ce sens, les MAAD peuvent être utiles aux parties et à la justice. Avant de s'engager dans un procès, les parties ont une vision de la manière dont la justice traite habituellement leur cas. Dans un contentieux, les MAAD favoriseraient l'accélération et la cohérence de la mise en état du procès (A). Pour la justice, ils apportent un éclairage rétrospectif sur les décisions rendues dans un type de problématique réunissant les mêmes critères et prospectif sur les décisions qui pourraient être rendues dans un contentieux présentant des similarités avec des affaires antérieures. Au-delà, ils sont une nouvelle ressource au service de l'étude et de l'amélioration du fonctionnement de la justice (B).

A. UNE AIDE AU RÈGLEMENT DES LITIGES

Les résultats des MAAD ont vocation à s'insérer dans un processus de résolution dématérialisée[187] amiable ou judiciaire de litiges juridiquement analogues[188].
Les modes de résolution amiable[189] pourraient combiner un MAAD au mécanisme de médiation ou de conciliation, avec le consentement exprès des

---

187 La dématérialisation des procédures correspond à une volonté législative forte. V. E. MACRON, « Une justice pour notre temps », *Gaz. Pal.*, 14 mars 2017, p.16. V. également le rapport F. AGOSTINI, N. MOLFESSIS, *Chantiers de la justice. Amélioration et la simplification de la procédure civile*, http://www.justice.gouv.fr/publication/chantiers_justice/Chantiers_justice_Livret_03.pdf, 2018. Rapport J.-F. BEYNEL, D. CASAS, Chantiers de la justice. Transformation numérique, http://www.justice.gouv.fr/publication/chantiers_justice/Chantiers_justice_Livret_01.pdf, 2018. V. l'article 26 de la loi n°2019-222 du 23 mars 2019 de programmation 2018-2022 et de réforme pour la justice qui instaure une telle procédure dématérialisée pour les demandes en injonction de payer, *JORF* n°0071 du 24 mars 2019. L'article 4 de la loi n°2019-222 du 23 mars 2019 de programmation 2018-2022 et de réforme pour la justice précise les conditions de l'activité des services en ligne de médiation ou de conciliation.

188 Voir la proposition de modes de règlement des litiges juridiquement analogues intégrant les MAAD, annexe 1 du rapport intitulé *Comment le numérique transforme le droit et la justice par de nouveaux usages et un bouleversement de la prise de décision. Anticiper les évolutions pour les accompagner et les maîtriser*, *op.cit.*, p.145, http://www.gip-recherche-justice.fr/publication/comment-le-numerique-transforme-le-droit-et-la-justice-par-de-nouveaux-usages-et-un-bouleversement-de-la-prise-de-decision-anticiper-les-evolutions-pour-les-accompagner-et-les-maitriser/, 5 juillet 2019.

189 L'article 3 de la loi n°2019-222 du 23 mars 2019 de programmation 2018-2022 et de réforme pour la justice étend l'exigence d'une tentative de conciliation, de médiation ou de convention de procédure participative préalable à la saisine de la juridiction. Lorsque la demande n'excède pas un montant défini par décret en Conseil d'État ou lorsqu'elle a trait à un conflit de voisinage, les parties sont ainsi tenues de recourir à l'un de ces modes alternatifs de résolution des litiges avant de porter leur affaire devant le tribunal judiciaire. Cette exigence est imposée à peine d'irrecevabilité de la demande. L'article 750-1 du code de procédure civile fixe à 5.000 euros le seuil en deçà duquel s'applique la tentative préalable de résolution amiable.

parties. Les standards de décisions de justice mis en lumière par le MAAD procureraient aux parties « une base plus solide sur laquelle trouver un accord »[190]. Dans un climat de « confiance calculée »[191], leur rapprochement serait favorisé, chacune d'elles entrevoyant les issues judiciaires possibles et leur taux de probabilité. En dotant les parties des moyens d'évaluer leur intérêt à trouver un arrangement, les MAAD reconfigureraient les flux d'affaires et réduiraient le volume des dossiers soumis au juge en première instance. Ils ne seraient pas ici une aide à la décision à proprement parler, mais une aide à la discussion et à la négociation dans le cadre des MARD[192] qui s'apparentent à une « nouvelle manière d'aborder la justice »[193].

En l'absence d'entente des parties, la juridiction du 1er degré évaluerait le degré de singularité juridique du litige qui lui est soumis en se reportant aux référentiels de décisions modélisés par les MAAD. Les résultats du MAAD sont ensuite analysés par un magistrat qui transmet son rapport au juge chargé de trancher le litige. Ce rapport devient l'un des éléments constitutifs du dossier à partir duquel les plaideurs peuvent discuter et le juge élaborer sa décision.

Le litige serait orienté vers un règlement judiciaire couplé à un MAAD ou vers la procédure ordinaire devant la juridiction du premier degré.
Dans ce cadre, les MAAD accompagneraient le juge dans le traitement des « contentieux (…) qui consomment le temps et l'énergie de la justice [et qui] pourraient trouver une résolution plus rapide et plus citoyenne si la norme effectivement appliquée était plus claire. La norme [renvoie ici] aux conséquences concrètes et le plus souvent chiffrées d'une décision de justice établissant une faute, déclarant un statut ou constatant un dommage. Dans le cas d'un divorce, c'est le plus souvent sur la norme (la pension alimentaire notamment) et non sur le principe de la séparation que porte le conflit »[194].
Les MAAD assistent ainsi le juge dans sa fonction de dire le droit (existence d'un abus dans la rupture de relations commerciales établies, absence de cause réelle et sérieuse d'un licenciement, reconnaissance du droit à une prestation compensatoire à la suite d'un divorce pour faute, etc.) et dans sa mission de concrétisation du droit ainsi prononcé par le chiffrage du montant de dommages-intérêts ou d'indemnités à allouer.

---

190 V. A. GARAPON, S. PERDRIOLLE, B. BERNANE, C. KADRI, *ibid.*.
191 J.-F. ROBERGE, « Médiation et psychologie de la coopération », *Psycho-Droit* n°1, 2016, p. 141.
192 B. PITCHO et N. BUSTAMANTE, cité par S. POURTAU, « La justice prédictive : progrès ou menace ? », 30 janvier 2017, https://www.actualitesdudroit.fr/browse/vie-des-professions-juridiques-et-judiciaires/legaltech/5198/la-justice-predictive-progres-ou-menace.
193 P. POMONTI, https://justice2018.sciencesconf.org/
194 A. GARAPON, S. PERDRIOLLE, B. BERNANE, C. KADRI, *ibid.*.

En toute hypothèse, les parties peuvent contester la décision rendue à l'aide des MAAD devant la Cour d'appel compte tenu du taux du ressort. En effet, « l'appel d'une décision judiciaire rendue à l'aide [d'algorithmes] ne peut être conditionné à la démonstration de la singularité du contentieux, sauf à admettre une "solution algorithmique" des conflits par les tribunaux, ce qui serait la négation même du rôle du juge »[195]. Toutefois, une orientation procédurale de la demande, préalable au débat au fond, est envisageable. La juridiction du second degré examinerait si l'appelant soulève des arguments de fait ou de droit suffisamment distinctifs à l'appui de sa demande[196]. Car les algorithmes n'intègrent pas « la vision particulière du dossier qu'une parole d'avocat viendrait tendre au juge »[197]. Il s'agira pour l'avocat de l'appelant de présenter dans l'énoncé des chefs du jugement critiqués des arguments de nature à démontrer la spécificité du litige. En cela, les résultats algorithmiques ne privent pas « les avocats de leur liberté dans la recherche de stratégies et, notamment, de tenter de renverser une jurisprudence »[198]. Si la singularité du litige est admise, la juridiction du second degré, estimant que l'affaire soulève de réelles difficultés juridiques, la réoriente vers la procédure ordinaire devant la Cour d'appel[199]. En revanche, si les arguments de l'appelant n'emportent pas la conviction de la juridiction d'appel, la réponse aux chefs du jugement critiqués se poursuit avec l'assistance des MAAD[200]. À l'inverse, au vu des

---

[195] CA Paris, V. Rapport de recherche réalisé dans le cadre de la Mission de recherche Droit et Justice, L. GODEFROY, F. LEBARON, J. LEVY-VEHEL, *Comment le numérique transforme le droit et la justice par de nouveaux usages et un bouleversement de la prise de décision. Anticiper les évolutions pour les accompagner et les maîtriser*, *ibid.*, 5 juillet 2019.

[196] Ce qui correspond à l'esprit insufflé par la réforme de l'appel. Ainsi, l'article 542 du code de procédure civile dispose que l'appel tend, par la critique du jugement rendu par une juridiction du premier degré, à sa réformation ou à son annulation par la Cour d'appel. Toutefois, l'article 562 nouveau du code de procédure civile précise que l'appel défère à la cour la connaissance des chefs du jugement qu'il critique expressément et de ceux qui en dépendent. V. également, Conférence des premiers présidents, « Avis de la conférence des premiers présidents sur l'architecture générale de la chaîne des recours judiciaires », mai 2015, qui propose l'abandon de l'appel voie d'achèvement et le retour à la tradition française de l'appel réformation avec toutefois des aménagements pour tenir compte, par exemple, de la survenance de faits nouveaux entre le premier et le second degré de juridiction.

[197] L. NEUER, « Le juge et l'algorithme : une impossible équation », Le Point, 31 mai 2017, http://www.lepoint.fr/chroniqueurs-du-point/laurence-neuer/le-juge-et-l-algorithme-une-impossible-equation-31-05-2017-2131656_56.php

[198] S. LEBRETON-DERRIEN, « La justice prédictive. Introduction à une justice "simplement" virtuelle », in *La justice prédictive*, Archives de philosophie du droit, tome 60, Dalloz, 2018, p.14.

[199] V. J-L STOESSLE, « La procédure d'appel. Quelques aspects pratiques », in *Vers une procédure civile 2.0*, dir. C. BLERY et L. RASCHEL, Dalloz, 2018, p.124 et s.

[200] V. S. AMRANI MEKKI, « Sanction du défaut de mention des chefs du jugement expressément critiqués : une clarification insuffisante », *Gaz. Pal.*, 6 février 2017, p.34 et s. La déclaration d'appel doit énoncer les chefs du jugement critiqués sous peine de nullité de l'appel en cas de défaut total de mention. V. sur ce point les avis du 20 décembre 2017 de la Cour de cassation. V. également S. AMRANI MEKKI, « Sanction du défaut de mention des chefs du jugement expressément critiqués : une clarification insuffisante », *Gaz. Pal.*, 6 février 2017,

arguments présentés par l'appelant, si la juridiction du second degré estime que l'affaire soulève de réelles difficultés juridiques, la demande serait réorientée vers la procédure ordinaire devant la Cour d'appel[201].

Dès lors, les MAAD impacteraient la structuration des demandes présentées au juge. Celles-ci devront faire apparaître de façon circonstanciée la singularité de la situation d'espèce par rapport aux tendances majoritaires rapportées par les MAAD. Les résultats algorithmiques sont ainsi intégrés au débat judiciaire. Selon le principe du contradictoire qui est l'une des conditions de la procédure équitable de l'article 6-1 de la Convention européenne des droits de l'homme, « chaque partie doit avoir la faculté de prendre connaissance et de discuter toute pièce ou toute observation présentée au juge en vue d'influencer sa décision ».

Les algorithmes impacteraient également la motivation de sa décision par le juge. La décision du juge ne peut se réduire à une réponse immédiate, élémentaire et automatique. Chaque problématique juridique s'inscrit dans un contexte conflictuel original. Le contentieux quantitatif contient des affaires typiques en droit, mais celles-ci restent uniques en fait, car tous les faits d'une affaire ne sont pas reproductibles. Le traitement algorithmique des questions de droit analogues fournit un simple référentiel[202]. Celui-ci marque le contentieux du sceau de l'unicité. Il incombe à l'avocat d'effectuer un travail minutieux d'étude du dossier pour mettre en exergue son originalité et au juge de voir dans ces résultats « un point de départ affiné (parce que chiffré) [et non] une fin en soi »[203].
Par conséquent, le juge doit préciser quels sont les éléments de fait et de droit qui l'entraînent à se rallier à la décision qui aurait été probablement rendue par la majorité du panel du MAAD ou à s'en détacher. Le rédacteur de la décision, toujours astreint à une obligation de motivation et disposant d'une matière suffisante pour évaluer si le cas jugé entre ou non dans un standard jurisprudentiel de référence, pourrait motiver sa décision en insistant sur les spécificités ou au contraire, l'absence de spécificité.
En d'autres termes, « quand bien même il souhaiterait suivre la tendance majoritaire que lui restitue un outil quantitatif, le juge ne saurait y procéder

---

p.34 et s. Quoi qu'il en soit, le double degré de juridiction n'est pas un droit fondamental. V. Cons. Const. 12 février 2004, n°2004-491, Rec. Cons. Const. 60, §4, D. 2005, somm. 1125, obs. OGIER-BERNAUD et C. SERVERINO.

[201] V. J-L STOESSLE, « La procédure d'appel. Quelques aspects pratiques », in *Vers une procédure civile 2.0*, dir. C. BLERY et L. RASCHEL, Dalloz, 2018, p.124 et s. L'examen des incidents de procédure liés à l'obligation pour l'appelant d'indiquer les chefs du jugement critiqués ont augmenté la durée moyenne de traitement des procédures.

[202] P. DELMAS-GOYON, *op.cit.*, p.94.

[203] « Méthodes de calcul de la prestation compensatoire – Cour d'appel de Bourges 29 janvier 2015 », *AJ famille*, 2015, 286.

qu'en se réappropriant le raisonnement qui se donne à voir. La décision de justice ne saurait être motivée (exclusivement) par l'application d'un algorithme sans encourir la censure qui, au visa de l'article 455 du code de procédure civile, s'attache à l'absence de motivation, à laquelle elle serait assimilable »[204].
Il s'ensuit que les MAAD pourraient contribuer à un meilleur fonctionnement de la justice.

B. UNE AIDE À UN MEILLEUR FONCTIONNEMENT DE LA JUSTICE

Les MAAD participeraient à une consolidation de l'office du juge tant vis-à-vis des justiciables que de l'institution judiciaire elle-même.

En effet, l'algorithme n'est pas le signe d'un mépris à l'égard du justiciable ni d'une défiance à l'égard de la justice. Au contraire, à l'égard des parties, le juge devra plus encore veiller au respect du principe du contradictoire pour permettre un débat serein, respectueux des droits, une expression complète des points de vue avec la certitude pour les parties d'être pleinement écoutées et que l'affaire n'est pas pré-jugée.

Par ailleurs, les MAAD « collect[ent] les décisions, les mett[ent] en relation, les compar[ent] et en en déduis[ent] des lignes générales »[205]. Les masses de décisions du fond, traitées, modélisées et restituées par les MAAD forment un précipité qui dévoile la jurisprudence « concrète »[206]. Distincte de la « jurisprudence de référence » provenant de la Cour de cassation, la jurisprudence concrète est la norme issue du nombre telle qu'elle ressort des résultats des MAAD. Ces derniers faciliteraient la « mise en cohérence »[207] de cette jurisprudence des cas en la rendant lisible pour les juges et en leur offrant une meilleure connaissance du « droit en action ».

---

[204] Cour de cassation, V. rapport de recherche réalisé dans le cadre de la Mission de recherche Droit et Justice, L. GODEFROY, F. LEBARON, J. LEVY-VEHEL, *Comment le numérique transforme le droit et la justice par de nouveaux usages et un bouleversement de la prise de décision. Anticiper les évolutions pour les accompagner et les maîtriser*, *ibid.*, 5 juillet 2019.
[205] A. GARAPON, S. PERDRIOLLE, B. BERNANE, C. KADRI, *ibid.*.
[206] E. BUAT-MENARD, P. GIAMBIASI, « La mémoire numérique des décisions judiciaires », *D.* 2017, p.1483. P. DELMAS-GOYON, *op.cit.*, p.93 : « Au-delà de la conception traditionnelle de la jurisprudence (quelle est l'interprétation retenue de la règle de droit ?), il s'agit de savoir concrètement, dans une situation donnée, à quelle décision s'attendre si la justice est saisie (quelle pension alimentaire compte tenu de la situation respective des conjoints qui se séparent, quel montant de dommages-intérêts pour un préjudice donné, quel mode de poursuite pour une infraction déterminée, quelle durée de suspension du permis de conduire, quel aménagement de la peine, etc.) ».
[207] H. CAZAUX-CHARLES, *ibid.*.

Il se forme alors une collégialité judiciaire numérique circonscrite à un ressort territorial ou étendue à l'ensemble du territoire national. Chaque juge peut savoir « de quelle manière, dans la pratique, les différents juges de France traiteront telle question précise qui leur sera soumise (...) »[208]. Les itérations et les corrélations dans les décisions de justice mises en formules mathématiques par les MAAD peuvent ainsi être remises en cause en présence d'éléments d'espèce particuliers ou encore en raison d'évolutions diverses, sociétales ou juridiques qui justifieraient de s'affranchir des décisions antérieures.

Il en découlerait une justice plus proche des justiciables et de leurs individualités. Par exemple, en matière d'indemnisation du préjudice corporel, les tendances algorithmiques permettraient un débat utile en ne plaidant pas « au premier euro », mais en déplaçant l'analyse sur les éléments de spécificité influant sur le préjudice. La décision de justice peut gagner en finesse de raisonnement si ce préjudice comporte des spécificités non prises en compte par les standards d'indemnisation. Cette discussion portant dans une espèce déterminée sur les écarts aux standards peut être de nature à enrichir le débat judiciaire et à introduire des données d'évolution sociales susceptibles de faire évoluer la jurisprudence.

Ainsi partie intégrante du débat judiciaire, l'algorithme sert de base à un dialogue entre les parties et le juge, entre les parties elles-mêmes et entre le juge et la communauté des magistrats. Les MAAD constituent pour le juge un élément d'information complémentaire aux dispositions légales, à la jurisprudence des tribunaux, des Cours d'appel et de la Cour de cassation et aux divers barèmes utilisés dans les contentieux. Ils sont l'une des briques entrant dans la construction de sa décision par le juge. Les MAAD, en eux-mêmes, ne renferment donc pas de menace de sclérose du système judiciaire. Il appartient au juge de s'en servir comme d'une source d'enrichissement et non d'uniformisation de la pensée judiciaire.

---

[208] A. GARAPON, S. PERDRIOLLE, B. BERNANE, C. KADRI, *ibid.*.

SECONDE PARTIE - INTERACTIONS SOCIALES ET INFLUENCES DES JURIDICTIONS

LE MODÈLE ÉCONOMIQUE D'UN SYSTÈME JURIDIQUE EFFICACE, OU COMMENT RENDRE LA JURIDICTION NATIONALE ATTRACTIVE ET COMPÉTITIVE ?

Alexandre EREMENKO[209]
Professeur de droit
Directeur du centre de droit comparé
Académie Russe d'économie nationale et d'administration publique auprès du Président de la Fédération de Russie (ARENAP)

Dans le contexte de la réflexion juridique moderne[210], qui trace une ligne sur le lien génétique entre les mécanismes juridiques et économiques de la société

---

[209] eremenko-as@ranepa.ru, Tél. (499)956-90-88, 119606, Moscou, Rue Vernadskovo, 84.

[210] Résumé : Le système juridique est interprété comme un environnement institutionnel organisé de manière complexe dans lequel se déroulent tous les processus régis par la loi et le droit, y compris l'économie informelle ou les activités illégales. Un tel rôle spatial à grande échelle du système juridique nécessite une analyse économique approfondie, qui éclaire les lois de développement de l'État de droit, du point de vue des systèmes économiques, et des mécanismes dans la réglementation et le marché. La juridiction nationale, en tant qu'institution du système juridique, est un facteur clé de la croissance économique : plus la juridiction nationale est potentialisée, plus la croissance économique est intense. Ce lien naturel détermine l'utilisation organique de la méthodologie de gestion de la qualité et de la compétitivité du système juridique, considérée par l'auteur comme un monopole naturel. Le comportement naturellement monopolistique du système juridique et de ses institutions se reflète dans l'ensemble de l'infrastructure économique et entraîne certaines conséquences socio-économiques, politiques, socioculturelles, juridiques et autres (résultats), dont il est important d'améliorer méthodiquement la gestion, en recourant à des techniques efficaces de gestion de la qualité des processus commerciaux. Le modèle considéré de système juridique concurrentiel est projeté sur les réalités russes et corrélé avec la tendance socio-économique mondiale de l'optimisation de l'application des lois. Une attention particulière est accordée aux problèmes d'organisation et de gestion de la profession juridique. Des moyens sont proposés pour accroître l'efficacité professionnelle des juristes vers plus d'efficacité dans le travail et la politique des ressources humaines, la numérisation de la procédure de la communication, l'ergonomie de la procédure judiciaire et l'ouverture du pouvoir judiciaire, le contrôle public dans le domaine de l'application des lois, et l'attitude esthétique de la juridiction russe. Nous décrivons les éléments de la feuille de route qui peuvent servir de base à l'élaboration et à la mise en œuvre de la politique de l'État, cela concerne la compétitivité du système juridique russe en tant qu'ensemble de processus socio-économiques, politico-juridiques et autres processus vitaux, dont les objectifs sont une économie efficace, la sécurité et le développement durable de l'État de droit. Le dévoilement de la nature monopolistique des systèmes juridiques et leur extrapoler des attributs monopolistiques permet d'expliquer le comportement des systèmes juridiques et de leurs institutions, d'en prévoir les changements et de les gérer en s'appuyant sur les lois économiques des monopoles. Abstract. The legal system is interpreted as a complexly organized institutional environment in which all processes mediated by law and the law take place, including the shadow economy or the illegal sphere. Such a large-scale spatial role of the legal system necessitates its comprehensive economic analysis, explaining the laws of development of the rule of law from the point of view of economic systems and regulatory and market mechanisms of the economy. National jurisdiction as an institution of the legal system

globalisée, le système juridique est interprété comme un environnement institutionnel difficile à organiser, dans lequel se déroulent tous les processus médiatisés par le droit et les lois, y compris l'économie souterraine ou les activités illégales. Un tel rôle spatial à grande échelle du système juridique nécessite une analyse économique approfondie, qui explique les modèles de développement de l'État de droit du point de vue des systèmes économiques et des mécanismes de réglementation et de marché.

La juridiction nationale, en tant qu'institution structurante du système juridique, est le facteur fondamental de la croissance économique : plus la juridiction nationale est potentialisée sur les plans organisationnel et administratif, financier et économique, sociopolitique, juridique et technique, plus la croissance économique est intense. Ce lien naturel détermine l'utilisation organique de la méthodologie de gestion de la qualité et de la compétitivité du système juridique, que nous proposons de considérer comme un monopole naturel[211].

Le comportement naturellement monopolistique du système juridique et de ses institutions se reflète dans l'ensemble de l'infrastructure économique et entraîne certaines conséquences (résultats) organisationnelles, socio-économiques, politiques, socioculturelles, technologiques, juridiques et autres, dont il est important d'améliorer méthodiquement la gestion, en

---

is a key factor in economic growth: the more potent the national jurisdiction, the more intense economic growth. This logical connection determines the organic use of the methodology of quality management and competitiveness of the legal system, considered by the author as a natural monopoly. The natural and monopoly behavior of the legal system and its institutions is reflected in the entire economic infrastructure and entails certain socio-economic, political, sociocultural, legal and other consequences (results), the management of which is important to methodically improve, resorting to effective quality management techniques of business processes. A model of a competitive legal system is projected, projected onto Russian realities and correlated with the global socio-economic trend of law enforcement optimization. Particular attention is paid to organizational and managerial problems of the legal profession. Ways to improve the professional effectiveness of lawyers in the direction of labor efficiency and personnel policy, digitalization of procedural communication, ergonomics of the judiciary and the openness of the judiciary, public control in the field of law enforcement and aesthetic posing of Russian jurisdiction are proposed. Elements of the roadmap are described that can be the basis for the development and implementation of state policy regarding the competitiveness of the Russian legal system as a set of socio-economic, political, legal and other vital processes, the goals of which are effective economy, security and sustainable development of the rule of law. The discovery of the monopoly nature of legal systems and the extrapolation of monopoly attributes on them allows us to explain the behavior of legal systems and their institutions, predict changes in them and manage changes based on the economic laws of monopolies. Mots-clés : système juridique, juridiction nationale, espace de la profession juridique, économie du système juridique, économie du droit, efficacité du droit, modèle économique du système juridique, monopole naturel, compétitivité, gestion de la qualité, attractivité des investissements. Key words: legal system, national jurisdiction, space of legal profession, economics of legal system, economics of law, efficiency of law, economic model of legal system, natural monopoly, competitiveness, quality management, investment attractiveness.

211 Posner, Richard A. "Natural Monopoly and Its Regulation." *Stanford Law Review*, vol. 21, no. 3, 1969, p. 548–643. *JSTOR*, www.jstor.org/stable/1227624. Consulté le 4 juin 2020.

recourant à des techniques de gestion efficaces de la qualité des processus commerciaux circulant dans le système juridique.
Cette approche nécessite la construction d'un modèle de système juridique compétitif, projeté sur les réalités russes et corrélé avec la tendance socio-économique mondiale de l'optimisation des activités d'application de la loi, en tant que canal pour l'interaction fondamentale entre les personnes dans une société civilisée et dans tous les segments de ses relations[212].
L'aspectologie que nous avons notée requiert une attention particulière quant aux problèmes d'organisation et de gestion dans la profession juridique[213], ce qui implique une vaste campagne pour améliorer les mécanismes d'efficacité professionnelle des juristes dans le sens : 1) de l'efficacité du travail et de la politique des ressources humaines, 2) de la numérisation de la procédure de communication, 3) de l'ergonomie de la procédure judiciaire et de l'ouverture du pouvoir judiciaire, 4) du contrôle public dans le domaine de l'application des lois, et 5) de l'attitude esthétique de la juridiction russe. La méthodologie du projet pour gérer l'espace de la profession juridique nous permet de développer des éléments et d'élaborer des feuilles de route technologiques qui peuvent servir de base au développement et la mise en œuvre de la politique gouvernementale en faveur de la compétitivité du système juridique russe, pris comme un ensemble de processus socio-économiques, politico-juridiques et autres processus vitaux dont les objectifs sont une économie efficace, la sécurité et le développement durable de l'État de droit, sur la base de la programmation, de la planification et des prévisions.
Sur le plan économique, le système juridique et ses institutions adhèrent au modèle comportemental des monopoles d'État (naturels). L'approche comportementale de l'analyse de l'économie du système juridique russe permet de pénétrer l'essence des processus financiers, économiques et de gestion au sein de la juridiction nationale, en faisant remonter à la surface les lois de son organisation, de son fonctionnement et de ses facteurs de développement. La modélisation du système juridique russe sous une forme hybride de monopole technologique d'État instrumentalise le concept économique des systèmes socio-économiques et révèle les avantages et les inconvénients concurrentiels du mécanisme juridictionnel national dans le contexte du choc géopolitique des paradigmes d'application de la loi et de concurrence mondiale des systèmes juridiques.
La pertinence du modèle comportemental naturellement monopolistique vient de ce que, dans un système de justice avec les technologies de production existantes (juridiques, administratives, sociales, financières et économiques,

---

[212] Tollison, Robert D., and Richard E. Wagner. “The Logic of Natural Monopoly Regulation.” *Eastern Economic Journal*, vol. 17, no. 4, 1991, p. 483–490. *JSTOR*, www.jstor.org/stable/40426334. Consulté le 4 juin 2020.
[213] Freund, Paul A. “The Legal Profession.” *Daedalus*, vol. 92, no. 4, 1963, p. 689–700. *JSTOR*, www.jstor.org/stable/20026807. Consulté le 4 juin 2020.

ergonomiques, organisationnelles, informationnelles et numériques, etc.) et d'une certaine valeur dans ses coûts, le niveau de la demande des consommateurs est insuffisant pour soutenir plusieurs acteurs capables de rivaliser entre eux, garantissant à chacun l'effet d'une augmentation d'échelle[214].

Dans le spectre mondial, le bien-fondé du comportement des systèmes juridiques ainsi décrit éclaire les propriétés des monopoles technologiques qu'on y trouve.

Le système juridique russe, en tant que monopole naturel technologique des infrastructures publiques, est soumis à des lois socio-économiques objectives, influençant les processus fondamentaux d'enseignement et de répartition des coûts, d'augmentation ou d'abaissement du niveau de bien-être de la population, et le positionnement concurrentiel de la Fédération de Russie en son sein ou à l'extérieur.

Le dévoilement de la nature monopolistique des systèmes juridiques et en leur extrapolant des attributs monopolistiques constitue, à notre avis, une approche méthodologique efficace qui nous permet d'expliquer le comportement des systèmes juridiques et de leurs institutions, d'en prévoir les changements et de les gérer en s'appuyant sur les lois économiques des monopoles.
La juridiction nationale, dans le cadre constitutionnel traditionnel, est interprétée comme un attribut du système juridique qui se trouve à l'intérieur des frontières d'un État ou d'une communauté d'États particuliers. L'infiltration du système juridique et de sa juridiction nationale par l'extérieur des contours de l'État implique paradigmatiquement une restructuration qualitative de la conscience sociale et de sa composante juridique, c'est comme une carcasse de la réalité déontologiquement formalisée.
Le concept de glissement transgressif du système juridique russe vers l'espace globalisé du droit et de l'économie transforme ce système national, établit un lien entre la croissance économique et l'efficacité du système, reformate le mécanisme d'interaction entre les individus, les entreprises et les institutions publiques, ce qui lui confère une signification universelle et en fait un outil approprié pour gérer tous les types de relations entre les acteurs de la communication sociale.
L'élargissement des frontières de la réglementation juridique, la nature transfrontalière des intérêts publics et privés, l'évolution rapide de la conjoncture internationale, le développement intensif des technologies et de la formation d'une société numérique forment systématiquement un environnement multifactoriel pour la concurrence mondiale des systèmes juridiques et des juridictions nationales.

---

214 McKenzie, Richard B., and Dwight R. Lee. *In Defense of Monopoly: How Market Power Fosters Creative Production.* University of Michigan Press, 2008. *JSTOR*, www.jstor.org/stable/j.ctvnjbdsg. Consulté le 4 juin 2020.

Cette tendance générale relève considérablement les normes de qualité de l'assistance juridique qualifiée et de la prestation de services juridiques, renforçant ainsi les exigences éthiques de la profession juridique. Des conditions concurrentielles sont donc créées pour « tester la force » de ces pensées juridiques, des cultures juridiques nationales, des idéologies juridiques, des systèmes de valeurs, et des normes sociojuridiques. Le cours actuel du développement sociopolitique et économique de notre pays et les approches conflictuelles de l'administration publique du secteur social, qui agit comme une plate-forme de communication pour l'État et les sujets du droit national, détermine un glissement élastique de la juridiction nationale vers un espace de superposition qui offre des ressources politiques, socio-économiques et juridiques qualitativement différentes, pour la transterritorialité et la transactivité[215]. Cette texture entraîne une combinaison de méthodes efficaces de gestion de la compétitivité du système juridique dans un contexte de concurrence mondiale et soulève des exigences extrêmement élevées en matière de qualité de l'infrastructure de l'État de droit.

La transparence croissante des frontières de l'espace économique, le rôle croissant des informations et des outils numériques pour la gestion des systèmes juridiques et autres systèmes socio-économiques en Russie, et le renforcement de l'influence pratique des concepts d'État numérique, de l'économie numérique et de l'e-justice sur les processus de reproduction réels, induisent la nécessité critique de construire et d'adapter l'infrastructure du marché de l'assistance juridique qualifiée et des services juridiques, dont les acteurs garantissent les intérêts juridiques des citoyens, des personnes morales et des entités publiques et leur protection afin d'assurer la durabilité et la sécurité de la circulation civile, impliquant tous les acteurs des relations micro- et macroéconomiques.

La conception institutionnelle du système juridique russe, en concurrence avec les systèmes juridiques d'autres États et d'entités de type étatique de dimension mondiale, permet non seulement de construire des relations de gestion efficaces sur le plan de l'organisation et de la coordination des relations juridiques et de leur formalisation conformément aux règles et normes nationales, européennes et internationales établies, mais aussi de former par des méthodes douces des cadres légaux individuels et de groupe, et des modèles de comportement des entités juridiques.

Dans cette perspective, les juristes en tant qu'individus spécialement habilités au niveau national ont un mandat particulier pour remplir une mission socialement utile et significative sur le plan constitutionnel de conducteurs statutaires actifs de la politique de l'État dans divers segments des relations publiques, y compris la modernisation des instruments juridiques de l'espace

[215] Buxbaum, Hannah L. "National Jurisdiction and Global Business Networks, Earl A. Snyder Lecture in International Law." *Indiana Journal of Global Legal Studies*, vol. 17, no. 1, 2010, p. 165–181. *JSTOR*, www.jstor.org/stable/10.2979/gls.2010.17.1.165. Consulté le 4 juin 2020.

économique, ainsi que l'initiation et la promotion de nouvelles formes de relations pour la circulation civile qui font l'objet d'enquêtes publiques et d'une réglementation gouvernementale[216].
À la lumière des défis à long terme auxquels l'État russe et son système juridique sont confrontés et qui répondent aux défis politiques et technologiques d'un ordre mondial en pleine mutation, la question de l'efficacité de la juridiction nationale et de son attrait concurrentiel prend une signification essentielle pour les acteurs des relations dans l'État et transfrontalières, qu'elles soient sociales, économiques, financières, énergétiques, ou entrepreneuriales. Cette sémantique est exacerbée par les pandémies lorsque les régimes juridiques universels s'adressant aux États, aux entreprises, aux ménages et aux particuliers partagent une norme de comportement juridique unique dans une situation atypique qui constitue une menace directe pour la vie, la santé et le bien-être socio-économiques des habitants de notre planète.
Le mécanisme multilatéral pour garantir l'efficacité de la juridiction russe nécessite une approche différenciée pour résoudre le problème que nous posons. Cela suppose de combiner des méthodes juridiques et financières et économiques pour construire une structure durable qui aurait un potentiel suffisant pour s'auto-développer dans un contexte de forte concurrence mondiale des systèmes juridiques.
Parmi les facteurs dominants de ce potentiel figurent les technologies progressives de l'information et du numérique, l'infrastructure sociale développée du système juridique russe qui maintient un climat psychologique favorable, une interaction étroite et une ouverture à l'intérieur et à l'extérieur de la communauté juridique professionnelle.
La mise en œuvre de projets éducatifs dans le domaine du droit et de la justice assure la continuité de la culture juridique russe, en préservant, d'une part, les traditions et coutumes juridiques positives, le modus vivendi juridique existant et, d'autre part, ouvrant la porte à des innovations technologiques et, ce n'est pas le moins important, sociales, ce qui contribue au progrès du système juridique russe.
Avant de se lancer dans la mise en œuvre totale du projet de numérisation de l'espace de la profession juridique, il est nécessaire de définir les gammes de la politique informationnelle et technologique tournée vers le système juridique russe, en utilisant des approches philosophiques et prédictives approfondies.
Du point de vue de la concurrence mondiale sur les systèmes juridiques et de la dynamique de l'intégration technologique des différents processus sociaux et économiques, un ralentissement de la croissance du système juridique russe peut augmenter considérablement son écart interne avec les institutions socio-

[216] Wells, Richard S. "The Legal Profession and Politics." *Midwest Journal of Political Science*, vol. 8, no. 2, 1964, p. 166–190. *JSTOR*, www.jstor.org/stable/2109060. Consulté le 4 juin 2020.

économiques nationales qui se rapprochent du rythme moyen mondial de développement numérique, et créer des conditions préalables défavorables pouvant causer une perte de potentiel de croissance non seulement par rapport aux systèmes juridiques des pays leaders mondiaux (USA, UE), mais aussi des partenaires de la Russie dans les associations interétatiques (OCS, BRICS). C'est pourquoi le système juridique russe doit se développer de manière extrêmement intensive et selon une trajectoire institutionnelle progressive.

Dans le même temps, il ne faut pas exclure le facteur de l'escalade des tendances négatives au sein des systèmes juridiques des acteurs leader étatiques et globaux. De telles tendances peuvent stimuler un affaiblissement significatif ou, en général, une perte de position de la part des principales juridictions, qui jouissent actuellement d'une autorité légale et sont financièrement et économiquement attrayantes pour les sujets tant de droit national qu'étranger. À cet égard, un certain nombre d'experts occidentaux notent, par exemple, que la juridiction britannique est aujourd'hui au seuil de ne plus satisfaire les acteurs de droit étranger quant à son résultat judiciaire[217]. Cela peut conduire à l'émergence d'un intérêt économique à trouver des juridictions alternatives, ne jouissant pas d'une confiance et d'un potentiel juridique moindres que ceux du Royaume-Uni.

La juridiction nationale, qui occupe une place centrale en Russie, possède des fonctions stratégiques pour optimiser les processus de gestion qui sont administrés par l'État, par les entreprises et les acteurs non gouvernementaux du secteur sans but lucratif, ainsi que par les juristes ; pour normaliser l'environnement de l'interaction sociale entre les citoyens, les organisations, les autorités publiques et de leurs représentants ; pour instrumentaliser un mécanisme de protection avant procès des droits et intérêts légitimes des sujets de droit national et étranger ; pour mettre directement en œuvre les principes de l'État de droit et les garanties démocratiques de la stabilité de la société civile russe.

La base institutionnelle de l'attractivité de la juridiction nationale, qui détermine sa transterritorialité et sa transactivité, est un type de compréhension juridique stable, une souveraineté d'État garantie qui suppose une économie nationale stable et un système de justice efficace. Cela constitue un vecteur stratégique pour le développement avancé d'État de droit.

Les technologies informatiques progressives et l'infrastructure sociale développée du système juridique russe sont parmi les facteurs dominants du potentiel de sa juridiction pour l'autodéveloppement dans des conditions de forte concurrence mondiale des systèmes juridiques ; cela est à même de fournir un climat psychologique favorable, une interaction étroite et

---

[217] French, Christopher C. English Justice for an American Company? (June 18, 2018). 97 Tex. L. Rev. Online 1 (2018); Penn State Law Research Paper No. 9-2018. Disponible sur SSRN : https://ssrn.com/abstract=3198353.

productive, et une ouverture au sein de la communauté juridique professionnelle.
Le système juridique russe est une caractéristique constitutionnelle fondamentale de l'État, qui individualise et différencie la souveraineté de l'État. La Cour constitutionnelle de la Fédération de Russie a formulé une position juridique selon laquelle la souveraineté est une caractéristique qualitative nécessaire de la Fédération de Russie en tant qu'État, caractérisant son statut constitutionnel.
Le bloc des conditions politiques de l'attractivité institutionnelle de la juridiction nationale est formé par la stabilisation du développement de l'État, la continuité politique et la politique systémique gouvernementale dans les domaines constitutifs de la vie de l'homme contemporain ; par la transparence de la politique étrangère et le pragmatisme de l'État ; par l'ouverture de l'État et l'accessibilité des services publics ; par la sécurité intérieure et la lutte contre la criminalité ; par les relations d'entreprise, la culture d'entreprise et le développement durable de l'environnement des affaires ; par une campagne de numérisation dans le système de l'administration publique et municipale.
L'économie du système juridique, la structure économique de la juridiction nationale, le mécanisme de financement du système d'application des lois et un modèle fiscal équitable d'une justice efficace constituent le fondement économique de l'attractivité institutionnelle de la juridiction nationale. Dans un État de droit, les paramètres structurant l'espace économique et les principes de régulation du marché des biens, du travail, des services et des moyens financiers sont définis par la Constitution comme sa loi fondamentale, c'est-à-dire la loi de base, la fondation du bâtiment juridique de l'État. Le mécanisme de régulation juridique est un outil constitutionnel pour l'organisation et le contrôle efficaces de toutes les relations entre les acteurs des interactions socio-économiques et autres.
La nature contradictoire et multifactorielle des relations entre les acteurs du marché et la nécessité de les réglementer à l'échelle du système juridique est évidente. Les tenants de la théorie de l'économie du droit reconnaissent les relations économiques comme sujet de la théorie économique et introduisent dans le domaine de la recherche un mécanisme pour la mise en œuvre efficace de ces relations au sein du système juridique, qui est considéré comme un substrat matériel des lois économiques et sociales objectivement actives. Pour être efficaces et réduire les coûts des transactions, il est nécessaire de moderniser les institutions de marché et d'améliorer la structure institutionnelle du système juridique afin de les adapter aux conditions de fonctionnement des acteurs de l'économie de marché. Cela permet d'obtenir justice et de satisfaire ses propres avantages, dictés par les facteurs de survie actuels. Les relations juridiques, découlant des exigences des modèles de croissance économique organiquement interconnectés, et les instruments juridiques pour les influencer permettront d'atteindre la voie progressive du développement de l'économie russe contemporaine, même dans des

conditions de sanctions et de situations dépressives déterminées par l'épidémie.
La boîte à outils économique de la compétitivité du système juridique russe vise à optimiser la gestion et le financement du mécanisme d'application des lois, assurant une allocation et une utilisation efficaces des ressources dans des conditions d'accès limité à celles-ci, afin de développer durablement le système juridique et sa sécurité économique. L'une des tâches stratégiques pour optimiser ce mécanisme d'application c'est l'équilibre structurel de l'économie de la justice et de l'espace de la profession juridique dans son ensemble.
La communication socioculturelle est un avant-poste humanitaire du système juridique russe, ce qui implique le fonctionnement d'un mécanisme coordonné pour surmonter les obstacles à la communication dans le cadre de la juridiction nationale russe, visant à la reconnaissance sociopsychologique et à un contexte sémantique favorable, c'est-à-dire la promotion compétitive du système juridique russe. Les techniques explicatives du processus de justice permettent de surmonter les barrières socioculturelles, tout comme la communication à plusieurs niveaux dans sa mise en œuvre et la conduite d'une politique de sensibilisation axée sur la personne par les institutions chargées de l'application des lois.
Le succès des entreprises étrangères en Russie ne dépend pas seulement des capacités organisationnelles et de l'efficacité du système juridique et de ses éléments. Le côté attrayant de toute entreprise est la prise de risque et une compensation appropriée. L'expérience de la communication socioculturelle est un type d'expérience intellectuelle et émotionnelle qu'il convient de sonder pour bâtir des modèles de comportement efficaces[218]. Ces expériences et ces simulations fournissent la clé d'un partenariat d'affaires transformateur, solide et durable et d'un environnement social ouvert et confortable dont la plate-forme peut être un système juridique russe efficace, car l'adaptation socioculturelle est un élément important du mécanisme de compétitivité de la juridiction russe.
Les facteurs juridiques de l'attractivité institutionnelle de la juridiction nationale sont un mécanisme simplifié de la politique juridique de l'État, intégrant et concentrant l'impact systémique dans le domaine des sciences juridiques et de l'éducation, de la législation et de l'application des lois.
L'institution d'une assistance juridique qualifiée fournie aux sujets de droit national et étranger est un élément du mécanisme juridictionnel russe, qui se différencie par la particularité de la culture juridique nationale.
La conception du type traditionnel de légalisation est basée sur le principe fondamental d'organisation, selon lequel l'une des caractéristiques clés de la

---

[218] Tirole, Jean. "Motivation intrinsèque, incitations et normes sociales." *Revue Économique*, vol. 60, no. 3, 2009, p. 577–589. *JSTOR*, www.jstor.org/stable/40495309. Consulté le 4 juin 2020.

souveraineté de l'État, en tant que partie du contrat social, est le droit constitutionnel absolu et souverain d'administrer la justice.

La modélisation du système juridique russe sous la forme d'un système socio-économique, basé sur un mécanisme socio-économique de gestion de sa qualité et de sa compétitivité, est un outil efficace pour utiliser des indicateurs économiques (indicateurs et classements) afin de déterminer le moyen le plus efficace de gérer la qualité et la compétitivité de la juridiction nationale.

La compétitivité d'un système juridique dépend d'un grand nombre de facteurs. Leur identification, la détermination du degré d'influence, la détermination des méthodes de contrôle et d'utilisation pour améliorer leur position concurrentielle est l'une des tâches essentielles de l'élaboration et de la mise en œuvre de la politique juridique de l'État.

Les facteurs de qualité et de compétitivité du système russe et de ses institutions sont une combinaison de conditions politiques, juridiques et socio-économiques contradictoires reproduites dans un environnement réel d'interactions entre agents favorables et défavorables, d'origine anthropique et non anthropique : a) l'environnement naturel ; b) la situation géo-climatique ; c) le potentiel humain ; d) le capital social ; e) les infrastructures publiques ; f) les infrastructures socio-économiques ; g) l'efficacité du marché des services juridiques ; h) l'activité d'innovation ; i) l'image du système juridique russe.

L'objectif des mesures dans le domaine de la gestion de la compétitivité du système juridique de la Russie et de sa juridiction au plus bas niveau national devrait être de créer et d'exploiter des activités et des organisations pouvant agir comme les moteurs de l'économie du système juridique et fournir des services juridiques compétitifs sur les marchés nationaux et internationaux. Il s'agit de mesures concrètes pour soutenir des secteurs particuliers et des organisations par la planification, le financement du budget, les avantages fiscaux et d'autres mesures économiques et financières clairement ciblées. Une telle politique est associée à la mise en œuvre de l'approche par cluster, qui consiste à identifier des secteurs porteurs pour la création d'un cluster et à stimuler son développement grâce à l'État, y compris en impliquant des investisseurs russes et étrangers. D'un point de vue pratique, un effet de gestion favorable à long terme peut produire un marketing territorial, une stratégie d'image publique positive, une programmation orientée aspect, et une analyse comparative visant à créer des avantages concurrentiels du système juridique russe.

Les connaissances et les technologies de l'information deviennent un facteur prioritaire de la production, gagnant en importance en tant que force de production directe pour le développement intensif du système économique russe et des monopoles naturels de l'État. La génération, la transmission et le traitement dans le cycle judiciaire d'informations juridiques volumineuses sur une base de haute technologie, avec la création d'un produit intellectuel unique, augmentent considérablement la productivité du travail intellectuel, qui agit comme un facteur indiquant le niveau de développement de la société de l'information. Les caractéristiques quantitatives et qualitatives des ressources d'information et l'intensité de leur utilisation pour répondre aux besoins socio-économiques, culturels et autres des sujets de droit russe sont décisives. Cela détermine la capacité à formuler de nouvelles idées révolutionnaires, en les transformant en processus innovants et technologiques du système juridique russe.

La circulation et la diffusion d'informations juridiques et autres informations pertinentes, dans le cadre de l'application de la loi, deviennent dans le même temps un élément du mécanisme général de participation de la communauté juridique à l'élaboration d'une stratégie de politique juridique innovante à l'échelle du système juridique en tant que monopole naturel technologique des infrastructures gouvernementales.

Les solutions technologiques dans le domaine de l'intelligence artificielle, centrées sur le système juridique reposent sur les technologies des mégadonnées (Big data), de l'exploration de donnée (Data mining), de l'apprentissage automatique (Machine learning), de l'informatique décisionnelle (Business intelligence), de la blockchain, de l'Internet des objets, de l'interface de programmation, qui ouvrent des perspectives prometteuses pour l'ergonomie judiciaire en tant que concept pour optimiser la performance globale du système d'application de la loi et du processus de communication.

Les solutions de mégadonnées constituent un bond technologique qualitatif qui permet d'accroître considérablement le potentiel de compétitivité du système russe. Il y a une opportunité technologique pour obtenir en temps réel, ou presque, une énorme quantité de données des plus diverses, pertinentes pour l'examen des affaires devant les tribunaux et autres organes juridictionnels, le traitement des statistiques judiciaires, l'optimisation de la législation et la pratique de la justice. L'introduction des dernières technologies de l'information et du numérique dans le quotidien du système juridique russe élèvera considérablement ses indicateurs de compétitivité et réduira qualitativement les coûts associés au fonctionnement de la justice et au marché de l'assistance juridique et services juridiques qualifiés.

Les principaux freins entravant les processus de numérisation du système juridique russe sont du ressort de la psychologie (résistance à l'introduction de nouvelles technologies et à l'utilisation active de produits de haute technologie), ce qui génère indifférence et désintérêt pour les résultats de la mise en œuvre de projets de numérisation ; l'absence de contrôle public efficace (en particulier dans les institutions du pouvoir judiciaire) sur la conception et la réalisation de tels projets ; l'absence d'approche programmatique et ciblée pour la mise en œuvre de projets informatiques par une séquence stricte d'étapes, un calendrier, et la désignation des responsabilités des gestionnaires et exécuteurs, ainsi que d'une politique de limitation des ressources budgétaires et financières. La volonté politique des dirigeants du pays à mobiliser une campagne informatique dans le système juridique russe est l'un des ressorts de la numérisation ; ainsi que le pilotage actif et systématique par un groupe professionnel, ayant une stratégie de qualité et de compétitivité du système juridique russe et de sa juridiction nationale, visant à accroître l'ouverture de ce système et de ses institutions, notamment par la numérisation des processus judiciaires et administratifs.

L'aspect du progrès informatique et technologique qui a embrassé l'environnement juridique obligera dans un avenir proche la communauté juridique professionnelle et l'État à soulever d'urgence la question fondamentale éthique et sociojuridique de la concurrence entre les machines et l'homme et des méthodes de régulation du marché du travail humain, qui sont progressivement supplantées par des systèmes automatisés basés sur l'intelligence artificielle et au fonctionnement plus efficace[219]. La concurrence mondiale des systèmes juridiques rend inévitable ce mouvement vers la digitalisation, poussant la juridiction nationale russe à emprunter rapidement les rails du numérique. Toutefois, avec l'acceptation politique et sociale de cette tendance mondiale au niveau national, il ne faut pas perdre de vue les conséquences que ces processus peuvent entraîner dans un avenir proche et lointain. Il faut mettre en avant les intérêts d'une personne endossant le rôle général d'un sujet du droit, ou plus spécialement celui d'un juriste. Il est nécessaire de déterminer de manière prédictive les contours de la politique d'informatisation qui s'adresse au système juridique russe avant de procéder à la mise en œuvre totale du projet de numérisation. Une stratégie informatique efficace dans ce domaine devrait harmoniser la productivité des machines et l'axiome humain en tant que médiateur absolu de l'espace juridique. Car il y a des risques liés à l'avenir de la profession juridique qui doivent être couverts dès à présent.

Des actions systémiques spéciales sont indispensables dans le domaine de la formation de l'identité nationale et de la conscience juridique, de l'élévation du niveau spirituel et moral, et de l'élévation du niveau général d'éducation juridique des citoyens[220].

La réalisation de projets éducatifs dans le domaine du droit et de la justice assure la continuité de la culture juridique, en préservant, d'une part, les traditions et coutumes juridiques positives, le cadre juridique existant et, d'autre part, en ouvrant la porte à des innovations qui contribuent au progrès du système juridique russe. Le développement de la coopération avec des organisations partenaires d'éducation juridique, à l'étranger et sur une base

---

[219] Hazard, Geoffrey C. "The Future of Legal Ethics." *The Yale Law Journal*, vol. 100, no. 5, 1991, p. 1239–1280. *JSTOR*, www.jstor.org/stable/796692. Consulté le 4 juin 2020.

[220] Hellman, Lawrence K. "Considering The Future Of Legal Education: Law Schools And Social Justice." *Journal of Legal Education*, vol. 29, no. 2, 1978, p. 170–193. *JSTOR*, www.jstor.org/stable/42892468. Consulté le 4 juin 2020.

multilatérale, la communication d'informations objectives sur le développement du système juridique russe et de ses institutions, à l'attention du public russe et étranger, auront des effets bénéfiques sur l'image de la Russie dans le monde.

Les formations juridiques en Russie, dans un esprit éclairé, ont traditionnellement une orientation humaniste et patriotique, auxquelles se rattache le vecteur innovant et technologique du développement national. Actualisant l'expérience historique et juridique nationale, c'est l'un des principaux canaux efficaces pour le développement du système russe et de ses institutions, l'élévation de la conscience juridique nationale et individuelle des sujets de droit russe et étranger, la consolidation de la communauté juridique, de divers groupes sociaux et des citoyens en une seule nation de l'État juridique russe.

À l'heure actuelle, l'influence esthétique sur le statut intellectuel et émotionnel du sujet de droit national, en tant que l'un des mécanismes de gestion du système juridique, est injustement négligée. Durant l'époque soviétique, une attention particulière a été accordée aux questions de l'impact esthétique sur les sujets du droit. Cela concernait non seulement une approche rationnelle des décisions de construction, d'architecture et de conception de l'intérieur et de l'extérieur des bureaux et des bâtiments dévolus à la justice qui, dans un contexte esthétique, ne s'appelaient pas par hasard « palais de justice », mais aussi une politique systémique dans le champ de la musique, de la littérature, du cinéma et d'autres arts, dont l'impact esthétique sur le peuple soviétique devait former une image de l'idée haute qu'on se faisait d'une justice équitable. Il convient de noter que ces outils esthétiques fonctionnent avec beaucoup d'efficacité aux États-Unis, au Royaume-Uni, dans les pays du Commonwealth, et dans l'Union européenne, où la stratégie esthétique occupe une place frontale dans la politique juridique de ces États, qui occupent les premières positions du classement mondial des systèmes juridiques efficaces. La forme esthétique de l'interaction entre les institutions publiques, la communauté juridique et les sujets de droit national est un outil efficace pour gérer le système juridique russe, capable de maximiser les indicateurs de sa qualité et de sa compétitivité. L'effet positif produit par le mécanisme esthétique est directement lié à la psychosphère intellectuelle et émotionnelle d'une personne en tant que sujet du droit, qui génère, améliore et stocke des images stables, positives ou négatives, des objets perçus. Les moyens esthétiques utilisés pour influencer les sujets du droit russe créent des liens intellectuels et émotionnels profonds avec les phénomènes et processus juridiques, structurant l'expérience personnelle et formant un environnement sociopsychologique favorable. Dans le système juridique, où les relations intellectuelles et émotionnelles des sujets et objets d'interaction imprègnent chaque institution et processus sans exception, les moyens esthétiques acquièrent une importance stratégique qui nécessitent une réflexion systémique sur la gestion et les aspects sociojuridiques. D'autant plus que les activités scientifiques, juridiques, et autres sont de nature créative, comparables à une forme d'expression du soi dans l'esthétique[221].

Dans les conditions de la concurrence mondiale des systèmes juridiques, il est donc nécessaire de définir un objectif national visant à améliorer et à développer le mécanisme esthétique du système juridique russe et de ses institutions, opérant avec des méthodes d'éducation et d'enseignement pour construire une relation intellectuelle et émotionnelle favorable entre le sujet du droit national (russe et étranger) et la juridiction nationale de la Russie.

Traduit du russe par David Krasovec

Bibliographie

Коуз Р. Фирма, рынок и право / Пер. с англ. Москва: Новое издательство, 2007. 224 p. [Kouz R. Firma, rynok i pravo, trad. de l'anglais, Moskva: Novoye izdatel'stvo, 2007. 224 p.]

Ерёменко А.С. К вопросу о судебной эргономике, или как повысить качество правоприменительного процесса? // Российская юстиция. 2020. №1. P. 5-11. [Eremenko A.S. K voprosu o sudebnoy ergonomike, ili kak povysit' kachestvo pravoprimenitel'nogo protsessa? // Rossiyskaya yustitsiya. 2020. №1. P. 5-11.]

Ерёменко А.С. Теоретические вопросы государственной правовой политики в области гражданского оборота // Российская юстиция. 2013. №5. P. 6-8. [Eremenko A.S. Teoreticheskiye voprosy gosudarstvennoy pravovoy politiki v oblasti grazhdanskogo oborota // Rossiyskaya yustitsiya. 2013. №5. P. 6-8.]

Основные принципы, касающиеся роли юристов (Приняты восьмым Конгрессом ООН по предупреждению преступности и обращению с правонарушителями. Гавана, Куба, 27 августа – 7 сентября 1990 года) // URL: https://www.un.org/ru/documents/decl_conv/conventions/role_lawyers.shtml (Consulté le 4 juin 2020). [Osnovnyye printsipy, kasayushchiyesya roli yuristov (Prinyaty vos'mym Kongressom OON po preduprezhdeniyu prestupnosti i obrashcheniyu s pravonarushitelyami. Gavana, Kuba, 27 avgusta – 7 sentyabrya 1990 goda) // URL: https://www.un.org/ru/documents/decl_conv/conventions/role_lawyers.shtml]

[221] Canuel, Mark. “Doing Justice in Aesthetics.” *Representations*, vol. 95, no. 1, 2006, p. 76–104. *JSTOR*, www.jstor.org/stable/10.1525/rep.2006.95.1.76. Consulté le 4 juin 2020.

Buxbaum, Hannah L. “National Jurisdiction and Global Business Networks, Earl A. Snyder Lecture in International Law.” *Indiana Journal of Global Legal Studies*, vol. 17, no. 1, 2010, pp. 165–181. *JSTOR*, www.jstor.org/stable/10.2979/gls.2010.17.1.165. Consulté le 4 juin 2020.

Canuel, Mark. “Doing Justice in Aesthetics.” *Representations*, vol. 95, no. 1, 2006, pp. 76–104. *JSTOR*, www.jstor.org/stable/10.1525/rep.2006.95.1.76. Consulté le 4 juin 2020.

French, Christopher C. English Justice for an American Company? (June 18, 2018). 97 Tex. L. Rev. Online 1 (2018); Penn State Law Research Paper No. 9-2018. Diponible sur SSRN: https://ssrn.com/abstract=3198353.

Freund, Paul A. “The Legal Profession.” *Daedalus*, vol. 92, no. 4, 1963, pp. 689–700. *JSTOR*, www.jstor.org/stable/20026807. Consulté le 4 juin 2020.

Hazard, Geoffrey C. “The Future of Legal Ethics.” *The Yale Law Journal*, vol. 100, no. 5, 1991, pp. 1239–1280. *JSTOR*, www.jstor.org/stable/796692. Consulté le 4 juin 2020.

Hellman, Lawrence K. “Considering The Future Of Legal Education: Law Schools And Social Justice.” *Journal of Legal Education*, vol. 29, no. 2, 1978, pp. 170–193. *JSTOR*, www.jstor.org/stable/42892468. Consulté le 4 juin 2020.

McKenzie, Richard B., and Dwight R. Lee. *In Defense of Monopoly: How Market Power Fosters Creative Production*. University of Michigan Press, 2008. *JSTOR*, www.jstor.org/stable/j.ctvnjbdsg. Consulté le 4 juin 2020.

Posner, Richard A. “Natural Monopoly and Its Regulation.” *Stanford Law Review*, vol. 21, no. 3, 1969, pp. 548–643. *JSTOR*, www.jstor.org/stable/1227624. Consulté le 4 juin 2020.

Tirole, Jean. “Motivation intrinsèque, incitations et normes sociales.” *Revue Économique*, vol. 60, no. 3, 2009, pp. 577–589. *JSTOR*, www.jstor.org/stable/40495309. Consulté le 4 juin 2020.

Tollison, Robert D., and Richard E. Wagner. “The Logic of Natural Monopoly Regulation.” *Eastern Economic Journal*, vol. 17, no. 4, 1991, pp. 483–490. *JSTOR*, www.jstor.org/stable/40426334. Consulté le 4 juin 2020.

Wells, Richard S. “The Legal Profession and Politics.” *Midwest Journal of Political Science*, vol. 8, no. 2, 1964, pp. 166–190. *JSTOR*, www.jstor.org/stable/2109060. Consulté le 4 juin 2020.

LES JURIDICTIONS CONSULAIRES FRANÇAISES, JUGES DU DROIT ÉCONOMIQUE[222]

Giulio Cesare GIORGINI,
Maître de conférences de droit privé
Directeur du M2 Droit et Pratique du Commerce International
Université Côte d'Azur, GREDEG (UMR 7321 CNRS/UCA)

1. Lorsque notre Doyen, le Professeur Xavier LATOUR, a diffusé l'appel à communications en préparation de ces journées franco-russes consacrées aux juridictions au cœur des interactions sociales, j'ai immédiatement songé à l'intérêt d'une étude de nos tribunaux de commerce. La France en compte 134, forts d'environ 3386 juges consulaires, tous chefs d'entreprise élus par leurs pairs et tous bénévoles[223]. Alors que la méthode comparative est appliquée de plus en plus avec succès à l'étude des juridictions en Europe[224], et que les différences structurelles des systèmes judiciaires, notamment au niveau des juges[225], sont de mieux en mieux identifiées, il paraît en effet opportun de s'intéresser à la justice consulaire, cette justice rendue par des magistrats non-professionnels et qui est pourtant l'une des plus anciennes au sein des institutions judiciaires françaises[226], ayant même résisté à la Révolution[227].

2. Dans la fresque plus large de la construction historique du droit commercial français[228], la genèse des tribunaux de commerce constitue une manifestation évidente d'un certain corporatisme[229] puisque, à l'origine, les juridictions

---

[222] Le corps de cette contribution est constitué du texte remanié de la communication qui aurait dû être prononcée le 5 mai 2020. Le style oral de la communication a été volontairement préservé.
[223] C. com., art. L. 722-16.
[224] J. BELL, *Judiciaries within Europe : A comparative review*, Cambridge, Cambridge University Press, 2006, 399 p.
[225] Cf. A. UZELAC, « Harmonised civil procedure in a world of structural divergences ? Lessons learned from the CEPEJ Evaluations » in X-E. KRAMER et C. H. VAN RHEE (éd.*), Civil litigation in a Globalisig World*, La Haye, T. M.C. Asser Press, 2012, p. 175 et s.
[226] R. PERROT, B. BEIGNIER, L. MINIATO, *Institutions judiciaires*, 18e éd. Paris, LGDJ, 2020, 596 p.
[227] J. HILAIRE, « La Révolution et les juridictions consulaires », in R. Badinter (dir.), *Une autre justice (1789-1799)*, Paris, Fayard, 1989, p. 243. *Adde* F. VALENTE, « Les juridictions consulaires dans le Code de commerce napoléonien », *Histoire de la Justice* 2007/1, n° 11, p. 111.
[228] C. JALLAMION, « La construction historique du droit commercial français, à l'épreuve de sa nationalisation », *Gaz. Pal.* 30 août 2015, n° 234c1, p. 13.
[229] Sur l'histoire des juridictions consulaires, le lecteur intéressé consultera notamment le numéro qui leur est consacré par la revue *Histoire de la Justice*, cf. « Les tribunaux de commerce, genèse et enjeux d'une institution », *Histoire de la Justice* 2007/1, n° 17. Le sommaire de ce numéro est disponible en ligne cf. https://www.cairn.info/revue-histoire-de-la-

consulaires sont nées pour juger le contentieux commercial à partir des usages propres aux marchands. Leur père est Michel de l'Hospital, juriste formé à l'Université de Padoue auquel on attribue une grande partie des édits royaux promulgués entre 1563 et 1567. C'est en effet un édit royal de 1563 qui crée la première juridiction consulaire à Paris. La volonté royale lui octroie alors compétence pour « les procès et différends entre marchands pour fait de marchandises ». Puis, un édit de 1565 généralise l'institution. L'efficience des juridictions consulaires, due à la capacité à traiter les différends selon une procédure rapide et peu onéreuse assoit rapidement leur succès.

3. Aujourd'hui, si le tribunal judiciaire[230] demeure la juridiction française de droit commun[231], le tribunal de commerce est une juridiction spécialisée (et non d'exception) dont le domaine de compétence est très étendu[232]. Cette compétence comprend, synthétiquement, les contestations relatives aux engagements entre commerçants, entre établissements de crédit, entre sociétés de financement ou entre eux ; aux sociétés commerciales ; enfin, aux actes de commerce entre toutes les personnes. Cette répartition relativement harmonieuse des compétences entre tribunal judiciaire et tribunal de commerce est le résultat d'une longue évolution et de tentatives plus ou moins réussies[233]. L'exemple des faillites est à cet égard topique[234]. Ainsi, dès la création de la juridiction consulaire de Paris, il est prévu que les registres de faillite, les procès-verbaux et les titres produits par les créanciers soient bien déposés devant la juridiction consulaire, mais que la procédure collective demeure soumise à la compétence du juge judiciaire[235]. Après une expérience de courte durée entre 1715 et 1733 où les faillites sont confiées aux juges

---

justice-2007-1.htm [Consulté le 7 févr. 2021]. Dans ce numéro, v. not. J. HILAIRE, « Introduction : Perspectives historiques de la juridiction commerciale », *Histoire de la* Justice 2007/1, n° 17, p. 7-16. *Adde* M. ARMAND-PREVOST, « La juridiction consulaire : de l'histoire de l'institution à la situation d'aujourd'hui », *RJC* déc. 1999, p. 2 ; J. HILAIRE, « Grandeur et servitude de la justice consulaire : la controverse de l'équité », *Histoire de la Justice* 1998, 11, p. 61.

230 M. GUEZ, « Le tribunal judiciaire, naissance d'une juridiction », *Gaz. Pal.* 23 avril 2019, n° 351h4, p. 48.

231 L'article L. 211-3 du Code de l'organisation judiciaire dispose en effet : « Le tribunal judiciaire connaît de toutes les affaires civiles et commerciales pour lesquelles compétence n'est pas attribuée, en raison de la nature de la demande, à une autre juridiction ».

232 Le domaine de compétence des tribunaux de commerce français est déterminé par les dispositions de l'article L. 721-3 du Code de commerce.

233 E. MATSUMOTO, *La juridiction consulaire dans la justice de l'Ancien Régime : Rivalités et conflits avec les autres juridictions*, Thèse Univ. Paris 2, J. HILAIRE (dir.), 2002, 451 p.

234 Sur le droit des entreprises en difficulté antérieurement en vigueur en France v. not. A. GUILLON, *Essai historique sur la législation française des faillites et banqueroutes avant 1673*, Paris, Société nouvelle de librairie et d'édition, 1904, 125 p.

235 R. SZRAMKIEWICZ et O. DESCAMPS, *Histoire du droit des affaires*, 3e éd., Issy-les-Moulineaux, LGDJ, 2019, p. 200 et s.

consulaires[236], ce n'est qu'avec la Révolution que les faillites seront définitivement confiées à la justice consulaire.

4. Un constat s'impose : au cours des XIXe et XXe siècles, la justice des marchands des tribunaux de commerce est devenue la justice de la vie économique[237]. Aussi, la référence à la notion de droit économique[238] nous paraît-elle à la fois plus actuelle et plus pertinente. Plus actuelle car les tribunaux de commerce, au fil des différentes réformes, ne s'intéressent plus uniquement aux litiges entre commerçants, lesquels constituent le cœur du droit commercial. Plus pertinente car la référence au droit économique demeure plus compréhensive : parce qu'il appréhende des phénomènes économiques en utilisant des concepts économiques[239], le droit économique a un objet plus large que celui du droit commercial[240] et englobe tout le droit des activités économiques, que ces activités relèvent du secteur marchand ou non. Cette référence paraît d'autant plus appropriée en considération de la conception du droit économique propre à l'École de Nice[241]. Toutefois, il ne sera pas question de revenir sur les rapports entre droit et économie[242], ou encore sur les termes d'une possible coordination du droit, de l'économie et de l'éthique[243]. Il ne sera pas question non plus de répondre aux critiques qui ont pu être formulées quant à l'existence même du droit économique[244]. Nous prônons un constat d'ordre phénoménologique : malgré les hésitations qui ont

[236] Déclaration du 10 juin 1715, v. F. A. ISAMBERT, *Recueil général des anciennes lois françaises*, 1821-1833, t. XX, p. 642.
[237] M. ARMAND-PREVOST, « Fonctionnement et enjeux des tribunaux de commerce au cours des XIXe et XXe siècles », *Histoire de la Justice* 2007/1, n° 17, p. 129.
[238] G. FARJAT, « La notion de droit économique », in *Arch. philo. dr.*, t. 37, 1992, p. 27.
[239] Sur cette conception, v. E. MOUIAL-BASSILANA, « Entreprise en difficulté : avant-propos », in *Répertoire des sociétés*, Paris, Dalloz, n° 53.
[240] S. POILLOT-PERUZZETTO, « Propos introductifs », *Gaz. Pal.* 30 août 2015, n° 234v6, p. 6.
[241] J.-B. RACINE et F. SIIRIAINEN, « Retour sur l'analyse substantielle en droit économique », *RIDE* 2007, p. 259.
[242] L. VOGEL, « L'économie, serviteur ou maître du droit ? » in *Une certaine idée du droit - Mélanges André Decocq*, Paris, Litec, 2004, p. 605 et s. *Adde* B. OPPETIT, « Droit et économie » in B. OPPETIT, *Droit et modernité*, Paris, PUF, 1998, p. 169 et s. ; B. FRYDMAN, « Les nouveaux rapports entre droit et économie : trois hypothèses concurrentes », in T. KIRAT, E. SERVERIN (dir.), *Le droit dans l'action économique*, Paris, CNRS éd., 2000, p. 25. V. aussi T. KIRAT, L. VIDAL, « Le droit et l'économie : Etude critique des relations entre les deux disciplines et ébauches de perspectives renouvelées », 2005, halshs-00004883 [https://halshs.archives-ouvertes.fr, consulté le 8 févr. 2021].
[243] J. R. COMMONS, « The problem of correlating law, economics and ethics - Comments on Gény's Méthode d'interprétation et sources en droit privé positif », in *Recueil d'études sur les sources du droit : en l'honneur de François Gény – Tome III, Les sources des diverses branches du droit*, Paris, Sirey, 1934, p. 124.
[244] G. VEDEL, « Le droit économique existe-t-il ? », in *Mélanges offerts à Pierre Vigreux*, Toulouse, 1981, t. 2, p. 767.

présidé à sa découverte[245], le dynamisme du droit économique est aujourd'hui indiscutable[246]. Ce dynamisme conduit en droit interne à nourrir l'interrogation qu'il puisse se substituer au droit commercial[247] et sur le plan international à renouveler profondément les sources du droit commercial international[248]. Or les tribunaux de commerce sont particulièrement concernés par ce phénomène.

5. Pour autant, les tribunaux de commerce français occupent-ils une place particulière au cœur des interactions sociales ? Spontanément, une réponse affirmative paraît devoir s'imposer. Constitués de magistrats non professionnels, mais représentatifs de la variété du monde économique, les tribunaux de commerce sont, par nature, au centre de la vie économique. Dans un monde où le fait économique est considéré comme essentiel, cela signifie être au centre de tout. Certes, divers pans du droit économique échappent à leur compétence et le contentieux économique demeure indéniablement éclaté, dispersé, dans la mesure où le service de la justice économique n'est pas monolithique[249]. Mais la pratique témoigne du rôle essentiel des juridictions consulaires, qui ont su non seulement répondre aux problématiques contemporaines en explorant des voies inédites, en forgeant des outils innovants[250], bref en accompagnant les évolutions de la société et les interactions qui en résultent en tant que véritables acteurs.

6. L'expérience des juridictions consulaires françaises au cœur des interactions sociales présente-t-elle un intérêt dépassant le simple cadre descriptif ? Les régulations économiques demeurent remarquablement ancrées dans le droit national. Dans le même temps, les phénomènes économiques se globalisent et mettent à l'épreuve les solutions nationales. Les

---

[245] F. DE KIRALY, « Le droit économique, branche indépendante de la science juridique, sa nature et son contenu » in *Recueil d'études sur les sources du droit : en l'honneur de François Gény – Tome III, Les sources des diverses branches du droit*, Paris, Sirey, 1934, p. 111.

[246] F. SIIRIAINEN, « Les dynamiques contemporaines du droit économique et la question du sens : quel avenir ? », in J.-S. BERGE et G.C. GIORGINI (dir.), *Le sens des libertés économiques de circulation / The Sense of Economic Freedoms of Movement*, coll. Droit Economie International, préf. B. REMICHE, Bruxelles, Bruylant, 2020, p. 83.

[247] J. PAILLUSSEAU, « Le droit commercial va-t-il disparaître ? », *D.* 2019, p. 2129.

[248] Cf. C. JOURDAIN-FORTIER (dir.), *Sources du droit, commerce international, éthique et marchés - 50 ans de travaux de l'école de Dijon*, Paris, LexisNexis, 2019.

[249] Ainsi, à côté des juges, une multitude d'autres autorités exercent un rôle réel dans l'administration quotidienne de la justice économique, cf. Y. CHAPUS, « Conclusion : Les tribunaux de commerce, histoire locale et prospective européenne », *Histoire de la Justice* 2007/1, n° 17, p. 204.

[250] Songeons par exemple à la création du mandat *ad hoc* en matière de traitement préventif des difficultés des entreprises, institution qui sera par la suite consacrée par le législateur français, cf. G.C. GIORGINI, *Droit des entreprises en difficulté 2020-2021*, Gualino, Lextenso éd., Paris, 2020, p. 85 et s., n° 203 et s.

juridictions doivent donc s'adapter[251]. Sans constituer nécessairement un modèle, l'expérience des tribunaux de commerce français éclaire les enjeux de cet effort d'adaptation. De manière plus conjoncturelle, au moment où nous soumettions au comité scientifique du colloque le projet de cette contribution, la *Conférence générale des juges consulaires de France* rendait à la Garde des Sceaux son rapport en faveur d'une évolution du tribunal de commerce[252], rapport qui préconisait sa transformation en *tribunal des activités économiques* afin de lui confier, véritablement, tout le contentieux économique. Quelques mois plus tard, alors que cette proposition était rejetée par le gouvernement français, la pandémie COVID-19 éclatait. Or, en devenant un phénomène de masse, la défaillance met à l'épreuve la capacité des systèmes nationaux à éviter que la crise économique ne se transforme en crise sociale et politique[253]. Beaucoup redoutent une vague de défaillances en 2021, ce qui a justifié qu'une nouvelle mission soit confiée par le Garde des Sceaux au Président de la Conférence et à la mission « Justice économique » constituée autour de lui[254]. Si tel est le cas, les juridictions consulaires seront inéluctablement en première ligne.

7. Les tribunaux de commerce ont presque toujours été confrontés à la méfiance, parfois même à l'hostilité d'une partie du monde judiciaire, qui pourtant reconnaît leur utilité[255]. Leur histoire particulière, la méconnaissance de leur organisation, l'originalité de leur action : voilà autant d'obstacles posés à leur compréhension immédiate. Pourtant c'est bien à ces mêmes tribunaux de commerce qu'il incombe de réaliser les objectifs de justice et de régulation économique posés par le législateur français et ce dans le contexte complexe des interactions sociales contemporaines. C'est à ces mêmes tribunaux de commerce qu'il incombe en France de prononcer certaines décisions parmi les plus importantes des juridictions économiques, des

---

[251] V. sur ce point la contribution de Jean-Sylvestre BERGE dans cet ouvrage, cf. J.-S. BERGE, « Les juridictions au cœur des interactions sociales globales : le point-clé de la circulation », p. 135 et s.
[252] Conférence Générale des Juges Consulaires de France, *Rapport de la Commission Prospective – Du tribunal de commerce au tribunal des activités économiques, Pour un justice commerciale attractive et efficace*, nov. 2018. L'auteur souhaite adresser ses plus vifs remerciements à Monsieur Georges RICHELME, Président de la Conférence Générale des Juges Consulaires de France pour les éclairages donnés sur ce rapport établi par la Commission Prospective 2018 de la Conférence.
[253] Les illustrations historiques de tels déclins abondent, *cf.* H. RAJAK, *The Culture of Bankruptcy*, in P. J. OMAR (éd.), *International Insolvency Law – Themes and Perspectives*, Ashgate, Farnham, 2008, p. 9. Dans la Rome antique, tel a été le cas des conspirations de Catilina dénoncées par Cicéron dans les célèbres plaidoiries éponymes.
[254] V. G. Richelme (dir.), Rapport de la mission « Justice Economique », remis le 19 février 2021 à la suite de la mission confiée par le Garde des Sceaux le 17 septembre 2020 [http://www.presse.justice.gouv.fr/art_pix/Rapport%20mission%20Justice%20%E9conomique%20-%20F%E9vrier%202021.pdf, Consulté le 1er mars 2021].
[255] M. ARMAND-PREVOST, « Fonctionnement et enjeux des tribunaux de commerce au cours des XIXe et XXe siècles », *Histoire de la Justice* 2007/1, n° 17, p. 130.

décisions ayant un effet *erga omnes*[256]. Sans demeurer prisonnières des critiques récurrentes, souvent infondées, mais sans les ignorer non plus, les juridictions consulaires doivent donc édifier la justice économique de demain. En somme, au cœur des interactions sociales, les tribunaux de commerce doivent relever les défis de toujours, d'abord (**I**) et les défis pour toujours, ensuite (**II**).

I. Les défis de toujours

8. Il y a quelques années, le Conseil constitutionnel français a été saisi d'une *Question Prioritaire de Constitutionnalité* (QPC)[257] – qualifiée à juste titre par certains de « désobligeante »[258] – dont l'objet était d'apprécier la conformité de la justice consulaire aux principes d'indépendance, d'impartialité et de compétences professionnelles. Vouée à l'échec – le Conseil constitutionnel a conclu, sans surprise, en faveur d'une telle conformité – cette QPC a cependant rappelé les deux défis majeurs auxquels les juridictions consulaires sont confrontés depuis toujours : d'une part, assurer la compétence des juges consulaires qui ne sont pas des professionnels du droit (**A**) ; d'autre part, encadrer le contrôle de l'organisation des juridictions consulaires, cette organisation multipliant les sources potentielles de conflits d'intérêts[259] puisque les magistrats sont eux-mêmes issus des milieux économiques (**B**).

A. LA COMPÉTENCE DES JUGES CONSULAIRES

9. Si les juges consulaires apportent une compétence qui leur est propre et une connaissance du monde économique incomparables, leur compétence – parce qu'ils ne sont pas des professionnels du droit, mais des chefs d'entreprise élus par leurs pairs – est souvent l'objet de vives critiques. Concrètement, la question peut être posée en des termes lapidaires : le mandat de juge doit-il

---

[256] Relevé par Y. CHAPUT, « Digressions sur des juges des défaillances financières des entreprises » in *Mélanges en l'honneur de Jean-Luc VALLENS*, Paris, Joly éd., 2017, p. 307.

[257] V. F.-X. Lucas, « Tribunaux de commerce : une QPC désobligeante », *LEDEN* avr. 2012, n° EDED-412063-41204, p. 1.

[258] Cons. const., 4 mai 2012, n° 2012-241 QPC. Sur cette décision, v. not. N. FRICERO, « Le tribunal de commerce : une juridiction conforme aux exigences constitutionnelles », *D.* 2012, p. 1626 : I. ROHART-MESSAGER, « La conformité des tribunaux de commerce à la Constitution », *BJE* sept. 2012, n° JBE-2012-0150, p. 293 ; J. VALLANSAN, « La pérennité constitutionnelle des tribunaux de commerce », *JCP E* 2012, p. 1365 ; J.-L. VALLENS, « L'honneur est sauf : les tribunaux de commerce ne sont pas contraires à la Constitution », *D.* 2012, p. 1413.

[259] J. RAIBAUT, « Réforme des tribunaux de commerce – Peut mieux faire ! », in *Un droit « positif », un droit de progrès – Mélanges en l'honneur de Corinne Saint-Alary-Houin*, Paris La Défense, LGDJ, 2020, p. 503.

être réservé à des magistrats professionnels, à la formation juridique spécifique ? Formulée en ces termes, la question subit assurément l'influence de la culture juridique française où la carrière de magistrat demeure un choix opéré majoritairement juste à la fin des études[260] : les étudiants commencent alors leur préparation au concours d'entrée à l'*École nationale de la magistrature*. Si dans d'autres pays le choix de la magistrature ne peut intervenir qu'après une autre carrière[261], solution favorable au développement d'une culture de collégialité professionnelle[262], en France la magistrature constitue le plus souvent un premier choix de carrière. Nombreux pointent ainsi la relative inexpérience des magistrats français qui, la plupart du temps, sont amenés à trancher des litiges après une formation à l'application quotidienne du droit extrêmement courte. Cette critique peut viser les juges consulaires d'autant plus facilement qu'ils ne sont pas des professionnels du droit. L'exception française tranche avec beaucoup de cultures juridiques. Ainsi, dans la culture anglo-saxonne, parce que pendant longtemps les magistrats ne pouvaient être choisis que parmi les membres des *Inns of Court* anglaises, l'idée qu'un magistrat puisse être nommé sans avoir exercé préalablement une profession judiciaire est même suspecte. De même, en Russie les magistrats ne peuvent être nommés que parmi les citoyens russes âgés de plus de 25 ans, ayant une formation juridique supérieure et une ancienneté professionnelle d'au moins cinq ans dans une profession juridique[263].

10. Certes les juges consulaires sont forts de leur expérience de chefs d'entreprise. Mais la complexité croissante de beaucoup de contentieux économiques nécessitait l'instauration de réelles garanties de compétence. Cette compétence peut résulter de l'expérience acquise par l'activité juridictionnelle. Ainsi, il est loisible de rappeler que les fonctions de juge-commissaire ne peuvent être exercées que par des juges consulaires ayant une ancienneté d'au moins deux ans[264] et que, en principe, seul un juge ayant exercé des fonctions dans un tribunal de commerce pendant au moins six

[260] A l'opposé par exemple de nombreux pays de *common law* et, notamment, de l'Angleterre, cf. G. SAMUEL, *A short introduction to the Common law*, Cheltenham, E. Elgar, 2016, p. 38.
[261] Sur ce questions, v. not. M. DE S.-O.-L'E. LASSER, *Judicial deliberations – A comparative analysis of judicial transparency and legitimacy*, Oxford, OUP, 2004, 382 p.
[262] G. SAMUEL, « La collégialité et les juridictions anglaises », in F. HOURQUEBIE (éd.), *Principe de collégialité et cultures judiciaires*, Bruxelles, Bruylant, 2011, p. 179.
[263] Constitution de la Fédération de Russie, art. 119. Les dispositions de cet article, situé au sein d'un chapitre 7 consacré à « La Justice » précisent que des « exigences complémentaires à l'égard des juges des tribunaux de la Fédération de Russie peuvent être établies par la loi fédérale ». Ainsi, la Loi n° 3132-1 du 26 juin 1992 sur le statut des juges au sein de la Fédération de Russie édicte en son article 4 §2 les conditions supplémentaires requises pour siéger au sein de la Cour constitutionnelle et de la Cour Suprême de la Fédération de Russie.
[264] Cf. C. com., art. L. 722-14.

ans[265]. Mais cette compétence peut être acquise aussi par la formation. La formation des juges consulaires est donc désormais obligatoire[266], tout juge d'un tribunal de commerce ne satisfaisant à l'obligation de formation initiale étant réputé démissionnaire[267]. Cette formation comprend une formation initiale organisée par l'École nationale de la magistrature d'une durée de huit jours et portant notamment sur des enseignements relatifs à l'organisation judiciaire, aux principes de la procédure, au fonctionnement d'une juridiction, à la déontologie, ainsi qu'à la technique de rédaction des jugements et de tenue d'une audience[268]. Elle est complétée par une formation continue d'une durée de deux jours au cours d'une année civile[269], placée aussi sous la responsabilité de l'École[270]. À ces formations obligatoires s'ajoutent les formations organisées dans les juridictions elles-mêmes, à l'initiative de chaque président et en partenariat avec les Universités.

B. L'INDÉPENDANCE ET L'IMPARTIALITÉ DES JUGES CONSULAIRES

11. L'idée même d'une justice rendue par les pairs demeure associée pour certains à l'apparition inéluctable de conflits d'intérêts et soulève la difficulté du respect des garanties d'indépendance et d'impartialité judiciaire universellement partagées[271]. Voilà autant de défis posés à la nécessaire confiance des justiciables en la justice consulaire. Étudiée notamment par l'Organisation pour la Coopération et le Développement Économique (OCDE)[272], la question de la prévention des conflits d'intérêts est essentielle dans les démocraties occidentales. Cette question revêt un caractère d'autant plus aigu en matière de juridictions consulaires que les magistrats sont eux-mêmes à la tête d'entreprises susceptibles d'être en relation d'affaires directe ou indirecte avec une partie à l'instance. Dans cette perspective, l'article L. 722-20 du Code de commerce édicte une interdiction claire de tout conflit

---

[265] Cf. C. Com., art. L. 722-11.
[266] V. not. B. ROLLAND, « Justice du XXIe siècle : précisions relatives au statut, à la formation, à la déontologie et aux règles disciplinaires des juges des tribunaux de commerce », *Procédures* 2017, n° 2, p. 46.
[267] Cf. C. com., art. L. 722-17. Le contenu de cette obligation de formation est précisé par les articles D. 722-28 à D. 722-35 du Code de commerce.
[268] Cf. C. com., art. D. 722-31.
[269] Cf. C. com., art. D. 722-33.
[270] Cf. C. com., art. D. 722-34.
[271] Sur ce point, v. not. L. HUPPE, « Les déclarations de principes internationales relatives à l'indépendance judiciaire », *Les Cahiers du droit* 2002, 43 (2), p. 299 et s.
[272] V. not. les *Lignes directrices de l'OCDE pour la gestion des conflits d'intérêts dans le service public* cf. http://www.oecd.org/fr/gouvernance/ethique/conflits-dinterets/ [Consulté le 7 févr. 2021].

d'intérêts pour les juges consulaires, un tel conflit étant défini comme « une situation d'interférence entre un intérêt public et des intérêts publics ou privés qui est de nature à influencer ou à paraître influence l'exercice indépendant, impartial et objectif d'une fonction ». À cette fin, les juges consulaires doivent remettre une déclaration d'intérêts dans un délai de deux mois à compter de leur prise de fonctions[273]. Sanctionné pénalement, ce dispositif est complété par diverses mesures empruntant schématiquement deux directions : l'extension du champ des incompatibilités[274], ainsi que la multiplication de mécanismes organisant techniquement la prévention des conflits d'intérêts : abstention[275], récusation du juge[276], délocalisation du procès[277].

12. Ces mécanismes préservent en France le respect des garanties d'indépendance et d'impartialité des juridictions judiciaires posées par l'article L. 111-5 du Code l'Organisation Judiciaire (COJ) et applicables plus particulièrement aux tribunaux de commerce[278]. Sur un plan technique, l'indépendance consiste en l'absence de tout lien de subordination de fonctions ou de services. Elle ne se confond donc pas avec l'impartialité conduisant, elle, à la notion de neutralité, c'est-à-dire à l'absence de tout parti pris, de tout préjugé[279]. Si l'indépendance laisse supposer ou espérer l'impartialité, l'impartialité – aux divers stades de la procédure – traduit aussi plus largement la nécessaire recherche d'une conjugaison de la sécurité et de la justice, de la technique et de l'éthique en droit des affaires.

13. Dès lors la question de la déontologie – dont l'invention est souvent attribuée à Jeremy Bentham, le fondateur de l'utilitarisme[280] – est posée. La déontologie permet d'arbitrer les dilemmes moraux qui accompagnent nécessairement la fonction juridictionnelle. Elle répond à l'exigence de faire régner certaines valeurs et, réciproquement, de combattre certains égarements,

---

[273] C. com., art. L. 722-21, I.

[274] Le régime des incompatibilités est édicté aux articles L. 722-6-1 à L. 722-6-3 du Code de commerce.

[275] CPC, art. 339.

[276] CPC, art. 356.

[277] CPC, art. 356 et C. com., art. L. 662-2 et R. 662-2.

[278] En vertu de l'article L. 721-1 du Code de commerce. Sur cette question, v. not. C. DELATTRE, « Impartialité et justice consulaire », in *Mélanges en l'honneur de Jean-Luc Vallens*, Issy-les-Moulineaux, Joly éd., 2017, p. 3 et s. *Adde* T. MONTERAN, « Impartialité, droits de l'homme et QPC », *Rev. proc. coll.* 2015, étude 13. Pour une illustration, v. not. Com., 8 avr. 2015, n° 14-10.817 : *Proc.* 2015, n° 7, comm. 230, note B. ROLLAND ; *Rev. proc. coll.* 2015, n° 4, comm. 81, note P. CAGNOLI.

[279] Ch. DELATTRE, « La justice consulaire face à l'impartialité », *Rev. proc. coll.* 2013, étude 3.

[280] V. not. J. BENTHAM, *Deontology or the science of morality*, Londres, Longman, 1834, 2. vol. Une traduction française est parue la même année, cf. J. BENTHAM, *Déontologie ou Science de la morale – Ouvrage posthume*, Paris, Libraire Charpentier, 1834, 2 vol.

notamment la cupidité[281]. La loi du 18 novembre 2016 (dite Loi Justice XXI) a créé un cadre déontologique précis et contrôlé[282]. Cette loi a introduit dans le Code de commerce une sous-section consacrée à la déontologie des juges des tribunaux de commerce[283] proclamant les valeurs de probité, d'honneur, de dignité, de diligence, de respect du secret professionnel ainsi que le devoir de légalité[284], valeurs qui se trouvent synthétisées dans le serment prêté par tout juge consulaire avant d'entrer en fonctions[285]. Ce dispositif a été complété par la création d'un collège de déontologie[286] exerçant une mission non disciplinaire, mais d'assistance. L'action de ce collège a permis l'élaboration d'un référent déontologique : le *Recueil des obligations déontologiques* publié le 19 mars 2018 par la Garde des Sceaux de l'époque[287]. Dans le même temps, la discipline[288] et, corrélativement, les garanties fonctionnelles[289] offertes aux juges consulaires ont été renforcées. Soutenus par la présence rassurante du Ministère public, les juges consulaires sont donc désormais bien armés pour résister aux pressions du pragmatisme économique[290] et ne pas céder à ses « sirènes » [291]. Car, comme le rappelle une certaine doctrine, la vérité économique n'est pas la vérité juridique et la solution économique n'est pas toujours la solution juridique. Concilier économie et droit constitue un exercice bien délicat. Mais c'est déjà évoquer les défis pour toujours posés aux juridictions consulaires.

---

281 V. le dossier « La cupidité en droit des affaires », *Gaz. Pal.* 31 déc. 2013, n° 158e2. Pour mémoire, l'article L. 654-12, II du Code de commerce est applicable aussi aux juges consulaires. Il prévoit : « II.- Est puni (...) le fait, pour tout administrateur, mandataire judiciaire, liquidateur, commissaire à l'exécution du plan ou toute autre personne, à l'exception des représentants des salariés, de se rendre acquéreur pour son compte, directement ou indirectement, de biens du débiteur ou de les utiliser à son profit, ayant participé à un titre quelconque à la procédure. (...) ».

282 Cf. Loi n° 2016-1547 du 18 novembre 2016 de modernisation de la justice du XXIe siècle, *JORF* n° 0269 du 19 nov. 2016.

283 Cf. C. com., art. L. 722-18 à L. 722-21.

284 N. FRICERO, « Être juge au tribunal de commerce au XXIe siècle : navette déontologie, nouvelle discipline ! », in *Mélanges en l'honneur de Jean-Luc VALLENS*, Paris, Joly éd., 2017, p. 60.

285 Les termes de ce serment sont fixés par l'article L. 722-7 du Code de commerce : « Je jure de bien et fidèlement remplir mes fonctions, de garder le secret des délibérations et de me conduire en tout comme un juge digne et loyal ».

286 C. com., art. R. 721-1.

287 Cf. http://www.justice.gouv.fr/art_pix/recueil_deonto_juges_consulaires.pdf [Consulté le 7 févr. 2021].

288 Les principales règles disciplinaires sont édictées aux articles L. 724-1 à L. 724-7 du Code de commerce.

289 Cf. C. com., L. 722-19.

290 Sur cette notion, v. not. Ch. DELATTRE, « Le pragmatisme économique est-il un nouveau fondement juridique ? », *Rev. proc. coll.* 2012, alerte 1.

291 Ch. DELATTRE, « Impartialité et justice consulaire », in *Mélanges en l'honneur de Jean-Luc VALLENS*, Paris, Joly éd., 2017, p. 4.

II. Les défis pour toujours

14. À une époque de concurrence législative entre États, de complexification des contentieux économiques, mais aussi de circulation et d'accès à l'information qui accroissent significativement les attentes des justiciables, les juridictions consulaires françaises doivent relever essentiellement deux défis : d'une part, la performance (**A**), d'autre part, l'humanité de la justice économique (**B**).

A. LA PERFORMANCE DE LA JUSTICE ÉCONOMIQUE

15. En concurrence pour attirer l'investissement international[292], les systèmes législatifs nationaux sont aujourd'hui évalués en permanence sur le plan de leur performance économique. La Banque Mondiale, avec ses rapports *Doing business*[293], et le Fonds Monétaire International figurent assurément parmi les instances d'évaluation les plus connues[294]. L'analyse économique du droit[295] constitue l'outil de base de cette évaluation et, par conséquent, un élément essentiel d'intelligibilité tant des politiques législatives nationales édictées en matière de traitement des difficultés des entreprises que de leur mise en œuvre concrète par le système judiciaire[296]. L'objectif immédiat est alors la recherche de l'efficacité[297] et même de l'efficience, c'est-à-dire la maximisation de la valeur. Cette maximisation est avant tout mesurée par des indicateurs quantitatifs. À cet égard, alors que le constat général en France est d'un encombrement des tribunaux, d'un allongement des délais, ou encore d'une insuffisance parfois chronique des moyens humains et matériels, les

---

[292] Les tribunaux de commerce français entendent œuvrer activement en faveur de l'attractivité du droit économique français comme en témoigne le partenariat signé avec le Cercle Montesquieu, cf. « Juges consulaires et directeurs juridiques s'allient pour l'attractivité du droit économique français », *LPA* 10 oct. 2016, n° 121c2, p. 2.

[293] Cf. https://www.doingbusiness.org [consulté le 9 févr. 2021]. Le rapport 2020 est disponible au moment où nous écrivons.

[294] V. not. sur le dernier rapport publié à cette date, M. DI MARTINO, « Rapport "Doing Business 2020" », *Rev. proc. coll.* 2019, n° 6, alerte 26.

[295] Pour une analyse de l'évolution de cette discipline, *cf.* E. MAC KAAY, « La règle juridique observée par le prisme de l'économiste. Une histoire stylisée du mouvement de l'analyse économique du droit », *RIDE* 1986, p. 43. *Adde*, pour une perspective plus récente, B. DEFFAINS, C. DESRIEUX, « L'analyse économique du droit : bilan et perspectives », *Revue d'économie politique* 2019/2, p. 137 et s. V. B. DEFFAINS et F. MARTY, « Economie du droit » in J.-B. RACINE (sous dir.), *Les grands concepts du droit économique*, Paris, Lextenso, 2020, p. 237 et s.

[296] L. ROUSSEY, « Enjeux théoriques et opérationnels de l'analyse économique du système judiciaire », *Économie et institutions* [En ligne], 24 | 2016 [http://journals.openedition.org/ei/5692 ; consulté le 20 avril 2020].

[297] B. DEFFAINS, « Systèmes juridiques et performances économiques : existe-t-il un droit efficace ? », Gaz. Pal. 30 août 2015, n° 233u3, p. 22.

tribunaux de commerce affichent des résultats positifs. Ainsi, en 2017[298], le délai moyen pour traiter une affaire contentieuse devant les tribunaux de commerce était de 5,5 mois et le taux d'appel en premier ressort s'élevait à 14,5 % contre 21,6% pour les tribunaux de grande instance[299]. Bien qu'il soit malaisé d'en déduire des conclusions déterminantes, ces chiffres sont indéniablement encourageants.

16. La quête de la performance trouve aussi un prolongement dans une dimension plus qualitative. L'idée est alors de « faciliter des stratégies dynamiques pour développer l'efficience d'une entreprise par l'autorité attachée à des décisions de justice »[300]. Ici la performance suppose des objectifs à atteindre clairement identifiés et la mise en œuvre de moyens (humains et matériels) adéquats[301]. C'est la mise en œuvre du droit qui est alors analysée[302] et, inévitablement, mesurée à travers des critères de plus en plus sophistiqués. L'initiative de l'*Index de la sécurité juridique*[303] ou encore les travaux de la Commission européenne sur l'efficacité de la justice (CEPEJ)[304] constituent des illustrations bien connues et néanmoins topiques de cette démarche. Si l'on considère que l'un des domaines le plus étudiés dans cette perspective est celui du traitement de l'insolvabilité, il est aisé de comprendre que les tribunaux de commerce sont les premiers concernés par cette quête d'une meilleure justice qui se veut conduite avec une rigueur toute scientifique. Pour s'en convaincre, il est loisible de considérer les *Principes pour des régimes de l'insolvabilité et créancier/débiteur efficaces* élaborés par la Banque Mondiale[305]. La partie D des Principes s'intéresse plus particulièrement au cadre institutionnel et règlementaire. Les principes

[298] Cf. Conférence générale des juges consulaires de France, *Activité 2017 des Tribunaux de commerce*, http://www.tribunauxdecommerce.fr/wp-content/uploads/2015/04/statistiques-2017.pdf [Consulté le 9 févr. 2021].

[299] Cf. http://www.tribunauxdecommerce.fr/wp-content/uploads/2015/04/statistiques-2017.pdf [Consulté le 9 févr. 2021]. A noter qu'il n'existe pas de statistiques au jour nous écrivons concernant les tribunaux judiciaire, successeurs des tribunaux d'instance et des tribunaux de grande instance dans la mesure où ces tribunaux sont entrés en fonction en 2020.

[300] Y. CHAPUT, « Digressions sur des juges des défaillances financières des entreprises » in *Mélanges en l'honneur de Jean-Luc VALLENS*, Paris, Joly éd., 2017, p. 307.

[301] S. BECQUE-ICKOWICZ, « Brèves remarques sur la performance », in *Un droit « positif », un droit de progrès – Mélanges en l'honneur de Corinne Saint-Alary-Houin*, Paris La Défense, LGDJ, 2020, p. 42.

[302] R. Espinosa, *Analyse économique de la norme juridique : des origines constitutionnelles à la mise en œuvre par le juge*, Thèse Univ. Paris 2, B. DEFFAINS (dir.), 2015, 292 p.

[303] V. not. B. DEFFAINS, M. SEJEAN, *L'index de la sécurité juridique (ISJ) – The Index of Legal Certainty (ILC)*, Paris, Dalloz, 2018, 400 p.

[304] Cf. https://www.coe.int/fr/web/cepej [Consulté le 7 févr. 2021].

[305] World Bank, *Principles of Effective Insolvency and Creditor/Debtor Regimes*, 2016.

D1.2[306] et D1.5[307] méritent tout particulièrement l'attention car ils soulignent la nécessité d'une expertise réelle des magistrats non seulement juridique, mais aussi véritablement économique du traitement des difficultés[308].

17. Dès lors, pour demeurer les juges privilégiés d'une justice économique et d'un droit économique performants, les juges consulaires devront démontrer une capacité d'adaptation sans cesse croissante aux évolutions de l'économie et à un environnement européen et international[309] qui commande la mise en œuvre de techniques de coopération complexes, particulièrement en matière de traitement de l'insolvabilité[310]. Cet effort d'adaptation explique d'ailleurs l'état de réforme permanente qu'impose depuis plusieurs années le législateur français à l'organisation de la justice et qui touche plus particulièrement les juridictions consulaires. Si l'on considère uniquement les cinq dernières années, il est loisible ainsi de citer la Loi n° 2015-990 du 6 août 2015[311] qui a notamment instauré les tribunaux de commerce spécialisés en matière de procédures de traitement des difficultés des entreprises ; la Loi n° 2016-1321 du 7 octobre 2016[312] qui a notamment instauré une mise à disposition gratuite du public des décisions rendues par les juridictions judiciaires[313] ; la Loi n°

---

306 Le principe D1.2 prévoit « *Role of Courts in Insolvency Proceedings.* Insolvency proceedings should be overseen and impartially disposed of by an independent court and assigned, where practical, to judges with specialized insolvency expertise. Nonjudicial institutions playing judicial roles in insolvency proceedings should be subject to the same principles and standards applied to the judiciary ».

307 Le principe D1.5 prévoit « *Role of Courts in Commercial Enforcement Proceedings.* The general court system must include components that effectively enforce the rights of both secured and unsecured creditors outside of insolvency proceedings. If possible, these components should be staffed by specialists in commercial matters. Alternatively, specialized administrative agencies with that expertise may be established ».

308 B. WESSELS, « Improving courts' performance in restructuring and insolvency proceedings in the EU » in *Mélanges en l'honneur de Jean-Luc VALLENS*, Paris, Joly éd., 2017, p. 392.

309 Que l'on songe au projet de Code européen des affaires que promeut la Fondation pour le droit continental. Cf. https://www.fondation-droitcontinental.org/fr/ [Consulté le 4 déc. 2020].

310 Diverses codifications de ces pratiques existent : cf. *Guide pratique de la CNUDCI sur la coopération en matière d'insolvabilité internationale (2009)* et les *EU Cross-border Insolvency Court-to-Court Cooperation Principles and Communication Guidelines (EU JudgeCo Principles)*, 2014, dressés par les équipes des universités de Leiden et Nottingham dans le cadre d'un projet européen. Sur ce volet, v. not. B. WESSELS, « Energising courts to continue breaking new ground in insolvency and restructuring cases », *IIR* 2020, Vol. 29, n° 3, p. 393.

311 Loi n° 2015-990 du 6 août 2015 pour la croissance, l'activité et l'égalité des chances économiques, *JORF* n° 0181 du 7 août 2015.

312 Loi n° 2016-1321 du 7 octobre 2016 pour une République numérique, *JORF* n° 0235 du 8 oct. 2016.

313 Ainsi l'art. 21 de Loi n° 2016-1321 a introduit un nouvel article L. 111-13 dans le Code de l'organisation judiciaire, lequel édicte : « Sans préjudice des dispositions particulières qui régissent l'accès aux décisions de justice et leur publicité, les décisions rendues par les juridictions judiciaires sont mises à la disposition du public à titre gratuit dans le respect de la vie privée des personnes concernées.
Cette mise à disposition du public est précédée d'une analyse du risque de ré-identification des personnes. (...) ».

2016-1547 du 18 novembre 2016[314] qui a édicté un statut du juge consulaire et transféré au tribunal de commerce la compétence en matière de litiges concernant les artisans[315], enfin la loi Loi n° 2019-222 du 23 mars 2019[316] a concrétisé l'unification du premier de juridiction en matière civile en substituant le *Tribunal judiciaire* aux anciens *Tribunaux d'instance* et de *Grande Instance.* Si l'on peut sans doute y reconnaître pour partie les manifestations d'une conception exagérée de la capacité du droit à modifier les faits économiques, ces réformes incessantes montrent que la justice en général et la justice consulaire en particulier s'inscrivent désormais dans un mouvement dialectique d'amélioration permanente.

B. L'HUMANITÉ DE LA JUSTICE ÉCONOMIQUE

18. La justice consulaire a connu une impressionnante évolution : d'abord au service de l'entreprise et, à cet égard, perçue parfois comme servile, elle s'est affirmée ensuite en lieu de remise en question des choix de direction et même de moralisation des affaires[317]. À cet égard, pour ces propos conclusifs, je me permettrai de partager une expérience personnelle. Dans ma thèse, consacrée à la faillite internationale, j'écrivais que les procédures de traitement des difficultés des entreprises étaient une méthode, appliquée à une situation objective : l'insolvabilité. Mon expérience de praticien m'a rapidement amené à réviser cette opinion. Non point parce que j'aurais découvert l'existence d'un prétendu abîme séparant la théorie enseignée dans les Universités et les réalités de la mise en œuvre concrète du droit. Bien au contraire, j'ai plutôt constaté que les meilleurs praticiens sont, à la fois, d'excellents théoriciens et techniciens du droit. En fait, j'ai appris que le droit économique, mis en action, ne pouvait créer de véritables changements positifs sans un levier essentiel : l'être humain. Sans humanité, impossible de persuader les ouvriers d'une usine en grève à reprendre le travail pour sauver leur entreprise ; sans humanité, impossible de redonner confiance à des partenaires qui craignent que les difficultés du débiteur ne les plongent eux-mêmes dans une défaillance souvent vécue comme infamante ; sans humanité, enfin, impossible de déceler la souffrance d'un dirigeant qui, épuisé, envisage de mettre fin à ses jours. Au quotidien, la justice économique se construit dans une expérience d'humanité.

---

314 Loi n° 2016-1547 du 18 novembre 2016 de modernisation de la justice du XXIe siècle, *JORF* n° 0269 du 19 nov. 2016.

315 Cette loi arrête au 1er janvier 2022 la date de transfert au tribunal de commerce du contentieux concernant l'activité des artisans.

316 Loi n° 2019-222 du 23 mars 2019 de programmation 2018-2022 et de réforme pour la justice, *JORF* n° 0071 du 24 mars 2019. V. plus particulièrement les articles 5, 26, 27 et 95.

317 H. BONIN, « Justice et entreprise en France : une histoire révélatrice des mutations économiques et politiques (XIXe-XXe siècles), *Histoire de la Justice* 2007/1, n° 17, p. 165.

Réciproquement, en l'absence d'une telle humanité, il n'y a point de véritable justice.

19. Le *Recueil des obligations déontologiques du juge du tribunal de commerce* déjà évoqué[318] se place d'emblée dans cette perspective. Sous le chapitre « L'attention à autrui » (p. 21), il pose les bases de cette humanité si nécessaire et en distille les vertus premières : le respect dû à autrui, l'écoute et la délicatesse[319]. Progressivement, la justice économique brutale décrite dans le célèbre *César Birotteau* d'Honoré de Balzac[320] cède donc la place, notamment en matière de traitement des difficultés des entreprises, à une justice qui se veut plus humaine et peut-être même thérapeutique[321]. Au-delà d'une remise en cause de l'effet stigmatisant des procédures collectives de paiement[322], cette évolution procède d'une prise de conscience de la souffrance du chef d'entreprise[323] et des nombreux obstacles qui s'opposent à son rebond[324]. Elle conduit à imaginer de nouveaux rôles ; elle commande aussi que la justice rendue par chaque tribunal de commerce s'insère dans un contexte plus compréhensif. Créé par un greffier de tribunal de commerce[325], le dispositif APESA[326] offre une illustration remarquable du succès d'une telle approche. Ce dispositif est aujourd'hui mis en œuvre dans plus de 40 juridictions, majoritairement consulaires[327]. Ne connaissait-on pas autrefois

---

[318] V. *supra* n° 13.

[319] Cf. http://www.justice.gouv.fr/art_pix/recueil_deonto_juges_consulaires.pdf [Consulté le 7 févr. 2021].

[320] H. DE BALZAC, *Histoire de la grandeur et de la décadence de César Birotteau, parfumeur, chevalier de la Légion d'honneur, adjoint au maire du deuxième arrondissement de Paris*, Paris, Boulé,1838. Le succès de l'œuvre aurait contribué pour certains à une réforme du droit positif ainsi que de la pratique consulaire, cf. T. DE RAVEL D'ESCLAPON, « De la littérature et du réel – César Birotteau et l'exemple du droit de la faillite », in *Mélanges en l'honneur de Jean-Luc VALLENS*, Paris, Joly éd., 2017, p. 145 et s.

[321] V. MARTINEAU-BOURGNINAUD, « Les remèdes à la souffrance du chef d'entreprise en difficulté », D. 2016, p. 2529.

[322] C. MAGRAS VERGEZ, *La constance des stigmates de la faillite : De l'Antiquité à nos jours*, Préf. B. GALLINATO-CONTINO, Paris, LGDJ, 2019, 569 p. *Adde* , dans une perspective comparative, G. B. PORTALE, « Dalla "pietra del vituperio" al "bail-in" », *R.D. Comm.* 2017, n° 1, p. 21.

[323] Ch. DELATTRE, « Les magistrats et les acteurs de l'insolvabilité agissent pour venir en aide au chef d'entreprise en souffrance psychologique », *Rev. proc. coll. 2020*, n° 2, p. 19. *Adde*, Ch. DELATTRE, « La souffrance du chef d'entreprise face. La défaillance de son entreprise », *BJE* juill. 2015, n° 112h1, p. 201.

[324] M. DOLS-MAGNEVILLE, Le rebond du chef d'entreprise honnête, un chemin semé d'embuches », in *Un droit « positif », un droit de progrès – Mélanges en l'honneur de Corinne Saint-Alary-Houin*, Paris La Défense, LGDJ, 2020, p. 149.

[325] M. BINNIE, « Du traitement des difficultés des entreprises à la prise en compte des difficultés propres au chef d'entreprise », *Rev. proc. coll.* 2016, n° 4, p. 64.

[326] Pour *Aide Psychologique pour les Entrepreneurs en Souffrance Aiguë*, v. www.apesa-france.com [Consulté le 9 déc. 2020].

[327] M. BINNIE, « La justice n'est plus désormais le lieu du non-lieu de l'être », *BJE* mai 2018, n° 115v7, p. 176.

les *persona*, ces masques de théâtre qui permettaient à l'assistance d'identifier immédiatement le rôle de chaque interprète ? Si l'être humain doit être considéré comme une fin et une valeur suprême, si son épanouissement ainsi que le respect de sa dignité[328] doivent être préservés, alors la justice doit savoir aussi se parer d'un nouveau visage. Les juridictions consulaires l'ont bien compris.

20. Mais une telle humanité est-elle toujours envisageable pour toujours à l'ère de l'intelligence artificielle (IA) et des promesses qu'elle véhicule d'une justice totalement indépendante, impartiale et infaillible, c'est-à-dire d'une justice, disons-le, inhumaine ? Comment comprendre l'engouement dont bénéficie le développement de cette technologie qui relègue l'humain au second plan ? D'abord, par l'illusion que le raisonnement juridique pourrait être réduit au seul syllogisme juridique et serait donc aisément modélisable, démarche dont on sait aujourd'hui qu'elle a échoué[329]. Enfin et surtout, par la promesse d'une satisfaction des besoins de rapidité et d'économie de moyens et ce malgré les dangers de la normativité des algorithmes[330]. Or le droit n'est pas simplement un ensemble de normes, mais revêt une dimension à la fois herméneutique et épistémique[331]. Si la notion de justice prédictive – c'est-à-dire d'une technologie fondée sur l'IA permettant de prévoir l'issue d'une action en justice – est aujourd'hui très contestée[332], l'idée que l'IA puisse utilement assister le juge[333], elle, s'impose progressivement[334]. Ainsi, ces nouvelles technologies jouent un rôle ambivalent : tout en augmentant la performance sur certains plans, elles soulèvent de nouvelles difficultés et révèlent de nouveaux enjeux[335].

---

328 V. MARTINEAU-BOURGNINAUD, « Dignité humaine et défaillance économique », in *Un droit « positif », un droit de progrès – Mélanges en l'honneur de Corinne Saint-Alary-Houin*, Paris La Défense, LGDJ, 2020, p. 375.

329 Pour une synthèse des tentatives menées en vue de l'adaptation de la technologie des systèmes experts au droit, v. not. P. LEITH, « The rise and fall of the legal expert system », *European Journal of Law and Technology*, Vol. 1, Issue 1, 2010 [http://ejlt.org/index.php/ejlt/article/view/14, Consulté le 7 févr. 2021].

330 J.-B. RACINE, « La résolution amiable des différends en ligne ou la figure de l'algorithme médiateur », *D.* 2018, p. 1700.

331 F. ROUVIERE, « *Jus ex machina* : la normativité de l'intelligence artificielle », *RTD Civ.* 2019, p. 217.

332 E. BUAT-MENARD, « La justice dite "prédictive" : prérequis, risques et attentes - L'expérience française », *Cah. just.*, 2019, p. 269. *Adde* L. GODEFROY, « La performativité de la justice "predictive" : un pharmakon ? », *D.* 2018, p. 1979. Certains discernent même, derrière cette appellation, avant tout une technique de *marketing*, cf. T. COUSTET, « La réalité derrière le fantasme de la justice robot », *D. actu.* 15 avr. 2019.

333 D. REILING, « Quelle place pour l'intelligence artificielle dans le processus de décision d'un juge ? », *Cah. just.*, 2019, p. 221.

334 D. PIANA, « La justice numérique : un panorama européen », *Cah. just.*, 2019, p. 257.

335 C. FRADE, P. FERNANDO, A.F. CONCEIÇÃO, « The performance of the courts in the digital era: The case of insolvency and restructuring proceedings », *IIR* 2020, Vol. 29, n° 3, p. 346.

LES JURIDICTIONS AU CŒUR DES INTERACTIONS SOCIALES GLOBALES : LE POINT-CLÉ DE LA CIRCULATION

Jean-Sylvestre BERGÉ[336]
Professeur de droit privé
Université Côte d'Azur, CNRS GREDEG
délégué auprès de l'Institut Universitaire de France

Cette contribution s'inscrit dans deux recherches, l'une passée[337], l'autre en cours[338].

Elle propose d'analyser, à travers le prisme de la circulation, le rôle des juridictions nationales, internationales et européennes, de stature publique (justice étatique ou supra-étatique) ou privée (arbitrage interne ou international), saisies d'affaires mettant en jeu des interactions sociales de type global.

Ce type d'analyse s'appuie sur le constat d'un pluralisme juridique mondial (I) qui mobilise le travail des juridictions (II) autour de situations complexes et protéiformes de circulation (III).

I. Le pluralisme juridique mondial

Le point de départ de l'analyse ici proposée s'appuie sur ce que l'on a appelé le « pluralisme juridique mondial ».

Conçu par Santi Romano[339] comme un instrument de définition des ordres juridiques, le pluralisme juridique a été largement travaillé en théorie,

---

[336] Jean-Sylvestre.BERGE@univ-cotedazur.fr - www.universitates.eu
[337] Recherche conduite entre 2008 et 2016 avec pour principal rendu, un ouvrage (*L'application du droit national, international et européen - Approche contextualisée des cas de pluralisme juridique mondial*, Dalloz, collection Méthodes du droit, 2013, 365 p.) adapté à un lectorat international (en coll. avec G. Helleringer, *Operating Law in a Global Context - Comparing, Combining and Prioritising*, Edward Elgar, 2017, 256 p.).
[338] Projet de recherche « IFITIS » sur « La circulation totale au-delà du contrôle et le droit », soutenu par l'Institut universitaire de France (projet senior 2016-2021) : http://www.universitates.eu/jsberge/?p=21027 ; un ouvrage est notamment en préparation sur le thème des situations en mouvement et le droit, Dalloz, collection Méthodes du droit, à paraître en 2021.
[339] S. Romano, *L'ordre juridique*, trad. P. Gothot et L. François, éd. Sirey 1975, rééd. Dalloz, 2002, préface P. Mayer. Pour un commentaire plus récent, voir : *Les ordres juridiques*, éd. Dalloz, coll. Tiré à part, 2015.

sociologie ou anthropologie du droit[340]. Il permet de décrire ce qu'un spécialiste de la question a défini comme « l'existence, au sein d'une société déterminée, de mécanismes juridiques différents s'appliquant à des situations identiques »[341]. Les juristes s'y réfèrent volontiers quand ils étudient, d'une part, les différentes manières dont le droit est susceptible de se développer en dehors des processus étatiques de délibération ou de décision et, d'autre part, les divers modes d'interaction qui résultent de la coexistence d'une pluralité de systèmes ou d'ordres juridiques. Le thème suscite un intérêt continu, dans des domaines extrêmement diversifiés[342].

Dans un environnement mondial, le pluralisme juridique a une signification plus étroite, qui lui est propre[343]. L'expression « pluralisme juridique mondial »[344] désigne ainsi une forme particulière de pluralisme juridique, immédiatement induit par les phénomènes de mondialisation du droit et ses différentes déclinaisons (globalisation, transnationalisation, fragmentation, régionalisation, etc.). Même si ce pluralisme juridique mondial n'échappe pas

---

340 Pour une approche d'ensemble, voir avec les nombreuses références bibliographiques citées, A.-J. Arnaud (dir.), *Dictionnaire encyclopédique de théorie et sociologie du droit*, LGDJ, 2e éd. 1993, *Verbis* « Pluralisme juridique » par J.-G. Belley et N. Rouland. Comparer, D. Alland et S. Rials (dir.), *Dictionnaire de la culture juridique*, éd. PUF, 2003, V° Pluralisme juridique par H. Moutouh. Voir également, Cahiers d'Anthropologie du droit, Les pluralismes juridiques, éd. Karthala, 2003 ; J.-L Bergel (dir.), *Le plurijuridisme* - Actes du 8ème congrès de l'Association internationale de méthodologie juridique, éd. PUAM, 2005 ; Collectif, *Le pluralisme*, Archives de philosophie du droit, éd. Dalloz, 2006.

341 J. Vanderlinden, « Le pluralisme juridique - Essai de synthèse », *in* J. Gilissen (dir.), *Le pluralisme juridique*, éd. de l'Université de Bruxelles, 1972, spéc., p. 19. Les travaux de cet auteur sont considérables sur le sujet. Sans prétendre les convoquer tous pour notre propre travail, voir en particulier : *Les pluralismes juridiques*, Bruylant, 2013. Voir également, les analyses parallèles proposées par R. Macdonald, notamment en collaboration avec M.-M. Kleinhans, par exemple : « What is a critical legal pluralism ? », *Canadian Jounal of Law & Society*, 12(2) 1997, p. 25.

342 Voir en particulier, L. Boy, J.-B. Racine et J.-J. Sueur (dir.), *Pluralisme juridique et effectivité du droit économique*, Larcier 2011.

343 Sur cette signification propre : M. Delmas-Marty, *Les Forces imaginantes du droit – 1. Le relatif et l'universel*, éd. Seuil 2004, spéc. p. 228. Voir également du même auteur, distinguant le pluralisme de fusion, du pluralisme de séparation et le pluralisme de juxtaposition du pluralisme ordonné, *Les Forces imaginantes du droit – 2. Le pluralisme ordonné*, éd. Seuil 2005, spéc. pp. 7 à 32. Pour une réflexion sur le pluralisme au départ des outils de la théorie analytique du droit, voir J.-J. Sueur, « Analyser le pluralisme pour comprendre la mondialisation ? », *in* J.-Y. Chérot et B. Frydman (dir.), *La science du droit dans la globalisation*, Bruylant, 2012, p. 89.

344 L'expression « pluralisme juridique mondial » ou « Global Legal Pluralism » a été régulièrement utilisée depuis la fin des années 1990 par un auteur : F. Snyder, « Governning Economic Globalisation Global Legal Pluralism and European Law », *Eur. Law Rev.* 1999, p. 334 (pour une version en français : *Droit et Société* 2003/2, p. 435). Elle connaît un beau succès, spécialement dans la littérature juridique en anglais. Voir, par exemple, : O. Perez, *Ecological Sensivity and Global Legal Pluralism : Rethinking the Trade and Environment Conflict*, Hart, 2004 ; P. S. Berman, "Global Legal Pluralism", *South. Calif. Law Rev.* 2007, p. 1155 ; R. Michaels, "Global Legal Pluralism", *Annual Review of Law & Social Science*, 2009, p. 45.

à des formes de standardisation/domination, il décrit la multiplication des lieux de fabrication et d'application du droit qui apparaissent en dehors ou au-delà du modèle strictement étatique. Le droit ne se construit pas seulement à l'intérieur des seules sphères nationales. Il est le résultat de l'activité propre d'organisations internationales et régionales, notamment européennes, que ces organisations aient, pour l'essentiel, une origine étatique (Organisation des Nations Unies, Organisation mondiale du commerce, Organisation internationale du travail, Organisation mondiale de la santé ou de la propriété intellectuelle, Institut international pour l'unification du droit privé, Union européenne, Cour internationale de justice, Cour permanente d'arbitrage, Centre international de règlement des différends liés à l'investissement, Cour européenne des droits de l'homme, etc.) ou, plus exceptionnellement, privée (organisations non gouvernementales comme la Chambre de commerce international ou l'Human Rights Watch par exemple, multinationales, syndicats professionnels, etc.). Le contexte national, qui connaît également des formes de pluralisme juridique, ne disparaît pas. Mais il coexiste avec les méthodes et solutions juridiques définies dans le contexte international et européen.

Ce pluralisme juridique mondial affecte tout particulièrement les cas, de plus en plus fréquents, où plusieurs droits élaborés dans un environnement national, international ou européen sont susceptibles d'être appliqués ensemble à une situation juridique donnée. Le processus d'application du droit notamment par les juges est particulier dans un contexte de pluralisme juridique mondial. Le droit appliqué développe, dans la variété des situations juridiques mondiales, un dynamisme qui lui est propre. Il ne peut résulter de la seule mise en œuvre d'une méthode ou d'une solution juridique à un instant donné, dans un espace et à un niveau prédéterminé, par un juge dûment identifié. Il faut l'appréhender dans un mouvement. Pour une même situation, plusieurs droits doivent être parfois mobilisés, alternativement, cumulativement, dans un même temps ou à des moments différents, dans un seul ou plusieurs espaces ou niveaux, par un juge unique ou plusieurs juges.

II. Le travail des juridictions dans un contexte global

Comment ce pluralisme juridique mondial agit-il sur le travail des juridictions ?

Comme nous l'avons indiqué dans le propos liminaire, ces juridictions peuvent être de rang national, international ou européen. Elles ont le plus souvent un caractère public, au sens où elles trouvent une origine étatique ou interétatique. Mais elles peuvent aussi avoir un caractère privé, comme dans le cas de l'arbitrage.

Toutes ces acceptions sont recevables. Ce qui compte, c'est la pratique du droit par le juge entièrement focalisé sur la recherche d'une solution à la question qui lui est posée.

Ce travail du juge doit s'ordonner autour d'une méthode dans un contexte global. Par où doit-il commencer ? Quelle(s) étapes(s) doit-il franchir pour aboutir au point ultime de son analyse ?

Une méthode élémentaire peut être retenue à cette fin. Le juge compare l'application du droit dans les différents contextes (comparaison), combine éventuellement (ce n'est pas systématique) ces applications, notamment si elles lui permettent d'atteindre un résultat différent de celui obtenu dans chacun des contextes (combinaison), sachant qu'il a potentiellement toujours la possibilité de se replier, à un moment ou un autre, sur une application du droit dans un contexte donné, plutôt qu'un autre (hiérarchisation)[345].

Considérée de manière générale, la comparaison est ainsi la première étape que le juge doit parvenir à franchir pour tenter d'appliquer le droit dans le contexte national, international et européen. Cantonné généralement à la seule étude des droits nationaux et à un exercice de pure connaissance, le « droit comparé » mérite de recevoir une signification plus large dans la perspective d'un pluralisme juridique mondial appliqué par le juge. La comparaison du droit national, international et européen implique, en effet, une potentielle mise à plat de l'ensemble des méthodes et solutions susceptibles d'être sollicitées au stade du traitement d'un cas ou d'une situation juridique. Elle commande une recherche sur la manière dont le droit peut être appliqué dans un environnement national, international ou européen. Cette recherche est un préalable. Elle permet, en effet, au juge de prendre la mesure des ressemblances et différences caractérisant l'application du droit dans des contextes aussi bien nationaux, internationaux qu'européens.

Ce type de démarche comparative est quasi-systématique dans les jurisprudences internationales (par exemple, CIJ) et européennes (par exemple, CEDH). On la rencontre également dans la posture des juridictions suprêmes nationales (notamment constitutionnelles[346]). La position de surplomb de ces différentes institutions les conduit à dire le droit dans une arène globale où les visions purement autarciques condamneraient leurs auteurs à une forme de marginalisation.

---

[345] Pour une présentation détaillée et illustrée de cette méthode en trois temps, voir les ouvrages cités précédemment en note 336.

[346] Voir pour une illustration remarquée, la décision de la Cour suprême des États-Unis rendue dans l'affaire Lawrence c/ Texas (02-102) 539 US 558 (2003) relative à la répression pénale de certaines pratiques sexuelles ; pour une analyse du contexte et des controverses suscitées par cet emprunt de la cour suprême américaine au droit européen : G. Canivet, Les influences croisées entre juridictions nationales et internationales – Eloge de la « bénévolance » des juges, RSCDP 2005, 799 ; voir également l'étude approfondie de R. Bismuth, L'utilisation de sources de droit étrangères dans la jurisprudence de la Cour suprême des Etats-Unis, RIDC 2010, 105

L'étape de combinaison du droit national, international et européen est, quant à elle, celle où le juge s'efforce d'assembler les méthodes et solutions identifiées au terme d'un travail de comparaison, en vue de construire son raisonnement juridique. Elle peut être pratiquée dans deux grandes hypothèses : celle où les droits en présence sont complémentaires et entretiennent un rapport de mise œuvre ; celle où une circulation des situations d'un niveau du droit à l'autre peut être observée.

La jurisprudence de la Cour de justice de l'Union européenne offre, à cet égard, des illustrations intéressantes où des instruments internationaux multilatéraux ou bilatéraux sont invoqués devant elle alors qu'ils ne lient pas, formellement ou matériellement, l'Union européenne ou, avant elle, les Communautés européennes. Différents exemples existent. On peut notamment proposer celui de l'arrêt *Bogiatzi*[347] qui illustre le cas où la Cour de justice considère qu'un règlement communautaire doit être appliqué en tenant compte des prescriptions d'une convention internationale qui ne fait pourtant pas partie de l'ordre juridique de l'Union européenne. Elle a donc accepté que la convention internationale soit invoquée devant elle en vue de produire des conséquences juridiques alors même que ce texte n'est pas objectivement applicable. Cette distorsion entre la non-applicabilité de la Convention et son invocabilité témoigne de l'existence d'une contrainte que le juge a dû prendre en compte. Cette contrainte peut être libellée dans ce cas de la manière suivante : la convention internationale fait partie du cadre juridique de référence du contrat de transport en cause dans cette affaire, la réglementation européenne ayant pris appui sur ce cadre juridique pour construire ses solutions propres, elle doit être appliquée en tenant compte de la convention internationale.

Le processus de hiérarchisation des droits permet, enfin, à chaque système juridique, présent au niveau national, international ou européen, de définir les règles qui occupent une place dans son ordonnancement juridique. Ce processus peut être considéré de manière cloisonnée dans un contexte national, international et européen. Mais il a également une dimension dynamique où l'application des constructions hiérarchiques à différents niveaux conduit à des phénomènes d'interaction. À ce titre, deux scénarios doivent être soigneusement distingués. Le premier met en scène un juge qui en appelle à une application du droit à un niveau, ce qui revient, pour lui, à faire potentiellement jouer une hiérarchie des normes. Le second désigne la situation du juge aspirant à l'application du droit à un autre niveau, ce qui le conduit à rechercher les manifestations d'une concrétisation d'un droit hiérarchisé appliqué.

Sous ce deuxième aspect, le plus original, on peut se trouver confronté à différents cas de figure. C'est notamment le cas remarquable de

[347] CJCE, 22 oct. 2009, aff. C-301/08.

l'inconventionnalité de loi étrangère normalement appliquée au titre des solutions de droit international privé. Par exemple, un juge français appliquant la loi de l'État de New York doit faire application du traité conclu entre les États-Unis et la Suisse, dès lors que la situation en cause entre dans son domaine d'applicabilité[348]. Cette référence au traité international « étranger » (dans cet arrêt, la Cour de cassation indique, sans détour, que le « traité, doit être considéré comme une loi étrangère ») implique que, dans l'hypothèse d'un conflit avec la loi étrangère applicable, ce soit le système étranger qui livre les clés de résolution du conflit. La Constitution et/ou jurisprudence étrangères de dire, par exemple, si le traité international est supérieur à la loi interne, fût-elle postérieure. Cette réponse se heurte aux mêmes difficultés pratiques que celles évoquées à propos de l'inconstitutionnalité de la loi étrangère. Le juge français appliquant un traité international dans un contexte de droit étranger n'est pas dans la même position que s'il devait appliquer un traité international liant la France dans le contexte français. Comme pour l'application de la loi étrangère, son office est différent et le contrôle exercé par la Cour de cassation, par exemple, ne saurait être exactement équivalent à celui qui préside à l'application des textes français ou des textes internationaux liant la France. Cette réponse un peu générale peut se heurter néanmoins à des difficultés supplémentaires. Il peut arriver, en effet, que la convention internationale ou européenne applicable en pays étranger soit également applicable en France. C'est même devenu une hypothèse tout à fait fréquente avec le développement du droit européen, chaque fois que la loi d'un autre État membre (UE - COE) est déclarée applicable. Dans cette situation, que doit faire le juge français si, par extraordinaire, le texte conventionnel international ou européen n'est pas mis œuvre selon les mêmes modalités hiérarchiques à l'étranger et en France ?

Trois solutions radicalement différentes peuvent être envisagées. La première consiste à imposer au juge, la figure du dédoublement fonctionnel développée par Georges Scelle pour décrire les rapports entre l'ordre international et le juge national[349] en la projetant sur l'hypothèse du rapport entre deux ordres juridiques nationaux : le juge français qui applique le texte international ou européen dans un contexte étranger tient compte des seules règles d'application hiérarchique prévues par le pays étranger. Cette solution s'inscrit dans la lignée de la jurisprudence *Hocke*[350] : le conflit d'interprétations d'une convention internationale portant loi uniforme est ici

[348] Sur cet exemple où le juge du fond français a considéré néanmoins que le traité en question ne concernait que les rapports entre « citoyens suisses et citoyens des Etats-Unis d'Amérique » et non les ressortissants français : Cour de cassation, 1ère ch. civ., 1er février 1972, Rougeron, pourvoi n° 70-11911.

[349] *Précis de droit des gens. Principes et systématique*, Sirey (2 t.), 1932, spéc. vol. 2, p. 317 et s.

[350] Cour de cassation, Com., 4 mars 1963, *JDI* 1964, p. 806 note B. Goldman ; P. Lagarde « Les interprétations différentes d'une loi uniforme donnent-elles lieu à un conflit de lois ? » : *RCDIP* 1964, p. 235.

traité comme un conflit de lois ordinaire. Une deuxième solution est de faire prévaloir les constructions françaises sur les constructions hiérarchiques étrangères. Cela revient à évincer, au moins partiellement (pour la part de la solution juridique qui dépend du texte international ou européen), la loi étrangère au profit de la loi française, pour un motif à déterminer (on songe, par exemple, à une exception d'ordre public française qui intégrerait un impératif d'ordre public de source conventionnelle, par exemple européenne (UE ou CEDH). Une troisième et dernière solution est de recourir, quand cela est possible, à une technique d'interprétation uniforme, soit que l'interprétation ait déjà été livrée par un interprète authentique, soit qu'elle puisse être sollicitée. On songe, dans le contexte européen, au renvoi à une jurisprudence ou un avis de la CEDH ou de la CJUE.

Les trois temps de la démarche - comparaison, combinaison et hiérarchisation - ne répondent pas un ordre immuable. Bien des juges hiérarchisent les applications du droit, sans même procéder à leur comparaison et, *a fortiori*, leur combinaison. Mais de manière à expliciter l'ensemble des potentialités offertes par le pluralisme juridique mondial appliqué, il est préférable de suivre cet ordre logique : la comparaison avant toute chose, puis l'éventuelle combinaison et/ou hiérarchisation.

III. Le rôle central joué par la circulation

Le terme « circulation » n'est pas d'un usage courant chez les juristes. Il ne figure pas nécessairement dans les dictionnaires spécialisés[351]. Il reçoit ici un sens relativement précis. La circulation désigne, en effet, l'ensemble des phénomènes qui permettent au juge d'appréhender une situation dans un espace juridique autre que celui où elle a pris naissance. L'effet produit par ces mouvements d'un espace normatif à un autre peut être parfaitement identique, la circulation propageant trait pour trait un effet juridique - entendu au sens le plus large : effet obligatoire, effet d'opposabilité ou même effet de fait - donné dans deux environnements distincts. Mais cet effet comporte souvent des différences, la circulation étant alors partielle, portant sur tel ou tel aspect de la situation amenée à circuler. Le phénomène intéresse la circulation chaque fois qu'un effet de la situation née dans un environnement juridique donné se manifeste à nouveau dans un autre environnement juridique en raison de son origine. Si les effets produits sont totalement

[351] L'expression est, par exemple, absente du Dictionnaire de la globalisation (dir. A.-J. Arnaud, éd. LGDJ, 2010) et si le verbo « circulation » figure dans le *Vocabulaire juridique* (G. Cornu (dir.), PUF, 12ème éd. 2018), les définitions proposées ne recoupent pas celle envisagée ici. On lui préfère le terme « d'échanges », « d'influences croisées » ou de « cross-fertilization » (voir sur ce thème dans le contexte européen, S. Robin-Olivier et D. Fasquelle (dir.), Les échanges entre les droits, l'expérience communautaire, Bruylant, 2008.

étrangers l'un à l'autre ou sont purement fortuits[352], il n'est plus utile de parler de circulation.

La circulation des situations entre les différents contextes d'application du droit recouvre des scénarios extrêmement hétérogènes. Deux types d'approche peuvent utilement se compléter : l'intervention de juridictions à différents niveaux ou l'application du droit à plusieurs niveaux.

Considérée au titre d'une application du droit dans différents contextes (national, international et européen), la circulation des situations a pour premier et principal vecteur le mode d'intervention des juridictions internationales et régionales qui coexistent avec les juridictions nationales. La circulation des situations est inscrite, en effet, dans le processus même d'accès à la plupart des juridictions supranationales, lequel est dominé par le principe de l'exercice préalable ou de l'épuisement des voies de recours internes. Ainsi que l'a fait observer un auteur, dans certaines hypothèses « le juge interne et le juge international sont réputés connaître de la même réclamation »[353]. La situation juridique est soumise successivement à l'analyse de juridictions placées à des niveaux différents. Ce phénomène de circulation peut également être observé au niveau européen. La procédure préjudicielle devant la Cour de justice de l'Union européenne et la requête portée devant la Cour européenne des droits de l'homme permettent, selon des modalités certes très différentes, de déplacer une situation juridique d'un juge à un autre. En revanche, le phénomène est beaucoup plus exceptionnel entre le niveau international et le niveau européen. La Cour de justice de l'Union européenne défend jalousement le principe de sa compétence exclusive[354], de sorte qu'un État membre ne peut, quand l'application du droit de l'Union européenne est en cause, saisir, par exemple, alternativement la Cour internationale de justice ou la Cour de justice de l'UE. Mais des cas peuvent exceptionnellement se présenter où une situation est évoquée successivement devant un juge national, puis à la Cour européenne des droits de l'homme et, enfin, à la Cour internationale de justice.

Le mode juridictionnel et donc institutionnalisé de circulation des situations entre les contextes national, international et européen d'application du droit n'est pas le seul qu'il faille envisager. D'autres modes, plus diffus, sont

---

352 Pour une stigmatisation du caractère fortuit du phénomène d'imbrication des ordres juridiques dans certaines situations : P. Brunet, « L'articulation des normes – Analyse critique du pluralisme ordonné », *in* J.-B. Auby, *L'influence du droit européen sur les catégories du droit public*, Dalloz 2010, 195, spéc. p. 200 et s.

353 M. Forteau, « Le juge CIRDI envisagé du point de vue de son office : juge interne, juge international, ou l'un et l'autre à la fois ? », préc.

354 Entre autres illustrations, voir CJCE, 30 mai 2006, Commission c/ Irlande (« MOX »), aff. C-459/03 ; CJUE, 8 mars 2011, Projet d'accord sur la juridiction du brevet européen et du brevet communautaire, avis 1/2009 ; CJUE, 18 déc. 2014, Projet d'adhésion de l'Union européenne à la convention européenne de sauvegarde des droits de l'homme et des libertés fondamentales, avis 2/13.

susceptibles d'exister. Ces modes ont une dimension très abstraite. Ils désignent la représentation mentale que le juge peut se faire de la possibilité de déplacer l'examen d'un cas d'un niveau national, international ou européen à un autre, sans qu'il existe nécessairement, comme dans les hypothèses précédentes, un vecteur institutionnel qui permette le passage d'un niveau à l'autre.

Ce déplacement intellectuel du juge s'opère, le plus souvent, par la question de savoir comment une méthode ou une solution juridique conçue dans un contexte peut être appliquée à un autre niveau. La circulation est ici synonyme d'application. Elle désigne la situation où un droit défini dans un contexte est mis en œuvre à un autre niveau. Cette situation présente une différence de nature avec les phénomènes d'application des droits à l'intérieur de chaque niveau. Pour décrire l'application de la loi étrangère, les rapports d'application entre les normes de droit international ou de droit européen, le juge n'a pas besoin de recourir à l'image de la circulation. Dans la mesure où il demeure enfermé dans un seul et même niveau d'application du droit, il ne change pas d'environnement juridique. Il s'agit toujours pour lui d'appliquer un droit défini à un seul et même niveau : national, international ou européen. Il en va différemment dans les hypothèses d'application interniveau où le juge est conduit à passer d'un environnement juridique à un autre, à circuler d'un environnement à l'autre.

On peut citer ainsi l'hypothèse de l'application du droit international ou européen dans le contexte national. La question de la réception du droit international et européen dans les ordres juridiques nationaux est parfaitement connue et identifiée. Elle a fait l'objet d'une opposition entre deux grandes thèses, la thèse moniste qui milite en faveur d'une réception immédiate du droit international et européen en droit interne et la thèse dualiste qui requiert qu'un acte formel de réception soit adopté au niveau national pour autoriser l'application du droit international et européen. Les deux thèses coexistent dans le monde, y compris au sein de pays parties à un même espace juridique régional du type de ceux que nous connaissons en Europe (Union européenne ou, plus modestement, Conseil de l'Europe). L'opposition entre ces deux approches mérite néanmoins d'être fortement relativisée[355] d'autant qu'il a été

---

[355] M. Virally, « Sur un pont aux ânes : les rapports entre droit international et droits internes », *Mélanges Rolin*, Pedone 1964, 488 ; voir, militant en faveur une lecture irréductiblement dualiste du système juridique français présenté généralement comme moniste : A. Pellet, « Vous avez dit « monisme » ? Quelques banalités de bon sens sur l'impossibilité du prétendu monisme constitutionnel à la française », in *L'architecture du droit. Mélanges en l'honneur de Michel Troper*, Economica, 2006, 827 ; M. Troper, « Le pouvoir constituant et le droit international », *Recueil des cours de l'Académie de droit constitutionnel*, 2007, vol. XVI, 357.

montré que ni l'une ni l'autre n'étaient à même d'expliciter l'ensemble des rapports entre les systèmes juridiques[356].

Ces discussions ne sont pas inintéressantes au regard du thème de la circulation. Quel que soit le mode de raisonnement qu'il adopte, plutôt moniste ou plutôt dualiste (avec leurs nombreuses variantes), le juge ne peut faire totalement abstraction du dédoublement des systèmes juridiques en présence : l'un au niveau international ou européen, l'autre au niveau national. Pour rendre compte de ce dédoublement, la figure intellectuelle de la circulation est parfois utile. Le droit international et le droit européen ont vocation à être appliqués par le système juridique dont ils sont issus. Ils demeurent des droits « étrangers » dans le contexte national. L'hypothèse d'une circulation soulève la question de savoir si l'application du droit international et européen dans le contexte national est ou non tributaire de l'application qui en est faite dans le système international ou européen. Dans l'affirmative, la figure de la circulation est utile. Dans la négative, elle ne sert à rien.

L'ensemble de ces phénomènes de circulation s'inscrit rarement dans une démarche purement volontaire, juridiquement non contraignante. Le juge n'est pas totalement libre de faire son marché comme il l'entend dans un droit mondialisé. Il subit, en effet, de multiples contraintes[357]. Or, parmi ces contraintes, on trouve les phénomènes précédemment décrits de circulation des situations juridiques. Chaque fois que le juge placé dans un contexte d'application du droit sait que la situation qu'il doit appréhender est susceptible d'être déplacée dans un autre contexte (soit qu'elle provienne d'un autre contexte, soit qu'elle migre vers un autre contexte), il est amené à prendre en compte le droit applicable dans ces différents environnements.

Pour illustrer le propos, on peut prendre l'exemple de trois grandes séquences jurisprudentielles où les juridictions ont eu à connaître de tensions sociales de dimension globale.

La première séquence se situe dans le contexte international. Une décision de la Cour internationale de justice illustre l'hypothèse où une situation a été successivement évoquée devant une justice nationale puis, sur requête, devant la Cour européenne des droits de l'homme et, enfin, devant la CIJ, dans le cadre d'un conflit interétatique. Dans une affaire relative à l'immunité de juridiction et d'exécution dont bénéficierait l'Allemagne, s'agissant d'actions en réparation et en recouvrement intentées par les ayants droit de victimes de massacres perpétués par l'armée allemande en territoires étrangers durant la Seconde Guerre mondiale, différentes procédures ont été introduites au niveau

---

356 D. Boden, « Le pluralisme juridique en droit international privé », *Arch. de Philo du droit* 2006, t. 49, Le pluralisme, 275.

357 M. Troper, V. Champeil-Desplats, Ch. Grzegorczyk (dir.), *Théorie des contraintes juridiques*, Bruylant – LGDJ, 2005.

national (actions des ayants droit devant des juridictions italiennes, grecques et allemandes), européen et international[358]. Même si la situation présentée successivement devant ces trois juges[359] est un élément parmi de nombreux autres du contentieux exposé dans le cadre de l'affaire présentée devant la CIJ et même si, l'ensemble des procédures n'ont pas fait l'objet d'un traitement aux trois niveaux national, international et européen, le fait qu'elle illustre bien un phénomène de circulation entre les différents niveaux d'application du droit et que les acteurs en présence, notamment les juges, en ont de plus en plus conscience. C'est pourquoi la Cour internationale de justice dans cette affaire, décide, pour la deuxième fois de son histoire, de faire référence à la jurisprudence de la CEDH[360].

La deuxième séquence a une dimension européenne. Elle concerne les échanges entre les juridictions nationales et européennes (CJUE - CEDH). Un cas historique peut être donné en exemple avec la célèbre affaire « Solange » où la Cour constitutionnelle allemande a, dans les années 1970, fait évoluer la jurisprudence de la Cour de justice des Communautés européennes sur le terrain de la protection des droits fondamentaux. Refusant, dans un premier temps, de donner plein effet au droit européen au motif que les droits fondamentaux n'y étaient pas suffisamment garantis[361], la Cour constitutionnelle allemande a suscité, par réaction, une jurisprudence abondante de la juridiction européenne, s'attachant à montrer la capacité du système juridique européen à intégrer les droits fondamentaux au plus haut niveau de ses constructions hiérarchiques. Cette séquence jurisprudentielle illustre un cas de prise en compte des constructions hiérarchiques appliquées au niveau national dans un contexte européen. Un auteur a d'ailleurs proposé que ce cas célèbre serve de méthode générale de résolution des conflits de procédures portées devant des juges appartenant à des niveaux différents[362].

La troisième séquence intéresse le contexte national, français en l'occurrence. Il s'agit du contentieux sur les ordonnances « Macron ». Tout commence par la décision du Conseil constitutionnel[363] validant partiellement la loi de ratification des ordonnances dites « Macron » - du nom de son initiateur - dans

---

[358] Conflit entre l'Italie, requérante et l'Allemande en défense, la Grèce agissant comme partie intervenante : CIJ, 3 fév. 2012, Affaire Immunités juridictionnelles de l'Etat - Allemagne c. Italie ; Grèce (intervenant)

[359] En l'espèce, le massacre ayant eu lieu le 10 juin 1944 dans le village de Distomo en Grèce, voir l'arrêt § 30 à 36.

[360] Pour la première affaire en ce sens : CIJ, 30 novembre 2010, Affaire Ahmadou Sadio Diallo - Guinée c. République démocratique du Congo.

[361] Décision connue sous le nom de « Solange I », rendue par la *Cour constitutionnelle allemande, 29 mars 1974, BVerfGE 37, 271.* Pour une traduction en français, voir RTDE 1975, 316.

[362] N. Lavranos, Jurisdictional Competition - Selected Cases in International and European Law: Europa Law, 2009, spéc. p. 72 et s.

[363] Conseil constitutionnel, décision n° 2018-761 DC du 21 mars 2018.

leurs dispositions relatives aux indemnités dues en cas de licenciement sans cause réelle et sérieuse.
Après l'entrée en vigueur du texte, un contentieux n'a pas tardé à se développer devant différents Conseils de Prud'hommes sur la conformité du droit français avec des instruments internationaux et européens, notamment, la Convention n° 158 de l'Organisation internationale du travail (OIT).
La Cour de cassation a été saisie pour avis par différentes juridictions du fond et s'est prononcée en juillet 2019 en ces termes : « Selon l'article 10 de la Convention internationale du travail n° 158 sur le licenciement de l'Organisation internationale du travail (OIT), qui est d'application directe en droit interne : « Si les organismes mentionnés à l'article 8 de la présente convention arrivent à la conclusion que le licenciement est injustifié, et si, compte tenu de la législation et de la pratique nationales, ils n'ont pas le pouvoir ou n'estiment pas possible dans les circonstances d'annuler le licenciement et/ou d'ordonner ou de proposer la réintégration du travailleur, ils devront être habilités à ordonner le versement d'une indemnité adéquate ou toute autre forme de réparation considérée comme appropriée. Le terme "adéquat" doit être compris comme réservant aux États parties une marge d'appréciation. En droit français, si le licenciement est dénué de cause réelle et sérieuse, le juge peut proposer la réintégration du salarié dans l'entreprise. Lorsque la réintégration est refusée par l'une ou l'autre des parties, le juge octroie au salarié une indemnité à la charge de l'employeur dans les limites de montants minimaux et maximaux. Le barème prévu par l'article L. 1235-3 du code du travail est écarté en cas de nullité du licenciement, par application des dispositions de l'article L.1235-3-1 du même code. Il s'en déduit que les dispositions de l'article L. 1235-3 du code du travail, qui prévoient notamment, pour un salarié ayant une année complète d'ancienneté dans une entreprise employant au moins onze salariés, une indemnité pour licenciement sans cause réelle et sérieuse comprise entre un montant minimal d'un mois de salaire brut et un montant maximal de deux mois de salaire brut, sont compatibles avec les stipulations de l'article 10 de la Convention n° 158 de l'OIT »[364].
Peu de temps après, différents Conseils des prud'hommes (Grenoble, Nevers) et une Cour d'appel (Reims) sont entrés ouvertement en résistance, en écartant lesdits barèmes en raison de leur non-conformité avec le traité international précité.
La Cour de cassation sera certainement amenée à se prononcer à nouveau sur le sujet pour tenter de mettre un terme à ces dissensions.
Dans l'attente, il n'est pas difficile d'observer que sur cette question de principe de la juridicité des ordonnances « Macron », les acteurs nombreux susceptibles d'intervenir convergent tous sur un point : la nécessité de déplacer la focale d'un environnement franco-français (la loi et sa conformité

[364] Cour de cassation, avis n° 15012 et 15013 du 17 juillet 2019.

à la Constitution) à un environnement global (la loi et sa conventionnalité à des textes de source internationale ou européenne) de manière à prendre en compte l'ensemble des potentialités juridiques ainsi offertes.

*

*   *

Avec ces derniers développements, on observe que la circulation peut exercer une contrainte très forte sur le rôle des juridictions placées au cœur d'interactions sociales de dimension globale. Cette circulation recèle sans doute encore bien des mystères. Le droit est un fixateur et le juriste - notamment le juge - n'est pas nécessairement à son aise quand il doit appréhender des situations en mouvement. Mais il faut contrarier cet état des choses et poursuivre sans relâche l'effort d'explicitation du droit qui est dévolu à la recherche juridique.

L'EFFICACITÉ JURIDICTIONNELLE DANS LE CONTEXTE DU POUVOIR DISCRÉTIONNAIRE DU JUGE DANS L'ÉVALUATION DU COMPORTEMENT JURIDIQUE

Natalia ZAYTSEVA[365]
Maître de conférences
Institut d'administration publique et de gestion (IAPG)
de l'Académie Russe d'économie nationale et d'administration publique
auprès du Président de la Fédération de Russie (ARENAP)[366]

I. Attractivité juridictionnelle et efficacité juridique

La doctrine juridique moderne a renoncé à la tentative d'unifier le concept d'efficacité juridique, ramener une telle catégorie à une ligne commune lui donne invariablement une signification si large que cela ne peut probablement que créer une structure éphémère qui n'a pas de valeur pratique. Les critères clés de la définition terminologique de l'efficacité du droit sont devenus les raisons de sa différenciation, alors que rétrospectivement il est évident que les objectifs et les fonctions du droit ont changé en fonction des intérêts que le

365 zaytsevanv@gmail.com, tél. +79067337731
366 Résumé : Cet article examine la notion d'efficacité juridique dans le contexte des buts et de la finalité du droit en général et examine la notion d'efficacité dans le domaine des relations de droit privé. Le droit étant un phénomène social complexe, l'auteur a accordé une attention particulière aux questions du contenu et des objectifs du droit à travers le prisme du pouvoir discrétionnaire des juges. La pratique de l'application de la loi, d'une part, montre la viabilité d'une norme spécifique et sa conformité avec le niveau actuel de développement de la société civile, mais elle peut aussi dénaturer l'esprit de la loi, ce qui ne permettra pas de parvenir au résultat juridique requis. Le pouvoir discrétionnaire du juge, dans l'interprétation de certains éléments juridiques et dans l'évaluation du comportement des participants dans les relations juridiques, peut conduire à la transformation de la relation juridique, ce qui ne permet pas de réaliser les objectifs fixés par les sujets. L'objectif de l'étude est d'étudier les limites du pouvoir discrétionnaire dans la justice qui, en corrélation avec les normes de droit actuelles, fournirait une réglementation juridique efficace. L'évaluation du comportement des participants, en raison de l'absence de mécanismes pour prouver les véritables intentions des parties, est difficile dans la plupart des pays du système juridique continental ; c'est pourquoi l'approche formelle prévaut, et elle conduit à enregistrer par écrit ce qu'on qualifie d'expression de la volonté des parties, les lacunes et les insuffisances étant comblées par les dispositions d'actes juridiques réglementaires. Mots-clés : attractivité juridictionnelle, efficacité du droit, efficacité de la loi, principes juridiques, interprétation du contrat, système de preuve du comportement répréhensible.

droit visait à protéger. Il existe trois doctrines principales qui déterminent l'efficacité d'une loi en fonction de son objectif :

1). L'efficacité de la loi est déterminée par sa capacité à servir les intérêts de l'individu, puisque la fonction de la loi est de servir l'individu (position défendue par exemple par J. Bentham et T. Hobbes).

2). La doctrine de la transpersonnalité du droit découle de la notion de loi, comme une sorte de mécanisme visant à coordonner des personnes égales pour atteindre les objectifs communs d'une société civilisée, ainsi qu'un développement et un progrès humain universels. On peut ici apprécier l'efficacité du droit dans la mesure où la loi sert à réaliser ces tâches.

3). La doctrine selon laquelle l'objectif principal de la loi doit être l'organisation et la cohésion de la société, puisque la société est la valeur la plus élevée et, en même temps, l'objet principal de la réglementation juridique (E. Durkheim, G. W. F. Hegel).

Malgré les différences d'approche, l'évaluation de l'efficacité se résume en fait à la manière dont la loi protège les intérêts individuels ou collectifs, alors que chacune des doctrines procède de la priorité d'intérêts différents en tant qu'objet de protection. Les intérêts de groupe comme objet de protection doivent être considérés dans le contexte de la garantie des intérêts publics dans la statique (la doctrine de la protection de la société, car il s'agit de préserver l'état actuel des relations publiques), et de la protection des intérêts de groupes dans la dynamique (doctrine transpersonnelle, qui procède du développement et du progrès social). À l'heure actuelle, il n'existe pratiquement pas de systèmes juridiques « monistes » utilisant un seul objectif de réglementation juridique et, bien souvent, les priorités varient en fonction du domaine de la réglementation juridique. Ainsi, indépendamment des particularités de l'ordre juridique national, il existe une composante juridique générale dans la régulation des relations publiques dans le domaine de la protection de l'environnement écologique, marquée par les caractéristiques de la doctrine transpersonnelle.

Sur la base de ces approches doctrinales, la question logique est de savoir comment évaluer l'efficacité d'une réglementation juridique, car la réalisation d'un objectif est un processus qui n'a pas de caractère achevé, de sorte que ce qui détermine l'efficacité du droit c'est la mesure dans laquelle il se rapproche ou s'éloigne de l'objectif. Le droit étant un phénomène social complexe, il est le résultat des activités des autorités tout en étant un élément de perception subjective des acteurs aux relations publiques.

Par conséquent, l'efficacité est influencée par : les activités des autorités législatives, exécutives et judiciaires, dans la mesure où c'est leur action qui détermine la qualité de l'activité législative (dans quelle mesure la loi est « bonne » du point de vue de la technique juridique), la qualité d'exécution de la loi (dans quelle mesure le gouvernement lui-même met en œuvre la loi et sous quelle forme il transpose les normes juridiques dans l'action des autorités), la qualité de la pratique de l'application des lois (l'activité de la justice est l'une des plus importantes, car c'est elle qui joue le rôle de filtre public des normes non viables, qui sont soit obsolètes, soit ne correspondent pas dès le départ au niveau de développement des relations publiques). Le deuxième élément d'efficacité, associé à la perception subjective du droit par les personnes physiques et morales, a ses propres critères d'évaluation. Le niveau de confiance, à la fois dans la loi elle-même et dans les institutions étatiques, est un élément de la perception du système juridique.

Comme le soulignent certains chercheurs, la loi est une croyance[367]. L'obéissance à la loi est due au fait que les sujets se sentent obligés de le faire, parfois en raison du sentiment qu'il n'y a pas d'alternative ; et parfois, parce que les individus pensent que cela aura un impact positif sur leurs intérêts, mais dans chacun de ces cas, il y a un élément de persuasion.

Une approche objective et subjective du droit amène à distinguer les critères de définition d'un droit effectif :

• le critère de légalité (validité formelle) ;
• le critère de légitimité (validité informelle) qui s'exprime par le degré de « cohésion » des sujets avec les règles juridiques.

Les paramètres d'efficacité sont l'une des questions auxquelles la science moderne est encore à la recherche d'une réponse optimale. Le premier de ces paramètres est celui des données statistiques, par exemple le nombre d'actes juridiques et réglementaires. Dans le même temps, il n'existe pas de modèle optimal pour un système juridique efficace. Selon de nombreux chercheurs, les États dotés d'un système « sursaturé » par les réglementations souffrent d'une « inflation législative » ou d'une « boulimie de lois ». Une approche similaire existe avec la qualification du champ d'application de la pratique judiciaire. Un grand nombre d'actes judiciaires témoigne, d'une part, de la confiance dans le système judiciaire, d'autre part, de la méfiance à l'égard de la loi (car tout examen judiciaire d'une affaire est associé à une violation des droits, et donc à une violation de la loi) ; un petit nombre d'actes peut indiquer à la fois que les parties se conforment à la loi, par conséquent seul un nombre plus restreint de violations conduit à des recours devant le tribunal, mais, d'un autre côté, cela peut également trahir un manque de confiance dans le tribunal et des tentatives de résoudre le problème par d'autres moyens, y compris criminels. En conséquence, les indicateurs quantitatifs n'indiquent pas en eux-mêmes de progrès significatif vers l'efficacité juridique.

Un concept directement corrélé à l'efficacité est la compréhension de l'attractivité juridictionnelle. Ce phénomène juridique est dû à l'existence d'une évaluation subjective des activités de l'État à différents niveaux. Le premier niveau, national, est la façon dont les citoyens et les personnes morales évaluent l'efficacité du droit dans le pays. Le deuxième niveau, c'est l'étranger, comment des personnes physiques et morales étrangères évaluent le niveau d'efficacité d'une autre juridiction. En général, il ne semble pas que

---

367 Anthony Allott, The Effectiveness of Laws, 15 Val. U. L. Rev. 229 (1981).

ce soit un problème important pour l'État durant une certaine période, mais lorsqu'une décision est prise dans le pays pour attirer les investissements étrangers (par exemple), une évaluation négative de l'efficacité juridique nationale devient un obstacle important et conduit souvent à la nécessité de créer des zones économiques distinctes dans lesquelles l'État déploie le droit étranger qui s'est imposée comme le plus efficace (application du droit britannique dans les zones franches économiques de Hong Kong, Singapour, des Emirats Arabes Unis, du Kazakhstan, etc.).

L'évaluation de l'efficacité de la loi par une entité étrangère repose sur des approches et des critères différents en raison de l'asymétrie des informations. Au niveau initial, les médias de masse sont la principale source d'information sur le système juridique et, de toute évidence, ils ne couvrent qu'un petit nombre de cas à forte résonance, dans une évaluation le plus souvent négative. Lorsque l'observation se fait plus détaillée, une personne physique ou morale étrangère évaluera par elle-même l'état de droit pour la régulation d'un domaine particulier (par exemple, le nombre et les conditions d'octroi des garanties aux investisseurs étrangers, les régimes et les avantages fiscaux, etc.) et l'application du droit par les autorités judiciaires. Dans le même temps, les activités du pouvoir judiciaire seront considérées à la fois dans le contexte de l'analyse de l'institution elle-même (indépendance de la cour, compétence des juges, impartialité, etc.) et de l'incarnation de la norme du droit par une décision de justice ; les principaux critères seront ici l'efficacité de l'examen du litige et la prévisibilité (dans quelle mesure les parties auraient pu prévoir le résultat et étaient préparées à un tel dénouement de l'affaire). Par conséquent, pour une entité étrangère, les paramètres d'un travail efficace de la cour sont constitués du niveau de confiance dans le système judiciaire dans son ensemble (le facteur principal étant la conformité du processus avec les normes de la procédure civile internationale) et de la qualité des décisions rendues. Dans le cas de relation au système judiciaire en tant qu'institution complexe (et le système judiciaire, en particulier dans les affaires pénales, est souvent considéré non pas isolément du système d'application de la loi, mais en corrélation avec lui), une entité étrangère ne dispose évidemment pas d'autant d'informations que les personnes physiques et morales nationales, par conséquent les décisions des tribunaux internationaux constituent l'un des principaux canaux (en l’occurrence les décisions de la Cour européenne des droits de l'homme dans l'UE). Les tribunaux internationaux, en évaluant les décisions des autorités judiciaires nationales, les analysent pour vérifier leur conformité aux normes internationales, ce que les cours nationales supérieures, pour des raisons évidentes, ne font pas. Ainsi, si, selon la CEDH, une décision prise par les autorités judiciaires d'un pays est de nature politique, alors il est évident que le système judiciaire ne respecte pas le principe d'indépendance.

On peut donc noter que l'évaluation du fonctionnement des autorités judiciaires pour en déterminer l'efficacité est essentielle, parce que d'une part elle comble les lacunes législatives, d'autre part elle permet à la loi d'atteindre une efficacité positive maximale ou, par effet inverse, elle rend le système du droit peu attrayant au sens juridique.

II. Limites du pouvoir discrétionnaire judiciaire dans l'interprétation de la loi

Un assez grand nombre de litiges ne nécessite pas un examen « créatif » des affaires car, dans les situations typiques, les juges utilisent un certain algorithme devenu assez standardisé (pour cette raison, entre autres, il y a une discussion active sur l'utilisation de l'intelligence artificielle dans l'administration de la justice). Cependant, la qualité du travail judiciaire est déterminée non seulement par la cohérence et l'enchaînement des actions typiques, mais, dans une plus large mesure, par des cas qui dépassent les limites de l'algorithme : le litige découle d'un accord qui ne permet pas de l'identifier de manière unique ; il n'y a pas de clauses contractuelles permettant de résoudre le conflit ; le comportement et les actions des parties contredisent les dispositions du contrat ou indiquent une compréhension différente des termes du contrat ; l'accord écrit est trop abstrait et il est nécessaire d'évaluer d'autres sources qui contiennent ou déterminent les intentions et la volonté des parties.

L'un des droits inaliénables du pouvoir judiciaire est le pouvoir de déterminer le contenu effectif des dispositions de la loi, c'est-à-dire atteindre sa fonction et son but du point de vue de la vie sociale. Le droit contiendra toujours une règle générale de comportement qui découle d'une éventuelle fusion des relations sociales sur une certaine base commune, formulée dans l'hypothèse d'une norme juridique. La tâche du tribunal, lors de l'examen d'un litige, est de déterminer le sens réel des normes pour résoudre la question découlant d'une relation juridique spécifique. Ainsi, selon L. Barac[368], par interprétation on entend l'activité juridique qui consiste à déterminer la règle applicable contenue dans la loi, la façon de l'appliquer, la conformité entre sa signification et son propre but et avec le but de la loi dans son ensemble. L'auteur souligne toutefois que le processus d'interprétation doit toujours se conformer à une certaine méthodologie juridique, ce qui permet en fin de compte d'assurer le respect de la loi.

L'interprétation de la loi comme moyen de donner une force juridique à une norme du droit dans un cas donné est un processus en plusieurs étapes qui comprend les actions suivantes :

• déterminer les normes de droit applicables ;

• établir la signification et le sens de la norme juridique conformément aux objectifs de la loi ;

---

368 Barac, L.: Elements of the theory of law, 3rd Edition. Bucharest. C.H. Beck Publishing, 2013, p. 77–81.

• une argumentation juridique personnalisée ;
• une méthodologie juridique appropriée utilisée pour assurer le respect de la loi (par exemple, l'application par le juge de l'analogie de la loi) ;
• déterminer l'autorité compétente pour l'exécution des activités d'interprétation de la loi.

La tâche prioritaire de l'interprétation est de déterminer le lien entre un acte concret et la loi. La difficulté d'une telle action réside dans la combinaison d'un argument spécifique avec diverses méthodes intellectuelles (par exemple, la méthode par métatexte, la méthode sociologique, la méthode d'exégèse, etc.) dans une décision de justice. Avec l'aide de l'interprétation de la loi, le texte juridique se remplit d'un contenu social concret, l'une des questions les plus pressantes à cet égard est alors celle de l'applicabilité des connaissances du juge. Quelle direction prendra la personne qui interprète la loi : combler une lacune dans la législation, résoudre l'ambiguïté d'une règle écrite, en d'autres termes mener des activités complémentaires pour atteindre l'efficacité juridique et garantir l'état de droit, ou, par une interprétation de mauvaise qualité, créer une nouvelle norme du droit, ou donner à une norme existante un sens déformé ? C'est justement l'interprétation de la loi qui provoque dans un grand nombre de cas une réaction négative dans la société et forme une attitude hostile envers certaines lois ou règles régissant certains domaines de la vie.

L'autorité judiciaire, en particulier dans le système de la common law, s'efforce d'adapter les lois aux réalités sociales de deux manières. La première, c'est « l'interprétation contextuelle ». La seconde convoque essentiellement la catégorie de « terme juridique instrumental », c'est un ensemble linguistique de mots ou d'expressions qui reçoit une fonction codée spéciale et qui sert de mécanisme reliant les faits, tels qu'ils sont perçus ou identifiés par le tribunal, et les normes juridiques qui s'y appliquent. Ces termes juridiques sont constamment réinterprétés, et bien qu'ils puissent être définis avec précision à tout moment, leur interprétation peut toujours changer ultérieurement. Un exemple classique d'un tel terme juridique instrumental est la notion de « personne raisonnable ». Il convient de noter qu'un nombre important de termes ont le potentiel d'être instrumentaux. Leur importance réside dans la possibilité de nourrir la réalité en tenant compte de l'adaptation sociale, et le juge reçoit par ce canal des « messages » de ceux qui obéissent à la loi.

Si l'on considère les exemples d'interprétation judiciaire à travers le prisme de l'efficacité juridique, il convient de noter qu'il existe une approche différente des conséquences de l'interprétation juridique dans le système de la common law et du droit continental. Lorsqu'un pays dispose d'un mécanisme pour créer une norme du droit à travers un précédent, alors l'interprétation a une signification différente, puisque le problème peut être résolu non pas en utilisant l'analogie, mais en créant une nouvelle règle, s'il n'y a pas de norme reflétant adéquatement l'évolution actuelle des relations. On peut citer un célèbre exemple pour déterminer les objectifs et tâches de l'interprétation des décisions de justice,[369] celui de la question du statut des personnes vivant dans un mariage non enregistré. Ainsi, le couple, qui a vécu ensemble pendant 21 ans, n'a jamais officiellement enregistré sa relation et n'a pas eu d'enfant, tandis que le contrat de location de la maison où le couple a vécu a été rédigé au nom de M. Wright. Après son décès, Mme Pox y a vécu pendant un certain temps, après quoi le nouveau propriétaire a tenté de l'en expulser parce qu'elle se trouvait dans la maison sans justification appropriée. Les précédents judiciaires et réglementations en vigueur (tels que les *Rent Acts*) ne lui permettaient pas d'être considérée comme héritière, car le mariage n'avait pas été enregistré et ils n'avaient pas d'enfants. Cependant, la cour d'appel a jugé qu'il serait absurde de faire une distinction entre deux couples au motif que l'un a des enfants et l'autre pas. Le mot famille n'est pas fixé une fois pour toutes, les relations de nature aléatoire ou intermittente et celles qui présentent des signes d'impermanence ne relèvent pas du concept populaire d'unité familiale, mais, dans des cas opposés, les personnes devraient être reconnues comme membres de la même famille même en l'absence d'enregistrement du mariage par l'État. Ce jugement n'est pas devenu un précédent et n'a pas modifié les exigences générales relatives à l'institution de la famille, elle indique néanmoins que le respect des exigences formelles entraîne une perturbation de l'équilibre des intérêts ou des intérêts légitimes des individus, par conséquent l'interprétation de la loi peut corriger la situation et atteindre l'efficacité juridique sans changer la norme juridique.

En ce qui concerne la pratique de la Fédération de Russie, la première chose à laquelle il faut prêter attention ce sont les différences dans les résultats de l'interprétation juridique en fonction de l'affiliation sectorielle des relations dans lesquelles le différend a surgi (droit public ou privé). Dans le domaine des relations publiques, l'interprétation des tribunaux vise à confirmer le lien juridique dans son ensemble, l'interprétation étant le plus souvent destinée à protéger l'intérêt public. L'interprétation officielle des litiges fiscaux en est une illustration frappante, malgré les nombreuses présomptions de bonne foi du contribuable, tout litige survenant en dehors du cadre de la régulation directe (par exemple, lorsque simplement le sujet évite de payer des impôts) est dans la plupart des cas interprété en faveur des autorités fiscales. Ainsi, dans la législation fiscale de la Fédération de Russie, il y avait le concept d'avantage fiscal injustifié, qui a été remplacé en 2017 par les limites de l'exercice des droits de calcul de la base imposable (art. 54.1 du Code des impôts de la Fédération de Russie du 31 juillet 1998 n° 146-FZ) ; conformément à cet article, il y a deux circonstances que les tribunaux doivent prendre en compte lors de l'appréciation d'un éventuel abus de droit : les objectifs de l'opération (elle ne doit pas viser à obtenir des avantages fiscaux), et les personnes impliquées dans l'opération qui remplissent indépendamment leurs obligations. Toutefois, la notion d'avantage fiscal injustifié continue

[369] Dyson Holdings Ltd v Pox [1976] QB 503, [1975] EWCA Civ 8

d'être appliquée dans la pratique judiciaire, comme en témoigne l'analyse des décisions de justice pour 2018–2019, et dans le contexte de cette notion, lorsqu'ils évaluent un abus éventuel, les tribunaux évaluent comme avantage injustifié une diminution des paiements par des moyens sans fondement économique (les opérations n'ont pas été effectivement réalisées, leur contenu a été substitué, des coûts injustifiés ont été engagés, des relations prises en compte pour obtenir des avantages fiscaux ont été établies avec des contreparties douteuses). Cette formulation est apparue à la suite de la généralisation de diverses décisions de justice, et la « formulation abstraite » initiale devait trouver son incarnation juridique en combinant l'appréciation du comportement de ceux impliqués dans l'activité économique et les règles du Code des impôts. Cependant, cela attire l'attention sur le fait que les termes utilisés par les tribunaux sont tout aussi abstraits (coûts injustifiés, contreparties douteuses, etc.), toutes ces caractéristiques et critères n'ont pas d'ancrage juridique, ce qui signifie que le tribunal les interprétera à chaque fois autrement. De toute évidence, ce format d'interprétation rend le développement des relations juridiques fiscales spontanées et prévisibles unilatéral, lorsque, en présence d'une incertitude minimale, le tribunal l'interprétera en faveur des autorités fiscales, bien que l'approche inverse soit inscrite dans le Code des impôts de la Fédération de Russie.

Dans les cas d'interprétation des lacunes dans les relations de droit privé, l'interprétation des institutions juridiques étrangères, lorsqu'un tribunal applique une réserve d'ordre public, en est un bon exemple. De nombreux mécanismes contractuels, tels que les « dommages-intérêts préétablis », la composition et le calcul des dommages-intérêts, l'indemnisation du préjudice causé par des actes de tiers, ou la renonciation au droit, ne résistent pas à l'épreuve de force, car l'ignorance du droit étranger oblige le juge à appliquer les analogies de la loi et du droit dans le cadre juridique national. L'impossibilité d'une qualification autonome de qualité prive complètement de sens les conditions contractuelles, car l'analogie de la loi permet de comparer les pertes pré-estimées avec une pénalité et de leur appliquer la règle de la proportionnalité ; l'impossibilité de renoncer au droit est directement inscrite dans la loi, c'est pourquoi ou bien le tribunal le reconnaît comme invalide ou bien lui liera le principe de l'estoppel, qui diffère du refus principalement par ses conséquences juridiques.

Ce format d'interprétation, conçu pour « lisser » les lacunes de la réglementation juridique ou l'insuffisance de clauses contractuelles, conduit, en résolvant un problème local, à l'inefficacité du droit dans son ensemble, et crée de plus des conditions préalables au manque d'attrait juridictionnel en général.

III. Pouvoir discrétionnaire judiciaire et qualification du comportement

Le comportement des participants à une relation de droit privé ne relève généralement pas du pouvoir discrétionnaire du juge. S'il existe un contrat qui fixe la volonté des parties et permet de régler la situation litigieuse, les tribunaux n'essaient pas de découvrir les circonstances qui sont déterminées par des actions non liées à l'exécution directe. Cette approche formelle permet de résoudre un grand nombre de conflits, mais il est évident que des exemples montrent que les intentions réelles de(s) la partie(s) sont contraires aux termes du contrat. Il est possible de déterminer de telles circonstances à partir de l'évaluation des actions des sujets, quand le lien entre le comportement et la cause de la situation contestable devient le principal problème. Si un retour d'information est établi, mais qu'un contrat valide en cours d'exécution viole clairement les droits et intérêts légaux du contractant ou des tiers, les tribunaux disposent d'un mécanisme éprouvé, l'application des principes juridiques généraux. Le but des principes c'est de permettre au droit de s'adapter à différentes situations, y compris celles qui ne sont pas régies par la loi ou celles où la formulation rigide de la norme ne permet pas de réagir rapidement à un changement des relations sociales. Il n'y a pas de liste univoque des principes, c'est pourquoi ils sont modifiés dans l'ordre juridique national. Les principes de bonne foi, d'équité, de rationalité et de fair-play figurent parmi les principaux, le concept d'abus de droit a une fonctionnalité similaire.

Le principe le plus répandu, dont le contenu se reflète dans la jurisprudence de divers ordres juridiques, est le principe de la bonne foi. Sur la base de la compréhension littérale de la bonne foi, il s'agit d'une caractéristique subjective « positive » de la relation juridique. Là bonne foi peut être considérée comme une injonction aux acteurs d'une affaire civile d'agir en conséquence, sans qu'elle ne soit légalement fixée. Les autorités judiciaires se tournent vers le principe de la bonne foi lorsque la forme extérieure de l'expression du lien juridique correspond aux actes juridiques normatifs, cependant, en clarifiant les circonstances factuelles de l'affaire, il est évident que l'équilibre des intérêts est violé.

Pendant un certain temps en Fédération de Russie, conformément à la résolution de la Cour constitutionnelle de la Fédération de Russie du 21 avril 2003, n° 6-P[370], la formulation de la bonne foi était la suivante : le comportement de l'acquéreur du bien peut être considéré comme de bonne foi si, lors de la conclusion des transactions, il a fait preuve de bonne volonté,

---

[370] Décision de la Cour constitutionnelle de la Fédération de Russie du 21 avril 2003 n° 6-P « Sur l'affaire du contrôle de la constitutionnalité des dispositions des paragraphes 1 et 2 de l'article 167 du Code civil de la Fédération de Russie en relation avec les plaintes des citoyens O. M. Marinicheva, A. V. Nemirovskaya, Z. A. Sklyanova, R. M. Sklyanova et V. M. Shiryaeva » ; Sistema GARANT : http://base.garant.ru/12130610/#ixzz5twT0Qy1s

d'une vigilance raisonnable et de prudence. Cette interprétation du principe implique la réalisation de certaines actions de la part du participant à l'opération, visant à « vérifier » l'objet de l'opération et sa contrepartie, ce qui en soi jette un doute sur la présomption de bonne foi des entités commerciales. En outre, en résolvant la question de la qualification abusive du comportement des participants à une affaire civile, les tribunaux peuvent s'écarter du principe de base de la procédure civile, celui de la disposition, et appliquer le principe de bonne foi à leur discrétion[371]. Cette approche a contribué à accroître le nombre de décisions fondées sur l'application du principe de bonne foi, et l'analyse des nouvelles pratiques permet de mettre en évidence un autre critère : la prise en compte des intérêts de l'autre partie. Les actions de l'entité doivent être axées sur l'obtention par toutes les parties du bénéfice contractuel de la transaction.[372] Cet élément confère à la bonne foi le caractère d'une sorte d'« empathie juridique » et la partie au contrat est responsable non seulement d'elle-même, mais doit aussi « prendre soin » du bénéfice de la seconde partie. La position de la Cour suprême de la Fédération de Russie sur le calcul des intérêts sur les contrats de microcrédit, lorsque les intérêts dépassent 800%, mérite une attention particulière.[373] Viktor Momotov, secrétaire de l'Assemblée plénière de la Cour suprême de la Fédération de Russie, a noté que, puisque de tels accords contiennent des clauses contractuelles injustes, ils devaient être évalués par le prisme du comportement déloyal. Cette situation est similaire à la reconnaissance d'invalidité d'une transaction de swap de devise/taux d'intérêt, mais le raisonnement était basé sur les différents niveaux de connaissance des parties et de leurs compétences professionnelles, néanmoins il est difficile de ne pas comprendre que le taux de 800% n'est « pas tout à fait » celui des conditions de marché. La question se pose de savoir pourquoi les tribunaux n'appliquent pas à d'autres institutions la nullité de transactions asservissantes ou imaginaires et simulées, car une bonne partie de ces transactions, sous couvert de pénalités, interviennent dans les transferts d'argent ou n'appliquent pas d'autres principes, comme le principe d'équité, dont l'un des éléments est la règle selon laquelle aucune des parties ne doit s'enrichir illégalement dans la transaction, y compris par le biais de mesures de responsabilité « disproportionnées ». Une telle interprétation du principe de mauvaise foi aboutirait à ce que tout comportement d'un sujet qui dépasse

[371] Cf. le point n° 1 de la Résolution de l'Assemblée plénière de la Cour suprême de la Fédération de Russie du 23.06.2015 n° 25 « Sur l'application par les tribunaux de certaines dispositions de la section I de la première partie du Code civil de la Fédération de Russie ». URL : http://www.consultant.ru/document/cons_doc_LAW_181602/

[372] Cf. la décision n° A40-168599/15-98-1397 du 26.02.2016 sur la réclamation de Platinum Nedvizhimost [ООО «Платинум Недвижимость»] contre Bank Moskvy [ОАО «Банк Москвы»].

[373] Cf. le discours du secrétaire de l'Assemblée plénière de la Cour suprême de la Fédération de Russie, Viktor Momotov, lors de la réunion du Club Zamyatin le 17 juillet 2019. URL : https://ria.ru/20190717/1556622865.html

non seulement la norme juridique, mais aussi sociale puisse être considéré de mauvaise foi.

Il convient de noter que dans certains systèmes juridiques (y compris en Russie) la bonne foi est devenue un outil pour divers types de manipulations par les autorités judiciaires dans les cas où le juge s'est forgé une certaine opinion sur le sort juridique de cette relation juridique, mais elle ne repose pas sur les normes du droit en vigueur ni sur les dispositions du contrat. La possibilité d'une telle manipulation jette par principe un doute sur l'efficacité de la réglementation légale. Il convient de rappeler ici la célèbre affaire *Yam Seng Pte Ltd contre International Trade Corporation Ltd*[374], qui a été largement médiatisée en droit anglais, parce qu'elle reposait sur la possibilité (et non sur l'obligation) d'appliquer partout le principe de la bonne foi. Cela a immédiatement suscité une vague de critiques et de nombreuses craintes ont été exprimées qu'un pouvoir discrétionnaire judiciaire aussi élargi ne conduise à une incertitude des liens juridiques. La pratique de la détermination spontanée de la teneur des principes juridiques (c'est-à-dire sans rapport avec des décisions judiciaires antérieures, l'apparition de décisions judiciaires aux antipodes dans la même période) a donné une formule unique de la bonne foi, à laquelle les autorités judiciaires ont commencé à souvent recourir inutilement. Le large pouvoir discrétionnaire des tribunaux a fait de la bonne foi un « mélange juridique » basé sur deux approches opposées, telles que le *caveat emptor* (que l'acheteur soit vigilant) et « l'empathie juridique », lorsque la partie au contrat est non seulement responsable d'elle-même, mais doit aussi « prendre soin de soi-même » au profit de la seconde partie, ce qui n'est généralement le cas que pour les opérations fiduciaires. Une histoire similaire se produit avec l'application d'autres principes juridiques par les tribunaux, dont le principe d'équité qui devrait être distingué séparément. En Fédération de Russie, ce principe est rarement utilisé, en outre il se substitue parfois à la bonne foi, comme dans le cas des intérêts pour l'utilisation de microcrédits, alors qu'il est difficile de déterminer sans équivoque le contenu de l'équité. La fréquence d'application dans ce cas dépend directement de la compréhension par le juge des conséquences juridiques de la violation du principe par les parties, et si le comportement est qualifié de mauvaise foi, le tribunal pourra invalider la transaction puis suivre l'algorithme standard. L'absence d'une réglementation juridique minimale de l'équité a conduit à une insécurité juridique en termes de conséquences, c'est-à-dire quel est le sort juridique des clauses contractuelles abusives et dans quels cas elles ne sont pas équitables. C'est notamment pour cette raison qu'est née la formule selon laquelle des conditions injustes supposent un comportement déloyal.

Dans les pays de l'Union européenne et au Royaume-Uni, il existe une approche du principe d'équité en tant qu'élément d'accords impliquant une

---

374 Yam Seng Pte Ltd v International Trade Corporation Ltd [2013] EWHC 111

partie faible (principalement avec un consommateur). La « faiblesse » du participant à la transaction est due au manque d'informations nécessaires et à l'expérience professionnelle de la contrepartie. Une disposition du contrat qui ne répondra finalement pas aux critères d'équité et, compte tenu de l'asymétrie des informations, entraînera une violation de l'équilibre des intérêts, sera invalidée et les dispositions du contrat prévues par la loi ou les conditions implicites caractéristiques de telles transactions seront appliquées à la relation litigieuse.

Un point important pour la qualification correcte du comportement est l'évaluation des preuves et l'acceptation des preuves à la discrétion du juge. Tous les éléments de la relation juridique litigieuse fondée sur l'appréciation du comportement conduisent à la nécessité d'apprécier les preuves « non traditionnelles » pour les pays de droit continental. Premièrement, le principe du formalisme conduit inévitablement au désir de ne qualifier que les intentions des parties dûment fixées. Il y a quelques avancées dans cette partie, puisque les tribunaux commencent à évaluer de plus en plus souvent le contenu des courriels entre les parties, des procès-verbaux de réunions, etc., ce qui permet parfois de mieux déterminer les intentions réelles des parties qu'avec l'aide du texte du contrat. Cependant, les autorités judiciaires sont loin d'utiliser les méthodes d'obtention de preuves telles que l'interrogatoire des témoins, le contre-interrogatoire et la confrontation en face à face des parties au processus, qui sont assez souvent utilisées par les autorités judiciaires dans les procédures civiles au Royaume-Uni pour qualifier les transactions fiduciaires et les contrats relationnels. Si des moyens de preuve atypiques sont nécessaires pour établir les circonstances de l'affaire, le pouvoir discrétionnaire judiciaire restera probablement dans le plan des analogies de la loi et du droit, c'est-à-dire que le tribunal ne sera pas guidé par l'intention des parties, mais par ce qui est « habituellement considéré » dans les modèles contractuels pertinents.

IV. Conclusion

L'attractivité juridictionnelle est un phénomène multidimensionnel qui analyse de manière critique le système économique et juridique d'un pays. Il est impossible d'isoler un ensemble fermé de critères pour évaluer la composante juridique, notamment en raison des différentes approches pour déterminer l'efficacité du droit en général. La notion d'efficacité juridictionnelle dépend des questions que l'on cherche à résoudre dans le cadre du système juridique, de leur hiérarchie et de leur priorité.

L'analyse des approches doctrinales permet de dégager les éléments d'efficacité suivants : l'efficacité économique, l'efficacité dans la lutte contre la criminalité, l'efficacité pour assurer la sécurité nationale, l'efficacité pour protéger les droits des citoyens et autres sujets du droit. Chaque composante a ses propres moyens d'atteindre l'objectif, mais le principe de base pour tous est la *primauté de la loi*, qui se traduit dans le système juridique d'abord par la volonté des sujets de résoudre les questions litigieuses devant les tribunaux, et non par des méthodes indépendantes de force et de coercition (cela signifie un haut niveau de confiance des personnes physiques et morales, à la fois dans le droit en principe et dans le système de justice), ensuite par toutes les actions du pouvoir qui relèvent d'une manière ou d'une autre de la loi (le pouvoir ne fait pas que créer la loi, mais doit s'y conformer), et, troisièmement, par le caractère exécutoire des décisions juridiques pour tous les sujets.

On peut identifier l'existence d'une réglementation juridique efficace à l'aide de facteurs subjectifs et objectifs. Le facteur subjectif est déterminé par des catégories « amorphes », du point de vue du droit, telles que les impressions ou les sentiments des citoyens que leurs droits sont correctement protégés dans cet État. Le facteur objectif permet de faire appel à des données statistiques, par exemple une diminution des valeurs absolues et relatives du nombre de crimes.

Dans la théorie du droit, les méthodes utilisées pour une régulation efficace des relations sociales diffèrent selon l'attribution du droit à la sphère juridique publique ou privée, ce qui est dû à différents objectifs : dans les relations publiques, prévenir les comportements déviants des sujets ; dans les sphères privées, niveler l'effet négatif d'un comportement qui viole les droits et les intérêts légitimes d'une autre partie. Cette distinction vient de ce que ces domaines affectent différents aspects de la vie, dont la violation n'est pas comparable dans les conséquences, donc une réglementation juridique efficace dans la sphère privée ne part pas du principe que les sujets ne violeront jamais leurs obligations contractuelles, c'est plutôt le contraire, tout le système de régulation juridique doit être prêt au risque potentiel que les sujets puissent enfreindre leurs obligations et disposer des outils nécessaires pour rétablir rapidement et efficacement les droits violés. À cet égard, le concept d'efficacité de la régulation des relations de droit privé a reçu le contenu suivant : assurer la stabilité, la prévisibilité des relations juridiques et la certitude du résultat juridique. En d'autres termes, les parties qui s'engagent dans une relation juridique doivent comprendre les conséquences de leurs actes visant à la fois à remplir leurs devoirs et à violer les termes du contrat, et doivent obtenir un résultat juridique prévisible. Ces éléments dépendent non seulement du contenu et de la « pureté » de la norme juridique, de la structure et du caractère concret de la source du droit, mais aussi dans une large mesure de la pratique de l'application de la loi, car c'est précisément en raison du large pouvoir discrétionnaire du juge que la relation juridique peut être invalidée ou modifiée en l'absence d'indication directe de norme du droit.

Les limites du pouvoir discrétionnaire judiciaire jouent un rôle particulier dans les cas suivants :

1). L'interprétation des dispositions du contrat, une évaluation de la possibilité et des conditions de l'application par les autorités judiciaires des conditions implicites du contrat dans le système de la *common law* et des analogies de la loi et du droit dans la famille juridique romano-germanique.

2). L'application des principes du droit, l'existence de pouvoirs du tribunal pour établir un nouveau contenu des principes juridiques tels que la bonne foi, l'équité, la rationalité, et déterminer les limites de l'application du concept d'abus de droit. Un facteur important est la possibilité pour le tribunal d'appliquer les principes à la relation juridique des parties à sa propre discrétion, c'est-à-dire en contournant la volonté expresse des parties.

3). L'évaluation de la composante subjective de la relation juridique (objectifs et intentions des parties, volonté des parties, autres facteurs, par exemple la confiance).

La plupart des cas considérés reposent sur une appréciation du comportement des participants à des relations de droit privé, si la forme juridique de la fixation ne dispose pas de solution permettant de régler le différend : le contrat ne contient pas les conditions appropriées ; le comportement des contractants va à l'encontre des termes du contrat ; les parties qualifient différemment leur relation.

Les limites du pouvoir discrétionnaire judiciaire dans l'appréciation du comportement jouent un rôle primordial, puisqu'un pouvoir discrétionnaire trop large peut conduire à un développement imprévisible de la relation juridique, trop étroit il mène à l'impossibilité de prendre en compte les intentions réelles des parties, ici le plus souvent la décision de justice devient « l'otage » d'une approche formelle. Par conséquent, un large pouvoir discrétionnaire judiciaire pour établir le contenu d'un principe abstrait et un pouvoir discrétionnaire étroit en termes de refus d'une certaine catégorie de preuves peuvent conduire à l'inefficacité juridique car, d'une part, il viole le principe de sécurité juridique, deuxièmement il contribue à la déstabilisation des liens juridiques en conduisant le plus souvent à la rupture ou à la modification de la relation juridique, troisièmement il donne à l'intention des parties un sens qui n'a pas été assumé par les parties. Cependant, il est impossible d'établir sans ambiguïté des limites du pouvoir discrétionnaire judiciaire en définissant un ensemble d'actions ou en interdisant certaines actions. Il est possible de résoudre les problèmes posés par une limite « flexible » du pouvoir discrétionnaire judiciaire en définissant un objectif clair pour l'examen judiciaire du différend. Le règlement d'un litige en lui-même, sans tenir compte de la volonté réelle de la partie et de l'expression de la volonté, ne devrait pas être l'objet sur lequel se concentre le juge, si la solution juridique du problème sort des limites de la relation juridique initiale, cela rend imprévisible la pratique de l'application de la loi.

Traduit du russe par David Krasovec

Bibliographie

Anthony Allott, «The Effectiveness of Laws», 15 Val. U. L. Rev. 229 (1981).

Bentham J. An Introduction into the Principles of Morals and Legislation / Ed. by J.H. Bums and H.L.A. Hart. London – New York, 1982.

Barac, L.: Elements of the theory of law, 3rd Edition. Bucharest. C.H. Beck Publishing, 2013, p.137.

Berger, L., Lucman, P.T.: The social construction of reality. Bucharest. Univers Publishing, 1999.

Nicolae Răzvan Bujdoiu «The validity and effectiveness of law», Bulletin of the Transilvania University of Braşov Series VII: Social Sciences • Law • Vol. 8 (57) No. 1 – 2015.

Craioveanu, I.: Introduction to the Philosophy of Law. Bucharest. All Beck Publishing, 1998, pp.153-154.

Duguit, L.: Treatise of constitutional law. Paris. Dalloz, 1921, p.195.

Alan Macfarlane, «What makes Law Effective?» *Times Higher Education Supplement*, April 2005.

DIALOGUE DES JUGES ET DROITS FONDAMENTAUX : UN EXEMPLE EN MATIERE FAMILIALE

Anne-Sophie Siew-Guillemin,
Maître de conférences en droit privé
Université Côte d'Azur, CERDP (E.A n° 120)

D'abord lignagère, patriarcale et inégalitaire, la famille est devenue égalitaire, nucléaire et pluraliste. Le droit de la famille[375] n'est plus seulement un phénomène national, mais bien un phénomène international[376], qui trouve en partie sa source dans les droits fondamentaux érigés par les institutions européennes. L'Union européenne et le Conseil de l'Europe travaillent à la circulation de modèles familiaux respectueux de toutes les situations affectives, assimilant la notion de famille et celle de vie familiale, diminuant les interdits et privilégiant l'effectivité des relations créées. Seuls persistent en Occident les interdits de l'inceste et de la polygamie. L'adultère, le divorce, la conception d'enfant hors mariage, le mariage de personnes de même sexe, l'adoption homosexuelle, l'aide médicale à la procréation et la gestation pour autrui sont abordés par le droit[377]. La protection de la vie privée a donné lieu au droit de mener la vie sexuelle de son choix, de choisir son orientation sexuelle et son mode de conjugalité indifféremment. Chaque membre de la famille est un individu qui dispose de droits individuels. L'intérêt familial collectif a été estompé pour laisser place à la liberté de chaque individu d'être l'artisan de sa vie familiale. La contrainte n'a plus sa place, les liens peuvent s'établir et se dissoudre selon les affections, qui guident la volonté. La notion de famille a subi une transformation qui est souvent qualifiée de révolution. Des normes supranationales devenues incontournables innervent les normes nationales inférieures, dans le sens des standards juridiques européens, de telle façon que la notion de famille est aujourd'hui gouvernée par les droits fondamentaux.

---

[375] La question de l'origine de la transformation en matière familiale est classique, *« est-ce le droit, par l'action du législateur et des tribunaux, qui transforme la famille, ou est-il seulement possible de consacrer les mœurs, ou n'y a-t-il pas action et réaction dont il faudrait essayer de déterminer la mesure respective ? »*. H. BATIFFOL, « Existence et spécificité du droit de la famille », *Réformes du droit de la famille*, Archives de philosophie du droit, Sirey, 1975, p. 7.
[376] Les logiques nationales et européennes tendent à diverger, d'où le parti pris de traiter dans la seconde partie des apports du Conseil constitutionnel (n° 253 et s.).
[377] *« Nous savons tous ici que le droit est la plus puissante des écoles de l'imagination. Jamais poète n'a interprété la nature aussi librement qu'un juriste la réalité »*[377]. J. GIRAUDOUX, *La guerre de Troie n'aura pas lieu*, II, 5, Hector, 1935.

Le terme de droits fondamentaux apparaît pour la première fois dans la Constitution allemande de mars 1849[378]. Le Conseil constitutionnel emploiera dans une décision du 16 juillet 1971 l'expression de « *droits et libertés constitutionnellement garantis* ». Dans une décision du 22 janvier 1990, l'expression de « *droits fondamentaux* » est utilisée comme équivalent des « *droits et libertés constitutionnellement garantis* »[379]. Le terme figure dans la Charte des droits fondamentaux de l'Union européenne, proclamée à Nice le 7 décembre 2000 et a même failli figurer dans le Code civil français[380]. Ils impliquent « *une protection à un niveau normatif supralégislatif (notamment constitutionnel) des droits et libertés envisagés à la fois comme des garanties objectives et comme des droits subjectifs opposables à tous les pouvoirs (et même aux autres individus et groupes d'individus)* »[381]. L'effectivité des droits fondamentaux doit être strictement assurée et leur violation est sanctionnée par des juges nationaux et internationaux. L'importance de cette protection juridictionnelle est parfois critiquée[382]. En effet, leur nature est controversée, du fait du contraste entre leur importance politique indéniable et leur origine prétorienne. L'écart est souvent notable entre la lettre des textes originels, très largement interprétés, et le contenu des droits individuels actuellement reconnus en droit de la famille. Leur place au sommet de la hiérarchie des normes les rend pourtant incontournables pour les États membres de l'Union européenne et du Conseil de l'Europe[383].

Comment les juridictions européennes ont-elles participé à cette affirmation inéluctable des droits fondamentaux en matière familiale ?

---

[378] M. FROMONT, « Les droits fondamentaux dans l'ordre juridique de la République fédérale allemande », *Mélanges Eisenmann*, 1975, p. 49 ; O. JUANJAN, « Les fonctions de la théorie des droits publics subjectifs dans la pensée de Georg Jellinek », *RUDH*, vol. 16, n° 1-4, 2004, p. 6-16.

[379] Sur l'apport des décisions du Conseil constitutionnel en matière de droits fondamentaux, cf *infra*, n°253 et s.

[380] Ainsi, le projet d'ordonnance dans sa version du 16 février 2015 (Loi n° 2015-177 du 16 février 2015, JORF n° 0040 du 17 février 2015 p. 2961), article 1102, envisageait de soumettre la liberté contractuelle aux droits et libertés fondamentaux, en prévoyant que *« la liberté contractuelle ne permet pas (...) de porter atteinte aux droits et libertés fondamentaux reconnus dans un texte applicable aux relations entre personnes privées, à moins que cette atteinte soit indispensables à la protection d'intérêts légitimes et proportionnés au but recherché »*. Voir G. CHANTEPIE, M. LATINA, *La réforme du droit des obligations, Commentaire théorique et pratique dans l'ordre du Code civil*, Dalloz, 2016, p. 86, n° 97.

[381] L. FAVOREU (dir.), *ibid.*, p. 61, § 69.

[382] Voir notamment : J.-M. DENQUIN, « Démocratie », *in.* J. ANDRIANTSIMBAZOVINA (dir.), *Dictionnaire des droits de l'homme*, PUF, 2008, p. 267 ; D. TERRÉ, « Gouvernement des juges et démocratie », *Archives de philosophie du droit*, 47, 2003, p. 416 ; S. KARRAGIANNIS, « Le territoire d'application de la Convention européenne de droits de l'homme, *vaetera et nova* », *Revue trimestrielle des droits de l'homme*, 61, 2005, p. 41.

[383] J.-F. RENUCCI, *Droit européen des droits de l'homme, Traité de droit européen des droits de l'homme*, LGDJ, 2ème édition, 2012, p. 26, n° 12 et s. ; J. RIDEAU, J.-F. RENUCCI, « Dualité de la protection juridictionnelle des droits fondamentaux : atouts ou faiblesse de la sauvegarde des droits de l'homme ? », *Justices*, 1997, n° 6, p. 95.

Les deux Cours emploient des méthodes d'interprétation similaires, extensives, créatrices de droit qui se fondent sur des textes extérieurs à leurs ordres juridiques (I). Ce processus instaure un dialogue continuel qui renforce les droits fondamentaux et corrélativement la légitimité des juges supranationaux (II).

I. Le caractère « vivant » des textes analysés par les juridictions européennes

La Cour européenne des droits de l'homme va s'attacher fermement à rendre effectif le droit garanti en se fondant, non seulement sur la Convention européenne des droits de l'homme, mais aussi sur d'autres textes de droit international, extérieurs au Conseil de l'Europe. Cette pratique va symboliser l'indépendance de pensée de la Cour européenne des droits de l'homme (A) et ce choix juridique hétérodoxe va alimenter la critique d'un Gouvernement des juges (B).

A. LE RECOURS À DES TEXTES EXTERIEURS AU DROIT DU CONSEIL DE L'EUROPE

La Cour européenne des droits de l'homme va officiellement contrôler la bonne application des droits garantis par la Convention et sanctionner les manquements des États à ces droits, après épuisement des voies de recours internes, c'est-à-dire incapacité présumée des juridictions nationales à protéger utilement ces dispositions. Tous les États membres du Conseil de l'Europe ont adhéré au recours individuel auprès de la Cour européenne des droits de l'homme.

À partir de là, la Cour européenne des droits de l'homme s'est progressivement affirmée par l'application de méthodes d'interprétation extensives de la Convention européenne des droits de l'homme. La Cour, en décidant que la Convention européenne était « *un instrument vivant* », a décidé d'inventer le contenu des articles de la Convention afin de l'adapter aux réalités changeantes de l'époque.

En matière familiale, la Cour a dessiné par le biais de l'article 8, et de décision en décision, les contours d'une famille qui n'a plus rien à voir avec la famille française du Code Napoléon. Les rédacteurs de la Convention eux-mêmes n'avaient pas anticipé ces changements. La Cour consacre régulièrement, depuis 1989[384], des droits nouveaux qui ne figuraient pas dans le texte initial de 1950.

---

[384] CEDH, *Gr. Ch.*, 7 juillet 1989, *Soering contre Royaume-Uni*, req. n° 14038/88, § 102 : H. LABAYLE, « Droits de l'homme, traitement inhumain et peine capitale : réflexions sur l'édification d'un ordre public européen en matière d'extradition par la Cour européenne des droits de l'homme », *JCP G*, 1990, I n° 3452 ; F. SUDRE, « Extradition et peine de mort : arrêt

L'arrêt *Demir et Baykara contre Turquie*, du 12 novembre 2008[385] est symptomatique de ce phénomène. Bien qu'il ne concerne pas de prime abord la famille, son étude est intéressante, car il illustre une méthode d'interprétation dynamique, qui est étendue à toutes les matières de droit européen, dont la matière familiale. Cet arrêt est l'occasion pour la Cour de préciser que son rôle consiste à offrir aux droits fondamentaux une application concrète et effective et qu'à ce titre, tous les fondements juridiques de droit international pouvaient être utilisés comme support à la reconnaissance d'un droit individuel. La Cour affirme alors l'ambition de son programme et l'étendue des moyens qu'elle entend utiliser pour le réaliser. Ce choix de la Cour européenne des droits de l'homme est très ambitieux et dépasse le cadre initialement prévu par la Convention européenne des droits de l'homme ; il illustre à ce titre la politique juridique singulière de la haute juridiction. Selon ses mots, « *la Convention est un mécanisme de défense des droits de l'homme, la Cour doit l'interpréter et l'appliquer d'une manière qui en rende les garanties concrètes et effectives, et non pas théoriques ou illusoires* » (§ 66). La Cour précise en ajoutant qu'elle « *n'a jamais considéré les dispositions de la Convention comme l'unique cadre de référence dans l'interprétation des droits et libertés qu'elle contient. Au contraire, elle doit également prendre en considération toute règle et tout principe de droit international applicables aux relations entre les Parties contractantes* ». En l'espèce[386], la Cour va condamner la Turquie (en formation simple et en

---

Soering de la Cour européenne des droits de l'homme du 7 juillet 1989 », *RGDI publ.*, 1990, p. 103 ; J. ANDRIANTSIMBAZOVINA, L.SERMET, « Jurisprudence administrative et Convention européenne des droits de l'homme », *RFDA*, 1999, p. 799.

385 CEDH, *Gr. Ch.*, 12 nov. 2008, *Demir et Baykara contre Turquie*, req. n° 34503/97, arrêt commenté notamment par le Professeur WACHSMANN, « Réflexions sur l'interprétation « globalisante » de la Convention européenne des droits de l'homme », *La Conscience des droits, Mélanges en l'honneur de Jean-Paul COSTA*, Dalloz, 2011, p.671 et 672 ; J.-P. MARGUENAUD, J. MOULY, « L'avènement d'une Cour européenne des droits sociaux (à propos de CEDH 12 novembre 2008, « *Demir et Baykara contre Turquie* ») », *D. actualités*, 1er avril 2009 ; P. DOURNEAU-JOSETTE, « Convention européenne des droits de l'homme (Jurisprudence de la Cour européenne des droits de l'homme en matière pénale) », *Répertoire de droit pénal et de procédure pénale*, actualité : octobre 2013, §6. Dans cette affaire se trouvait en cause un syndicat de fonctionnaire qui intenta une action devant les juridictions turques afin qu'une commune respecte les termes d'une convention collective. Cependant, au cours de la procédure, la Cour de cassation a réfuté l'existence même de ce syndicat en relevant qu'à l'époque de sa création, le droit turc ne conférait pas aux fonctionnaires le droit de se syndiquer ni celui de mener des négociations collectives. Saisie d'une requête arguant d'une violation de l'article 11 (liberté de réunion et d'association), la Cour a tranché successivement les deux importants enjeux soulevés par cette affaire tout en apportant d'intéressantes précisions quant au débat sur ses méthodes d'interprétation. Cet arrêt rappelle la méthode d'utilisation par la Cour des sources internationales non CEDH, pour sa propre jurisprudence et pour les juges internes.

386 Article 11 de la Convention européenne des droits de l'homme sur la liberté de réunion et d'association. Les requérants soutenaient qu'au mépris de l'article 11 de la Convention, pris isolément ou combiné avec son article 14, les instances nationales leur avaient refusé, d'une

Grande Chambre) en se fondant, non pas sur la seule Convention, mais sur des textes qui n'ont pas même été acceptés par l'État en cause et qui ne lui sont donc, juridiquement, strictement pas applicables.
Ces lignes de la décision sont situées sous le titre « *A. L'interprétation de la Convention à la lumière d'autres instruments internationaux* ». La démarche est clairement affichée. Ce « A » est complété par un petit « b) », « *Diversité des textes et instruments internationaux utilisés pour l'interprétation de la Convention* ».
Si pour certains juristes, la Cour européenne des droits de l'homme est une juridiction lointaine, à l'opinion ponctuelle, ses arrêts sont centraux en toutes matières, dont le droit de la famille. Il peut paraître très surprenant de condamner une législation nationale sur le fondement d'un droit, créé par des juges, et à partir de textes que l'État n'a pas ratifiés. Cette liberté interprétative marque la jurisprudence de la Cour européenne des droits de l'homme, qui affirme sa conception des droits de l'homme et forge ainsi, avec une grande liberté d'interprétation, le droit européen des droits de l'homme. Le paragraphe 68 de l'arrêt résume la démarche de la Cour européenne qui « *rappelle également qu'elle s'est toujours référée au caractère «* vivant *»*[387] *de la Convention à interpréter à la lumière des conditions de vie actuelles et qu'elle a tenu compte de l'évolution des normes de droit national et international dans son interprétation des dispositions de la Convention »*[388].

Un exemple en matière d'enlèvement d'enfants, lorsque l'article 8 de la Convention est analysé à la lumière de la Convention de La Haye du 25 octobre 1980 et de la Convention internationale des droits de l'enfant[389]. Il importe à la Cour de « *faire avancer les droits* » dans une approche « *délibérément dynamique* » qui promeut une « *évolution continue dans une société moderne* »[390]. Le Professeur Patrick WACHSMANN parle alors d'une

---

part, le droit de fonder des syndicats, et, d'autre part, le droit de mener des négociations collectives et de conclure des conventions collectives.

[387] CEDH, 25 avril 1978, *Tyrer contre Royaume-Uni,* n° 5856/72, *formule reprise par la doctrine, notamment* J.-F. RENUCCI, *Droit européen des droits de l'homme*, LGDJ, 2ème édition, 2012, p. 295, n° 272 ; F. LOMBARD, A. HAROUNE, « Vers la fin de la rétention en France ? », *D.*, 2008, p. 2910.

[388] CEDH, *Gr. Ch.*, 7 juillet 1989, *Soering contre Royaume-Uni*, req. n° 14038/88, § 102 ; CEDH, *Gr. Ch.*, 8 juillet 2004, *Vo contre France*, n°53924/00 ; CEDH, *Gr. Ch.*, 4 février 2005, *Mamatkoulov et Askarov contre Turquie,* n° 46827/99 et n°46951/99, § 121 ; G. GONZALEZ, « Nouveau revirement jurisprudentiel en matière d'applicabilité de l'article 6-1 de la Convention, dans son volet civil, aux fonctionnaires », *RFDA,* 2007, p. 1031, n° 55.

[389] CEDH, *Gr. Ch.*, 26 novembre 2013, *X. contre Lettonie*, req. n° 27835/09 ; C. AVASILENCEI, « Enfants déplacés illicitement : précisions de la CEDH sur les obligations procédurales dans le cadre d'une demande de retour en matière d'application de la convention de La Haye de 1980 et de la convention EDH », *Rev. crit. DIP,* 2015, p. 420.

[390] P. WACHSMANN, « Réflexions sur l'interprétation « globalisante » de la Convention européenne des droits de l'homme », *La Conscience des droits, Mélanges en l'honneur de Jean-Paul COSTA*, Dalloz, 2011, p.671 et 672.

interprétation non plus dynamique ou consensuelle, mais « *globalisante, qui autorise que soit opposée à un État contractant une doctrine se rapportant à une autre Convention, s'agissant d'articles de cette dernière, qu'il n'a pas acceptés* ». La volonté de la Cour est donc de « *faire correspondre à tout moment le droit issu de la Convention européenne des droits de l'homme à l'état le plus avancé de la protection des droits de l'homme dans le monde, attesté par toute source utilisable à cette fin (...) ce que la Cour veut c'est être à la pointe de ce qui s'élabore en matière de droits de l'homme (...) Peu importe, dès lors, non seulement le consentement de l'Etat en cause, mais aussi le lieu et le cadre où puiser son inspiration dynamique : c'est l'actualité qui compte seule aux yeux de la Cour* »[391]. La Cour européenne des droits de l'homme est dans une démarche offensive. Elle "force", en quelque sorte, la protection des droits, en profitant de sa position dominante et non concurrencée. Cette liberté de recours à des textes extérieurs au Conseil de l'Europe appelle à la critique à la fois fréquente[392] et ancienne[393], d'un Gouvernement des juges, qui traduit une défiance moderne par rapport aux aléas de la démocratie[394].

Cette dynamique se retrouve dans la jurisprudence de la Cour de justice de l'Union européenne. La question de l'adhésion de l'Union européenne à la Convention européenne des droits de l'homme s'est même posée à partir de 1968. Elle n'a pas eu lieu, mais le Traité d'Amsterdam, officialisait dès son entrée en vigueur le 1er mai 1999, la Convention européenne des droits de l'homme comme norme de référence de la Cour de Justice et érigeait les droits de l'homme en fondement de l'Union européenne. Puis l'adoption de la Charte des droits fondamentaux de l'Union européenne le 7 décembre 2000 alla dans le sens[395] du partenariat sur la question des droits de l'homme. La

---

391 P. WACHSMANN, *ibid.*, p.676.

392 « *Un législatif, un exécutif affaiblis, obsédés par des échéances électorales toujours présentes, seulement occupés du court terme, soumis à la crainte et à la séduction des médias, tâchant de gouverner, au jour le jour, des citoyens indifférents et exigeants, repliés sur leur vie privée mais attendant du politique ce qu'il ne sait donner, une morale, un long projet... Le temps ne serait-il pas venu pour le juge, dans une démocratie vieillie, flottante, tant secouée par les mutations de son temps, de conquérir un pouvoir quasi souverain, dans une société sans souveraineté* ? » J.-D. BREDIN, « Un gouvernement des juges ? », *Pouvoirs*, 68, 1994, p. 77-85, spéc. p. 81.

393 Origine de cette critique : ouvrage d'Edouard LAMBERT, *Le gouvernement des juges et la lutte contre la législation sociale aux États-Unis,* 1921. Réédité chez Dalloz en 2005.

394 S. KARRAGIANNIS, « Le territoire d'application de la Convention européenne de droits de l'homme, *vaetera et nova* », *RTDH*, 61, 2005, p. 41.

395 Bien qu'instaurant une concurrence potentielle à la Convention européenne, la Charte symbolise l'importance du respect des droits fondamentaux, objectif commun poursuivi par les deux institutions. Les apports de la Charte ont été amenés progressivement puisque dès 2001, c'est-à-dire huit ans avant l'entrée en vigueur du Traité de Lisbonne, un contrôle de conformité des textes construisant l'espace judiciaire européen à la Charte était d'ores et déjà systématisé. Cette étape est cruciale dans l'interconnexion des deux Cours européennes.

Charte inclut d'ailleurs des clauses horizontales à l'article 52 §3 qui énonce que « *dans la mesure où la présente Charte contient des droits correspondant à des droits garantis par la Convention européenne de sauvegarde des droits de l'homme et des libertés fondamentales, leur sens et leur portée sont les mêmes que ceux que leur confère ladite convention. Cette disposition ne fait pas obstacle à ce que le droit de l'Union accorde une protection plus étendue* »[396]. Sans adhérer, la Charte reconnaît l'existence de la Convention européenne des droits de l'homme et confirme sa prise en compte. Elle inscrit dans le corps du texte que le sens et la portée donnée à des droits garantis par la Convention européenne seront actés. Cette dynamique offensive est critiquée.

B. LA CRITIQUE D'UN GOUVERNEMENT DES JUGES

Cette « *globalisation* » des sources du droit de la Convention[397] est critiquée. La doctrine considère que la Cour « *s'arroge ainsi la maîtrise de la détermination du dénominateur commun « global », qu'elle pourra révéler selon la combinaison des sources qu'elle effectue* »[398]. Les juges européens passent d'une interprétation littérale, à une interprétation téléologique des textes. Cette méthode donne à penser que « *les juridictions européennes se comportent comme des juges qui gouvernent* »[399]. La lettre du texte de la Convention n'étant que l'une des sources d'inspiration des juges, « *toutes ces combinaisons tendent à faire reconnaître de nouveaux droits là où la mobilisation de la seule Convention ne suffirait pas* »[400]. La Cour européenne des droits de l'homme a délimité elle-même la portée de son propre contrôle juridictionnel, au-delà du texte. La doctrine a pu écrire que la protection de la Cour pourrait concerner *« ni plus ni moins que ... ce qu'elle juge digne de*

---

[396] Le Professeur RENUCCI considère que « *cette référence à la Convention est essentielle puisque cela prouve implicitement que le système conventionnel de protection est le point d'ancrage de la protection des droits de l'homme en Europe...telle qu'elle est ou sera interprétée par la Cour européenne des droits de l'homme en vertu du principe selon lequel l'interprétation s'incorpore au texte interprété* ». Sans oublier le protocole 14, amendant le système de contrôle de la Convention européenne, qui prévoit en son article 17 la modification de la Convention par l'insertion à ce texte de l'article 59 disposant « *L'Union européenne peut adhérer à la présente Convention* ».

[397] F. SUDRE, *Droit européen et international des droits de l'homme*, 10ème édition, PUF, collection Droit fondamental, 13ème édition, 2016, n° 160, p. 248.

[398] F. SUDRE, « La réécriture de la Convention par la Cour européenne des droits de l'homme », *La Conscience des droits, Mélanges en l'honneur de Jean-Paul COSTA*, Dalloz, 2011, p. 600.

[399] D. TERRÉ, « Gouvernement des juges et démocratie », *Archives de philosophie du droit*, 47, 2003, p. 416.

[400] *Loc. cit.*

protection ! »[401]. L'article 8 de la Convention européenne des droits de l'homme, comme les autres articles de la Convention, devient un foyer de création jurisprudentielle puisque c'est la vie familiale de fait qui enclenche la protection de la Cour[402]. Cette créativité donne à penser que les potentialités du texte conventionnel sont inépuisables. Elle contiendrait ainsi une réserve de droits virtuels aussi riches qu'indéterminés. Le juge COSTA a déclaré lors de la Conférence du 18 décembre 2007 que « *plus qu'une Cour suprême, la Cour européenne des droits de l'homme doit devenir un guide moral pour l'Europe* »[403]. Le juge a donc une fonction ambiguë qui consiste à légitimer l'État de droit et à rendre des décisions politiques.
Plus qu'une aspiration déclarée, il y a en ce domaine une coopération consommée[404] et un dialogue des juridictions.

II. L'interconnexion des décisions de justice des juridictions européennes

L'établissement d'une communication entre les Cours tend à renforcer la légitimité des hautes juridictions ; accorder à un droit un contenu divergent selon la juridiction, discréditerait le juge dans son rôle de gardien des droits de l'homme (A) et détériorerait la présomption d'universalité des droits fondamentaux (B).

A. L'UNITÉ D'INTERPRÉTATION, CONDITION DE LÉGITIMITÉ DU JUGE SUPRANATIONAL

L'autorité des juges supranationaux est mise en cause par certains Etats et par la doctrine[405], qui discutent du défaut de démocratie qui caractérise le

---

401 F. DEKEUWER-DEFOSSEZ, « Conclusions », in *Le droit au respect de la vie privée et familiale au sens de la Convention européenne des droits de l'homme*, F. SUDRE, Colloque des 22 et 23 mars 2002, Droit et Justice, n° 38, 2002, p. 388.

402 « *La Cour européenne des droits de l'homme est devenue progressivement une sorte de Cour suprême des juridictions du Conseil de l'Europe, nos Cours de cassation se trouvant ravalées au rang de juges d'appel ; ce qui explique, par exemple, le singulier contrôle de l'erreur manifeste d'appréciation » auquel elle procède (CEDH, 21 mars 2000, Dulaurans, n° 34553/97)* » (P.-Y. GAUTIER, « La Cour européenne des droits de l'homme poursuit la révolution normative », Recueil Dalloz, 19 septembre 2013, n°31).

403 J.-P. COSTA, « Conférence du 18 décembre 2007 », *Gaz. Pal.*, 13-15 janvier 2008, p. 22.

404 T. AZZI, « La Cour de justice et le droit international privé ou l'art de dire parfois tout et son contraire », *In Mélanges en l'honneur du Professeur Bernard AUDIT*, LGDJ, 2014, p. 43. L'idée est développée que la Cour de Justice est à l'origine de plusieurs contradictions dues à l'augmentation du nombre de questions préjudicielles qui lui sont posées, mais également aux méthodes utilisées, qui sont très variées, historique, exégétique, comparative, systématique, téléologique.

405 David Cameron, Premier ministre du Royaume-Uni, a évoqué la possibilité d'abroger l'*Human rights act* de 1998 qui prescrit aux tribunaux anglais de prendre en compte les décisions de la Cour européenne des droits de l'homme. Il reproche à la Cour européenne des

pouvoir conféré aux juges européens. Ceux-ci exercent à la fois un ascendant sur le législateur, élu par le peuple, et sur le constituant. Cette prééminence du juge supranational dans la hiérarchie de normes doit assurer sa légitimité[406]. Un recours au droit comparé compense la faiblesse démocratique de la décision du juge. Il permet de mettre en valeur un socle de valeurs communes non négociables, inhérentes à la nature humaine et supérieures au droit positif existant. Cette méthode est également utilisée par les cours étrangères. En effet, la Cour Suprême américaine[407] a pu se fonder, pour illustration, sur la position européenne pour justifier la dépénalisation des relations homosexuelles en mentionnant que le mariage homosexuel est autorisé dans la plupart des États. Les juges ont donc intérêt à ne pas ignorer les positions prises par les juridictions du monde, l'unité d'interprétation faisant la force des droits reconnus. Les juges doivent faire œuvre de conviction afin d'asseoir leur position en recourant aux arguments les plus significatifs.

Il existe entre les deux Cours une connivence juridique[408]. Les juges européens échangent à l'occasion de rencontres informelles, conférences, séminaires ou visites mutuelles, afin de débattre sur des questions communes. Il existe également au sein des Cours un lien étroit entre les services de documentation et les greffes des deux juridictions. Il en résulte que les interprétations de l'une peuvent être intégrées par l'autre, verrouillant ainsi le processus d'interprétation extensive. Textes et interprétations des textes résonnent et s'entremêlent de façon inextricable et sont confirmés au plus haut niveau judiciaire. Les décisions rendues par les Cours européennes font intervenir de façon conjointe la Convention européenne et la Charte des droits

---

droits de l'homme d'avoir sanctionné la Grande Bretagne, qui refuse de donner le droit de vote à ses prisonniers (CEDH, Gr. Ch., 6 octobre 2005, *Hirst contre Royaume-Uni*, n°74025/01). V° également M. LATINA, « La CEDH en question », *D. étudiant,* Actualités, 13 octobre 2014.

406 E. DUBOUT, S. TOUZE, « La fonction des droits fondamentaux dans les rapports entre ordres et systèmes juridiques », *Les droits fondamentaux : charnières entre ordres et systèmes juridiques*, Editions A. PEDONNE, 2009, p. 17.

407 Cour Suprême des États-Unis, 26 juin 2003, *Lawrence contre Texas*, 539 US 2003, n° 02-102. La Cour américaine avait déjà procédé ainsi dans un arrêt *Prints contre États unis* du 27 juin 1997 (521 US 898 (1997)), en visant des arrêts et conventions internationales non ratifiés par les États unis pour déclarer inconstitutionnelle la condamnation à mort des mineurs. Elle s'est référée notamment à la Convention des droits de l'enfant et à la jurisprudence de la Cour européenne des droits de l'homme.

408 « *Le cas du triangle » Conseil de l'Europe-Union européenne-États membres » conduit, sur le terrain de la protection des droits de l'homme, à une multitude de comparaisons possibles sur la manière dont le droit est appliqué... Même si le juriste peut avoir le sentiment d'appliquer la même matière du droit européen des droits de l'homme, il est amené à distinguer les différents lieux de protection des droits. Il lui faut localiser son travail* ». J.-S. BERGE, « Droit international privé et approche contextualisée des cas de pluralisme juridique mondial », *In Mélanges en l'honneur du Professeur Bernard AUDIT*, LGDJ, 2014, p. 71, n° 23.

fondamentaux[409], la Cour de Justice de l'Union européenne applique et interprète la Convention européenne des droits de l'homme et la Cour européenne des droits de l'homme utilise la Charte des droits fondamentaux. Le Professeur Laurence BURGORGUE-LARSEN souligne que « *le droit de l'Union de manière générale et la Charte des droits fondamentaux en particulier, continuent d'être présents dans le contentieux conventionnel ce qui permet à la Cour, sans le dire expressis verbis, d'en délivrer une interprétation particulière qui rejaillit immanquablement sur l'interprétation des textes qu'elle doit elle-même appliquer* »[410]. Les travaux des juridictions sont entremêlés de façon à assurer une unité d'évolution, gage de l'unité de construction des droits fondamentaux.

Il existe, par ailleurs, une forme de concurrence entre les juridictions. La doctrine rappelle qu'une juridiction « *ne peut être un lieu clos, c'est au contraire un carrefour, un carrefour où se croisent de manière ordonnée les décisions de justice qui construisent un droit en devenir permanent* »[411]. Les juges lisent donc les décisions rendues par leurs homologues à travers le monde, « *la littérature des jugements est le mode premier de communication des juges... À cet égard, chaque juridiction internationale et chaque ordre national sont en compétition* »[412]. Les décisions qui auront autorité seront celles qui seront rendues par les juridictions les plus prestigieuses, mais également celles qui seront composées des arguments les plus convaincants, motivées en droit, articulés autour d'un raisonnement juridique solide, implacable et tenant compte de critères variés (culturel, ethnique, économique, sociaux, éthique). La qualité du travail des juges détermine la force de la décision rendue, mais également le propre pouvoir du juge qui s'autojustifie et dont l'émaillage du réseau peut déterminer sa plus ou moins grande audace. Celle-ci est d'autant plus grande que les juges qui composent les juridictions nationales ont eu une expérience internationale en siégeant dans une Cour supranationale[413]. Cette pratique influence l'expérience, la culture et le mode de raisonnement du juge, dont l'autorité personnelle est globalement renforcée, ce qui constitue un « *puissant facteur d'ouverture* »[414]. L'unité d'interprétation des droits fondamentaux par l'ouverture aux juridictions étrangères et internationales est une condition de la légitimité des

---

[409] L. BURGORGUE-LARSEN, « Chronique de jurisprudence européenne comparée (2013) », *Revue du droit public et de la science politique en France et à l'Étranger*, 01 juil. 2014 n° 4, p. 1077.

[410] *Loc. cit.*

[411] G. CANIVET, « Les influences croisées entre les juridictions nationales et internationales. Eloge de la « bénévolance » des juges », *Revue de sciences criminelles*, 2005, p. 799.

[412] *Loc. cit.*

[413] J. ALLARD, A. GARAPON, *Les juges dans la mondialisation, la nouvelle révolution du droit*, Seuil, La République des idées, 2005, p. 35 et s.

[414] G. CANIVET, *op. cit.*, p. 799.

juges supranationaux, mais également une condition de crédibilité du droit fondamental qui aspire à une interprétation universellement uniforme.

B. L'UNITÉ D'INTERPRÉTATION, CONDITION DE CRÉDIBILITÉ DU DROIT FONDAMENTAL

Les droits fondamentaux, socle de valeurs communes aux droits des pays membres de l'Union européenne et du Conseil de l'Europe (partagées ou non par la doctrine et l'opinion), sont un point de rassemblement des ensembles juridiques. Les États s'accordent à faire des droits fondamentaux un point de convergence de leurs ambitions dans la mesure où « *la catégorie «* droits fondamentaux *», sous peine d'être illusoire, fait référence à des normes d'une nature particulière, qui les distingue des autres* »[415]. Les États se placent ainsi sous l'égide de la recherche de justice[416]. Or, pour être véritablement fondamental, un consensus doit exister concernant la substance de ces droits. Sa crédibilité, son caractère incontestable, dépendent directement de son unité d'interprétation.

Le succès des droits fondamentaux dénote avec le positivisme juridique. Le droit se détache de la morale, mais ne s'abstrait pas de la recherche du juste, que les droits fondamentaux symbolisent. Cette évolution conduirait à faire des droits fondamentaux un droit supérieur, au sommet de tous les autres et les innervant tous, une sorte de « *droit des droits* »[417], contrôlé par les juges. Cela constituerait un avantage notable puisque les droits fondamentaux sont un matériau malléable, à condition de ne pas passer outre la nécessaire unité d'interprétation de ceux-ci. Cette démarche est d'autant plus importante que les droits fondamentaux sont créés par la casuistique jurisprudentielle, au gré des contentieux présentés devant les juridictions, par exemple en matière de création de statuts juridiques pour les personnes transsexuelles ou homosexuelles. La comparaison et l'emprunt aux solutions extérieures par le biais de la communication systématique sont essentiels ; ils conditionnent véritablement le succès des droits fondamentaux. Cet échange ne peut qu'être encouragé par ceux qui le pratiquent puisqu'il conditionne le développement et la pérennité des droits fondamentaux et des juridictions qui les énoncent[418]. Cette unité fait des droits fondamentaux une référence structurante du droit, notion fondatrice[419] des sociétés qui s'y réfèrent. La Grande Chambre de la Cour européenne des droits de l'homme détient d'ailleurs un pouvoir

---

[415] E. DUBOUT, S. TOUZE, *op. cit.*, p. 17.

[416] J. MOURGEON, « L'universalité des droits de l'homme, entre foi et droit », *Mélanges en l'hommage du Doyen G. COHEN-JONATHAN*, Bruylant, 2004, p. 1265 et s.

[417] E. DUBOUT, S. TOUZE, *op. cit.*, p. 17.

[418] R. DWORKIN, *Prendre les droits au sérieux*, PUF, 1995, chapitre 2, p. 80 et s.

[419] V. CHAMPEIL-DESPLATS, « Les droits et libertés fondamentaux en France. Génèse d'une qualification », in P. LOKIEC, A. LYON-CAEN, (dir.), *Droits fondamentaux et droit social*, *D.*, 2004, p. 28.

d'harmonisation dans l'interprétation des droits de l'homme qui n'est pas discuté, elle est source « *d'unité, de cohésion, de consolidation et d'autorité* » de la jurisprudence de la Cour de Strasbourg[420].

Une interconnexion des Cours est manifeste dans la jurisprudence. Le droit au mariage est une illustration de cette démarche. La Cour européenne des droits de l'homme utilise, lorsqu'elle a besoin d'établir un standard de protection, le droit de l'Union européenne, même si elle conserve sa supériorité sur celui-ci. Dans l'arrêt *Schalk et Kopf* contre Autriche[421] du 22 novembre 2010, touchant à la question du mariage entre personnes de même sexe, la Cour européenne fait référence à la Charte des droits fondamentaux dans une rubrique « *II. Le droit interne et le droit comparé pertinents* ». Elle vise l'article 9 de la Charte (§60-61), le commentaire relatif à la Charte et les directives 2003/86/CE du Conseil du 22 septembre 2003 relatives au droit au regroupement familial et la directive 2004/38/CE du Parlement européen et du Conseil du 29 avril 2004 sur le droit des citoyens de l'Union et des membres de leurs familles de circuler et de séjourner librement sur le territoire des États membres. La Cour, saisie sur la question de savoir si l'impossibilité de se marier pour les personnes homosexuelles est une violation du droit au respect de la vie familiale et du principe de non-discrimination, va considérer que malgré une évolution notable de cette question, il n'y a pas violation de la Convention. Pourtant, la Cour précise (§93) que « *certaines dispositions du droit de l'Union européenne reflètent également une tendance croissante à englober les couples homosexuels dans la notion de « famille » (paragraphe 26 ci-dessus)* ». Elle renvoie alors à la directive relative au droit au regroupement familial et la directive 2004/38/CE du Parlement européen et du Conseil du 29 avril 2004 sur le droit des citoyens de l'Union et des membres de leurs familles de circuler et de séjourner librement sur le territoire des États membres, cité plus haut. Cette décision illustre la recherche d'un consensus européen à travers le recours aux textes juridiques européens dans leur diversité : Convention, Charte et directives. Ce consensus est nécessaire à la Cour pour lui permettre de dire que « *pris isolément, les mots de l'article 12 peuvent être interprétés comme n'excluant pas le mariage entre deux hommes et deux femmes* » (§55). Cette évolution ne découle pas naturellement de

---

[420] L. WILDHABER, « La Grande Chambre et la Cour européenne des droits de l'homme », *in La conscience des droits, Mélanges en l'honneur de J.-P. COSTA*, Dalloz, 2011, p. 701.

[421] CEDH, *1ère section*, 22 novembre 2010, *Schalk et Kopf contre Autriche*, req. n° 30141/04 ; C. FLEURIOT, « Pas de droit au mariage pour les couples homosexuels », *D. Actualités*, 17 décembre 2010 ; H. FULCHIRON, « Les États doivent offrir un statut légal aux couples homosexuels », *D.*, 2015, p. 2160 ; « La CEDH impose de reconnaître un statut légal aux couples de même sexe – Cour européenne des droits de l'homme 21 juillet 2015 », *AJ fam.*, 2015, p. 615 ; L. BURGORGUE-LARSEN, « Actualité de la Convention européenne des droits de l'homme (septembre - décembre 2010) », *AJDA*, 2011, p. 889.

l'article 12 dans la mesure où le droit au mariage « classique » occupe, dans la lettre de la Convention européenne des droits de l'homme, une place prépondérante. La Charte des droits fondamentaux est un outil au service de l'élargissement de la protection des droits énoncés par la Cour européenne des droits de l'homme.

Autre exemple, dans l'arrêt *Vallianatos et autres contre Grèce*[422], sur le droit des couples homosexuels, la Cour européenne se réfère aux articles 7 et 9 de la Charte des droits fondamentaux de l'Union européenne et aux recherches menées par le Réseau d'experts indépendants en 2006 (§31 et 32). Cet article 9 de la Charte ne fait pas de l'altérité sexuelle une condition du mariage, alors que le mariage homosexuel ne fait pas encore l'objet d'un consensus européen. En effet, seuls treize pays sur quarante-sept (dont onze sont membres de l'Union européenne) acceptent cette union. Les requérants considéraient que le *« pacte de vie commune »* instauré par la loi grecque n° 3719/2008, *« destiné uniquement aux couples formés de personnes majeures de sexe opposé, portait atteinte à leur droit à la vie privée et familiale et opérait une discrimination injustifiée entre les couples hétérosexuels et les couples homosexuels, au détriment de ces derniers »*. La Cour européenne des droits de l'homme a considéré dans cet arrêt qu'il y a bien eu violation des articles 14 et 8 de la Convention européenne, en référence au consensus européen sur la question, et notamment à la Charte des droits fondamentaux de l'Union européenne. Elle a alors pu affirmer que l'État Grec ne justifiait pas de raisons solides et convaincantes pouvant justifier l'exclusion des couples de même sexe du champ d'application de la loi critiquée en se fondant non pas uniquement sur la Convention européenne des droits de l'homme, mais sur la Charte des droits fondamentaux de l'Union européenne. Il y a bien une alliance des institutions européennes dans cet arrêt.

La Cour européenne des droits de l'homme peut aussi utiliser la Charte des droits fondamentaux de l'Union européenne pour consacrer une évolution que la Convention européenne des droits de l'homme ne lui permet pas. Dans l'arrêt *Goodwin contre Royaume-Uni* du 11 juillet 2002[423], la Cour

---

[422] CEDH, *Gr. Ch.*, 7 novembre 2013, *Vallianatos et autres contre Grèce*, req. n° 29381/09 et 32684/09 ; F. LAFFAILLE, « L'arrêt *Vallianatos contre Grèce* et la protection conventionnelle des couples homosexuels», *D.*, 2013, p. 2888 ; « Pacte de vie commune » : violation par la Grèce de l'article 14 combiné avec l'article 8 de la Convention EDH – Cour européenne des droits de l'homme, 7 novembre 2013, *D.*, 2013, p. 2888 ; L. BURGORGUE-LARSEN, « Actualité de la Convention européenne des droits de l'homme», *AJDA* 2014, p. 147.

[423] CEDH, *Gr. Ch.*, 11 juillet 2002, *Christine Goodwin contre Royaume-Uni*, n° 28957/95 ; P. REIGNE, « Appartenance sexuelle et droit au respect de la vie privée », *D.*, 2015, p. 1875 ; L. BURGOGNE-LARSEN, « De l'art de changer de cap. Libres propos sur les « nouveaux » revirements de jurisprudence de la Cour européenne des droits de l'homme », in *Libertés, justice, tolérance, Mélanges en hommage au Doyen Gérard Cohen-Jonathan*, Bruxelles, Bruylant, 2004, p. 335 ; J.-J. LEMOULAND, « Le droit au mariage du transsexuel », *D.* 2003, p. 1935 et s. La requérante se plaignait de la non-reconnaissance juridique de sa nouvelle

européenne des droits de l'homme s'appuie sur l'article 9 de la Charte européenne des droits fondamentaux pour modifier son interprétation de l'article 12 de la Convention européenne des droits de l'homme. Puisque l'article 9 de la Charte des droits fondamentaux ne précise pas qu'homme et femme ont le droit de se marier, l'altérité sexuelle n'est plus une condition requise au mariage, ce qui permet à la Cour de considérer *a fortiori* que les personnes transsexuelles ont droit de se marier, quel que soit leur sexe initial. La protection des droits de l'homme se déploie, comme mue par une force centrifuge qui ne cesse de se nourrir de son élan. Le Professeur RENUCCI précise dans son Traité qu'une « *interaction normative entre la Convention et la Charte n'est pas en soi condamnable dans la mesure où cela peut enrichir le système européen de protection, mais encore faut-il que cette pratique ne conduise pas, sous couvert d'interprétation, à réécrire judiciairement la Convention pour finalement amener les États à être « engagés au-delà de leurs engagements ». Il n'y a pas de difficulté lorsque c'est le système de la Charte qui s'inspire de celui de la Convention puisque qui peut le plus peut le moins. En revanche, un souci peut apparaître en sens inverse, lorsque la Cour utilise les dispositions de la Charte* »[424]. Ce qui est condamnable, c'est d'imposer à un État défendeur un article auquel il n'a pas choisi d'être lié. Cet article ne devrait pas être utilisé pour interpréter l'une des dispositions de la Convention. La Grande Chambre va pourtant loin puisqu'elle ne se limite pas à des textes européens, mais interprète la Convention américaine des droits de l'homme ou la Charte des droits fondamentaux de l'Union européenne, qui ne lient pourtant pas tous les États du Conseil de l'Europe. Le Professeur RENUCCI souligne encore que cela signifie que la Cour européenne des droits de l'homme peut conférer une effectivité à des instruments non contraignants et exercer indirectement le contrôle du respect d'engagements internationaux extérieurs à la Convention européenne des droits de l'homme.

Les juridictions européennes dialoguent, s'inspirent et se soutiennent mutuellement dans l'interprétation des textes vers la promotion de nouveaux standards juridiques européens, qui s'imposent *a minima* à tous les États européens. Le corpus normatif au soutien de cette démarche est composé d'un fonds varié de textes déclaratifs et contraignants. La légitimité du juge supranational et la crédibilité des droits fondamentaux reposent sur la capacité des Cours de travailler ensemble à l'interconnexion de leurs décisions. Ces droits fondamentaux, façonnés par les ordres européens et leurs Cours, gouvernent la notion de famille et édictent des standards juridiques européens

---

identité sexuelle et dénonçait en particulier la manière dont elle avait été traitée dans les domaines de l'emploi, de la sécurité sociale et des pensions et l'impossibilité pour elle de se marier. Voir aussi P. HILT, *op. cit.*, p. 134, n° 275 et s.

[424] J.-F. RENUCCI, *Traité de droit européen des droits de l'homme*, LGDJ, 2ème édition, 2012, p. 594, n° 561.

minimums de protection qui participent à la transformation accélérée de la famille.

Structures éditoriales du groupe L'Harmattan

L'Harmattan Italie
Via degli Artisti, 15
10124 Torino
harmattan.italia@gmail.com

L'Harmattan Hongrie
Kossuth l. u. 14-16.
1053 Budapest
harmattan@harmattan.hu

L'Harmattan Sénégal
10 VDN en face Mermoz
BP 45034 Dakar-Fann
senharmattan@gmail.com

L'Harmattan Cameroun
TSINGA/FECAFOOT
BP 11486 Yaoundé
inkoukam@gmail.com

L'Harmattan Burkina Faso
Achille Somé – tengnule@hotmail.fr

L'Harmattan Guinée
Almamya, rue KA 028 OKB Agency
BP 3470 Conakry
harmattanguinee@yahoo.fr

L'Harmattan RDC
185, avenue Nyangwe
Commune de Lingwala – Kinshasa
matangilamusadila@yahoo.fr

L'Harmattan Congo
67, boulevard Denis-Sassou-N'Guesso
BP 2874 Brazzaville
harmattan.congo@yahoo.fr

L'Harmattan Mali
ACI 2000 - Immeuble Mgr Jean Marie Cisse
Bureau 10
BP 145 Bamako-Mali
mali@harmattan.fr

L'Harmattan Togo
Djidjole – Lomé
Maison Amela
face EPP BATOME
ddamela@aol.com

L'Harmattan Côte d'Ivoire
Résidence Karl – Cité des Arts
Abidjan-Cocody
03 BP 1588 Abidjan
espace_harmattan.ci@hotmail.fr

Nos librairies en France

Librairie internationale
16, rue des Écoles
75005 Paris
librairie.internationale@harmattan.fr
01 40 46 79 11
www.librairieharmattan.com

Librairie des savoirs
21, rue des Écoles
75005 Paris
librairie.sh@harmattan.fr
01 46 34 13 71
www.librairieharmattansh.com

Librairie Le Lucernaire
53, rue Notre-Dame-des-Champs
75006 Paris
librairie@lucernaire.fr
01 42 22 67 13

www.ingramcontent.com/pod-product-compliance
Lightning Source LLC
LaVergne TN
LVHW021212061026
849535LV00008B/2694